성공과 행복은 IQ보다 EQ가 좌우한다!

감성지능

대니얼 골먼 지음
하버드대학 심리학박사

황 태 호 옮김
한국감성지능연구회장

Emotional Intelligence

비전코리아

EMOTIONAL INTELLIGENCE by Daniel Goleman
Copyright ⓒ 1995 by Daniel Goleman. All rights reserved.

Korean Translation Copyright ⓒ 1996
by Vision Korea EQ Learning Center & Vision Korea Press.

Korean edition is published by arrangement with Brockman, Inc.,
USA through Eric Yang Agency, Seoul.

감성지능 *EQ*
ⓒ 1996 [EQ센터] 황태호 & 비전코리아: 한국내 독점 저작권자

본 저작물의 한국어판 저작권은 <에릭양에이전시>를 통한
Brockman, Inc., USA사와의 독점계약으로써 한국어 판권을
한국감성지능연구회[EQ센터] 황태호와 비전코리아가 소유함.

저작권법에 의하여 한국내에서 보호를 받는 저작물이므로
저작권자의 사전 서면에 의한 허락으로써만 인용이 가능함.

차 례
(하)

제Ⅳ부
기회의 창-무한한 가능성

12. 가정교육과 EQ ················· 9
EQ개발의 스타트 / EQ의 기초학습 / 말썽꾸러기는 어떻게 길러지는가? / 아동학대 : 감정이입의 결여

13. 심리적 충격과 EQ적 치유법 ············ 31
기억속에 맺힌 공포 / 대뇌변연계 장애로서의 PTSD / 감성지능EQ의 재학습 / EQ회로의 재학습 / EQ를 통한 심리적 충격으로부터의 회복 / 마음의 상처를 치료하는 EQ

14. 기질은 운명이 아니다 ············ 61
소심증의 신경화학 / 나를 괴롭히는 것은 없다 : 명랑한 기질 / 흥분하는 편도 길들이기 / 유년기의 중요성 : 기회의 창은 열려 있다 / EQ학습의 결정적인 시기

제 V 부
감성지능EQ 능력 개발

15. EQ능력 부족의 대가 ·············· 89
감성적인 질병 / 공격적인 행동은 길들여지는 것인가? / 문제아동을 단련하기 / 우울증의 예방 / 현대사회와 우울증의 증가 / 청소년 우울증의 진행과정 / 우울증을 강화하는 사고방식 / 우울증 치료의 지름길 / 섭식장애 / 항상 외로운 아이 - 외톨이 / 우정훈련 프로그램 / 음주와 마약 - 자가 치료라는 중독증 / 전쟁은 필요없다 - 평범한 예방책만 필요할 뿐

16. 학교에서의 EQ 교육 ·············· 151
협동학습의 교훈 / 논쟁의 핵심 / 사후분석 : 분출되지 않았던 싸움 / 그날의 관심사 / 감성지능EQ의 ABC / 저소득층 지역에서의 EQ교육 / 별도 노력이 필요없는 자연스러운 EQ / EQ의 발달주기 / 타이밍이 중요하다 / 비행을 예방하는 EQ교육 / 교사의 EQ교육 - 새롭게 태어나는 학교 / EQ교육의 확대 - 학교와 지역사회의 연계 / EQ교육이 보장하는 인생의 성공 / 민주주의의 묘미와 감성지능EQ / 맺음말

부록 *Appendix*

부록 A ································· 207
　감성이란 무엇인가?

부록 B ································· 211
　감성적 정신의 여러 특징들

부록 C ································· 223
　공포에 관한 신경회로

부록 D ································· 229
　W. T 그랜트 재단 : 예방 프로그램의 구성요소들

부록 E ································· 231
　자아과학 커리큘럼

부록 F ································· 234
　사회적 감성적 학습 : 결과보고서

후주(後註) *Notes*

제 1장 ································· 247
제 2장 ································· 250
제 3장 ································· 257
제 4장 ································· 260
제 5장 ································· 263

제 6장 ………………………………………… 267

제 7장 ………………………………………… 272

제 8장 ………………………………………… 276

제 9장 ………………………………………… 279

제10장 ………………………………………… 284

제11장 ………………………………………… 287

제12장 ………………………………………… 300

제13장 ………………………………………… 303

제14장 ………………………………………… 311

제15장 ………………………………………… 314

제16장 ………………………………………… 328

부록 B ………………………………………… 331

감사의 말 ……………………………………… 333

옮긴이의 말 …………………………………… 336

"완전한 성공을 찾아서…"

    Ⅰ. 패러다임을 바꿔야…

    Ⅱ. IQ에서 EQ로…

    Ⅲ. 깨달음 그리고…

    Ⅳ. 범사에 감사드리며…

제IV부
기회의 창, 무한한 가능성

제12장

가정교육과 EQ

 이것은 어느 평범한 가정에서 일어난 비극이었다. 카알과 앤은 겨우 다섯 살인 딸 레슬리에게 최신 비디오게임을 가르쳐 주고 있었다. 그러나 레슬리가 게임을 시작할 때마다 그녀를 도우려는 부모의 지나친 열성이 계속 방해가 되고 있었다. 두 사람의 상반되는 주문은 여기저기서 튀어나왔다.
 "오른쪽, 그래 오른쪽으로 됐어, 됐어, 그만!"
 어머니는 딸보다 더 열중하여 목소리를 높여 계속 재촉하고, 그때마다 레슬리는 입술을 깨물면서 눈을 부릅뜨고 비디오 화면을 응시한 채 어머니가 말하는 대로 조절하려고 애쓰고 있었다.
 "봐라, 줄이 안 맞았잖아… 그러니까 그걸 왼쪽으로 옮겨야지! 왼쪽으로!"
 아버지 카알이 화난 듯이 명령하였다.
 그 동안 앤은 기가 막히다는 듯이 두 눈을 위로 치켜 뜨고 있다가 남편의 충고를 무시하고 소리를 질렀다.
 "안돼! 거기 세워!"
 부모의 어느 한 쪽만 만족시킬 수 없는 레슬리는 긴장으로 표정이 일그러지고, 깜빡거리는 두 눈에는 어느새 이슬이 맺혀 있었다.
그러나 부모는 레슬리의 눈물 따위는 아랑곳하지 않고 말다툼을 시작했다.
"스틱을 그렇게 많이 움직이면 안돼요!"
앤이 화를 내며 카알에게 말했다.
눈물이 레슬리의 뺨 위로 흐르고 있었지만, 카알도 앤도 눈치채지 못한 것인지 무시하고 있는 것인지 딸을 돌보려고 하지 않았다.
레슬리가 손을 들어 눈물을 닦으려고 하자 카알이 외쳤다.
"그렇지, 스틱에 손을 올려서… 쏠 준비를 해야지. 자, 쭉 당겨!"
그러자 앤도 소리쳤다.
"아니야, 조금만, 아주 조금만 당겨라!"
레슬리는 어느새 깊은 슬픔에 잠겨 흐느끼기 시작한다.

이러한 장면에서 아이들은 커다란 교훈을 얻는다. 레슬리의 경우 이런 고통스러운 접촉을 통해 내린 결론은 그녀의 부모나 다른 어느 누구도 그런 문제에 있어서 그녀의 감정을 걱정해 주지 않는다는 것이다.[1]
만일 이와 유사한 상황이 아동기를 거치는 동안 수없이 반복되어진다면, 그것은 인생 전반에 걸쳐 영향력을 끼치는 가장 근본적인 EQ에 손상을 입게 되는 것이다. 즉, 삶의 경로가 좌우되는 것이다.
가정은 EQ에 관한 한 최초이자 최고로 중요한 학습의 장인 것이다.

이 친밀한 배움터에서 우리는 자신에 대하여 어떻게 느껴야 하며 다른 사람들이 자신의 감정에 어떻게 반응하는가, 이런 감정에 대해 어떻게 생각하고 반응을 할 때는 어떤 선택을 해야 하는가, 희망과 공포심을 어떻게 판단하고 표현할 것인가 등을 배우게 된다.

이런 EQ의 학습은 부모들이 직접 자녀들에게 말하고 행동하는 것만을 통해서 뿐 아니라, 부모가 자신의 감정과 부부간에 교환되는 감정들을 다룰 때 사용하는 방식을 통해서도 이루어진다. 그래서 어떤 부모들은 뛰어난 EQ 교사가 되는가 하면, 어떤 부모들은 잔혹한 교사가 되기도 하는 것이다.

혹독한 규율이든, 감정이입적 이해이든, 무관심이든 또는 다정함이든 부모가 자녀를 다룰 때 사용하는 방법이 그들의 EQ 생활에 깊고도 지속적인 결과를 가져온다는 사실을 수많은 연구들이 보여주고 있다.

그럼에도 불구하고 EQ가 뛰어난 부모를 두고 있다는 자체가 자녀들에게 굉장한 이득이 되는 것임을 보여주는 확고한 연구가 나온 것은 겨우 최근의 일이다. 부부가 그들간의 감정을 다루는 방식과 자녀들과 직접 상호작용할 때의 방식 모두를 자녀들은 빠짐없이 배우게 되는 것이고, 가족간의 아주 사소한 감정 교환에도 파장을 맞추는 자녀들에게 강력한 영향을 끼치게 되는 것이다.

워싱턴 대학의 캐롤 후번과 존 가트맨 교수가 이끄는 연구팀은 육아를 둘러싼 부부의 대화를 자세히 분석하는 작업을 통해서, 결혼생활상의 문제를 잘 처리하고 있는 부부는 자녀들의 감성적인 기복에도 잘 대응하고 있다는 사실을 밝혀 냈다.[2]

연구팀은 아이가 5살일 때에 가족을 관찰하고, 그후 그 아이가 9살이 되었을 때 다시 한번 관찰을 했다. 연구팀은 부모의 대화 방식을 관찰하는 것 뿐만 아니라, 레슬리네 가족처럼 부모가 자녀에게 새로운 비디오게임의 방법을 가르쳐 주는 행동과 같은 것까지도 관찰 대상으로 삼았다.

레슬리에 대한 비디오게임 가르치기는 자칫 깊은 의미가 없는 상호작용으로 볼 수도 있지만, 실은 부모와 자녀 사이에 흐르는 감성적인 상호작용에 대해서 많은 것을 시사하고 있다.

연구 대상인 부모들 중 일부는 앤이나 카알과 같이 위압적이고, 아이의 미숙성을 참지 못하기도 하며, 목소리를 높여 불쾌감과 격분을 표하는가 하면, 자기 자식을 '어리석다'고 비하하기까지 하였다. 간단히 말해서, 자신들의 부부 관계를 침식하는 경멸과 불쾌감과 유사한 종류의 감정에 희생되는 경향을 자녀에게도 똑같이 보여 주었던 것이다.

그러나 또 다른 부모들은 자녀의 실수에 대해 인내심을 보이고, 부모의 뜻을 강요하기보다는 아이의 방식대로 게임을 해결해 나가도록 도와주었다.

이 비디오게임 활동은 부모들의 EQ적 대응을 측정하는데 있어서 매우 효과적인 바로미터가 되었다.

EQ가 낮은 부모의 가장 흔한 유형은 다음과 같은 세 가지다.

· ***감정을 아예 무시한다.*** 이런 부모들은 자녀의 감성적 혼란

을 사소한 것이거나 성가신 것, 또는 제풀에 가라앉을 때까지 기다려야만 하는 것으로 취급한다.

　이런 부모는 자녀의 감정 변화 순간을 그들과 좀더 가까워지거나 EQ능력을 학습시켜 주는 기회로 활용하지 못한다.

　· 멋대로 내버려둔다. 이런 부모들은 자녀가 어떻게 느끼는지를 눈치는 채지만, 자녀가 아무리 심한 감정적 동요를 보여도 심지어, 남을 때리는 것도 괜찮다고 여긴다. 자녀의 감정을 무시하는 부모들이 그러하듯이, 이런 부모들도 대안적인 EQ 반응 방식을 보여주려는 노력을 거의 하지 않는다.

　그들은 자녀의 모든 감정적 혼란을 누그러뜨리려고만 하는데, 예를 들면 아이가 슬퍼하거나 화를 낼 때는 이를 중단시키기 위해 흥정을 하거나 뇌물을 제공한다.

　· 자녀가 느끼는 것에 대해 경멸하거나 아무런 존중을 보이지 않는다. 이런 부모들은 사사건건 금지부터 하며, 거친 비난을 퍼붓고, 벌을 줄 때는 가혹하다. 예를 들면, 아이가 분노의 감정을 표하는 것을 일체 금하며, 성급한 모습을 보이기만 해도 야단을 친다.

　이런 부모들은 자녀가 자신의 입장에서 말을 하면 다음과 같이 소리치는 것이 보통이다.

　"말대꾸하지마!"

　이와는 달리 EQ가 높은 유형으로는, 자녀의 혼돈을 기회로 하여 EQ에 대한 멘토르(고대 그리스에서 스승을 지칭하던 말: 역주) 또는 선도자의 역할을 행하는 부모들이다.

그들은 자녀의 감정을 진지하게 받아들여서 그들을 혼란스럽게 하는 요인을 정확하게 이해하고 ("토미가 너의 기분을 상하게 했기 때문에 화가 났단 말이지?"), 자녀가 자신의 감정을 진정시킬 수 있는 적극적인 방법을 찾을 수 있도록 ("그 애를 때리지 말고, 대신 혼자 장난감을 갖고 놀다가 나중에 그 애와 놀면 되지 않겠니?") 도움을 제공한다.

부모가 이 정도의 능력 있는 멘토르가 되려면, EQ의 기초들을 제대로 파악하고 있어야 한다. 예를 들어 자녀들은 그들이 지녀야 할 기본적인 감성적 교훈 중 하나인 감정간의 미묘한 차이를 부모로부터 조금씩 배워 나가는 것이다.

만일 자신의 슬픔에 제대로 반응하지 못하는 아버지가 있다면 그는 자기 자녀가 무엇인가를 상실했을 때의 슬픔, 슬픈 영화를 본 뒤의 슬픔, 좋아하는 누군가에게 불행한 일이 일어났을 때 솟아나는 슬픔 사이의 차이점들을 자녀에게 가르칠 수가 없는 것이다. 이런 분별력 외에도 여러 종류의 정교한 식견들이 요구되는데, 예를 들면 분노는 대개 감정에 상처를 입을 때 촉발되기 쉽다는 지식 등이 있을 수 있다.

자녀들이 성장하면서 이들이 받아들이고 또한 필요로 하는 구체적인 EQ적 교훈들도 변화한다. 우리가 제7장에서 보았듯이, 감정이입에 관한 교훈은 부모가 아기의 감정에 반응을 보이는 유아기 때부터 시작된다.

어떤 EQ능력들은 몇 년 동안 친구들과 어울리는 가운데 연마해야 되는 것도 있지만, 자기 안에 있는 감성을 어떻게 인식, 관리, 통제할 것인가, 타인에 대해서 어떻게 감정이입할 것인가, 인간관계에서 야기되는 감정을 어떻게 적절히 관리할 것인가 등, 부모가 자녀에게 가르쳐야 할 EQ 영역은 수없이 많은 것이다.

EQ의 육아 방식이 자녀들에게 끼치는 효과는 엄청난 것이다.[3] 워싱턴 대학의 연구진이 밝힌 바에 따르면 감성적 성숙성을 갖춘, EQ가 높은 부모에게서 양육을 받은 아이들은 감정을 제대로 다루지 못하는 EQ가 낮은 부모를 가진 아이들에 비해서 부모와의 사이가 좋고 많은 애정을 보이며 서로의 관계에 대한 갈등도 적은 것으로 나타났다. 그뿐만 아니라 이 아이들은 자신의 감정을 잘 관리하고 혼란스러울 때 스스로를 효율적으로 진정시킬 뿐만 아니라, 혼란을 느끼는 일도 별로 없는 것으로 나타났다.

이 아이들은 생리적으로도 안정되어 있으며, 스트레스 호르몬 수치와 감성적 흥분을 나타내는 신체적 지수도 낮았다. 앞서 제 11장에서도 보았듯이, 이런 유형이 일상 생활에 걸쳐 꾸준하게 유지될 경우 훌륭한 신체적 건강을 보장하는 것이다. 그 외의 강점들로서는 사회적인 측면을 들 수 있는데, 이런 아이일수록 친구들에게 인기가 있고 호감을 주며, 교사들에게는 사회적 능력이 뛰어난 아이들로 비춰진다. 부모와 교사들은 이런 아이들에게서는 무례함이나 공격성 같은 문제 행동들이 별로 없는 것으로 평가한다.

마지막으로, 이들의 강점은 인지적인 측면으로 확대된다. 즉, 이런 아이들은 주의 집중력이 뛰어나기 때문에 학습 효과가 높다. IQ가 같은 아이들끼리 비교한 경우 5살의 시점에서

EQ가 높은 부모의 양육을 받은 아이는 3학년이 되었을 때 수학과 읽기에서 높은 성적을 받았다. 이것은 사회 생활을 위해서 뿐만 아니라, 학습을 위한 준비 과정으로서 아이들에게 EQ를 가르쳐야 하는 것에 대한 강력한 근거가 된다.

이처럼 감성적으로 성숙한 EQ가 높은 부모에게서 양육을 받은 아이들이 거두는 결실은 놀랄 만한 수준을 뛰어넘어서 거의 경이로울 정도인 것이다.

따라서 삶의 모든 측면에 걸쳐서 이루어지는 EQ의 다양한 강점들이 끝없이 확대되는 것이다.

EQ개발의 스타트

자녀의 EQ에 미치는 부모의 영향력은 태어날 때부터 시작된다. 하버드 대학의 저명한 소아과 학자인 T.베리 브라젤톤 교수는 인생에 대한 어린아이의 기본적인 시각을 간단하게 진단하는 방법을 보여주고 있다. "이렇게 연결해 볼래?" 그는 이렇게 말하며, 두 개의 블록을 8개월 된 아이에게 주면서 견본을 보여준다.

브라젤톤 박사에 의하면 인생에 대해 희망적이고 자신의 능력을 믿는 아이들은 다음과 같은 행동을 보인다고 한다.

블록 한개를 집어 올려 입에 넣어 보기도 하고 머리에 문질러 보기도 하다가, 그만 탁자 옆에 떨어뜨리고는 당신 얼굴을 쳐다보며 그것을 집어 달라는 듯한 표정을 지을 것이다.

당신이 블록을 주워서 건네 주면 아이는 마침내 주어진 과제를 완수하기라도 하듯이 두 개의 블록을 붙여 놓는다. 그리고 아기는 "내가 참 대단하죠!"라는 의미가 담긴 밝은 눈빛과 함께 기대에 찬 표정으로 당신을 바라본다.[4]

이런 아이들은 자라 가면서 주변 사람들로부터 충분한 수용과 격려를 받게 될 것이다.

이들은 삶에서의 여러 가지 도전에 마주치면서 성공할 것을 믿으며 행동한다. 이와는 대조적으로, 황량하거나 혼란스럽거나 무관심이 팽배한 가정에서 자란 아이들은 같은 과제에 대해서 이미 자신의 실패를 예견이라도 하듯이 행동한다.

그렇다고 이 아이들이 블록을 결합하지 못한다는 의미는 아니다. 그들도 지시를 이해하고 이에 상응하는 행동을 취한다. 그러나 브라젤톤 박사에 의하면, 그 일을 해 내더라도 '쭈뼛쭈뼛'거리며 마치 "나는 잘 못해요. 봐요, 실패할 거랬잖아요."라고 말하는 듯한 표정을 짓는다.

이런 아이들은 향후 패배주의적 시각으로 인생을 살 것이고, 학교에서는 선생님의 격려나 관심을 받지 못할 것이며, 학교 생활에서 즐거움을 찾지 못하고 결국에는 낙오되고 말 것이다.

자신감이 있고 낙관적인 아이와 비관적인 실패를 예상하는 아이, 이 두 가지 서로 다른 모습은 인생의 처음 몇 년 동안에 형태를 갖추기 시작한다. 브라젤톤 교수는 말한다.

"모든 부모들이 진정으로 자녀의 성공을 도우려면 자신의 행동거지 하나 하나가 자기 자녀에게 자신감, 호기심, 배움의 즐거움을 일깨워주고 한계에 대한 이해를 형성하게 하는 씨앗이 된다는 점을 깨달아야 한다."

아동이 학교 생활에서 성공하는 것은 취학 전 몇 년 동안에 형성된 EQ능력에 크게 좌우된다는 그의 주장은 이제 여러 가지 확실한 증거들로 뒷받침되고 있다. 그 중 한 가지는 앞의 제6장에서도 보았듯이, 대뜸 마쉬맬로 과자를 먹으려는 충동을 억제하는 능력이 있는 4살짜리 아이는 14년 후 SAT 점수가 평균 210점 이상 높게 나왔다는 연구 결과를 들 수 있다.

EQ능력은 학창 시절 동안에도 계속해서 개발되지만, 그 기본 요소들은 유년기에 거의 완성된다. 즉, 아이가 취학 이후의 생활에서 획득하는 EQ능력들은 유년 시절의 바탕 위에 덧붙여지는 것일 뿐이다. 그리고 이 유년 시절의 능력들은 제6장에서도 보았듯이, 모든 학습의 필수적인 바탕이 된다.

미국 국립 임상유아치료센터의 보고서에 따르면, 학업에서의 성공이란 것은 지식 축적량과 조숙한 읽기 능력 따위가 아니라 사회적 감성 능력에 따라 예측될 수 있다고 한다. 즉 자신감과 흥미, 기대되는 행동 유형이 어떤 것인지를 아는 것, 그릇된 행동의 충동을 억제하는 것, 참고 기다리는 법, 지시 이행 능력, 교사에게 도움을 요청하는 능력, 다른 아이들과 어울릴 때 자신의 욕구를 적절히 표현하는 능력 등이 학업 성취도를 크게 좌우하는 것이다.[5]

이 보고서에 의하면, 학교에서 잘 지내지 못하는 학생들은 학습 불능증과 같은 인지적 장애를 갖고 있는가에 관계없이 대부분 EQ 요소 중 한 가지 이상이 결핍되어 있는 것으로 나타난다. 이 문제의 심각성은 적지 않다.

현재 미국의 일부 주에서는 초등학생 다섯 명 중 한 명이 1학년을 다시 다니고 있고, 이들은 시간이 흐르면서 더욱 친구들에 비해 뒤떨어지고, 쉽게 의욕을 잃고, 성을 잘 내게 되면서 공격적인 성격으로 변한다.

학업에 대한 아동의 자발성은 모든 지식의 가장 기본인 학습방법에 따라 좌우된다.

임상유아치료센터의 보고서는 이 필수적인 능력에 필요한 핵심적 요인 7가지를 열거하고 있는데, 공통적으로 EQ와 관계가 있는 능력들이다.[6]

1. *자신감* 자신의 신체, 행동, 세상에 대한 통제력과 조절능력에 대한 감각, 다시 말해서 자신이 맡은 일이 성공할 것이라는 믿음과 그 과정에서 어른들이 도움이 되어 줄 것이라는 감각.

2. *호기심* 사물에 대한 발견을 긍정적이고 즐겁게 받아들이는 감각.

3. *계획성* 영향력을 갖기를 원하고 또 그럴 수 있는 능력, 또한 인내심을 갖고 그 영향력을 행사하려는 노력. 이는 개인적인 역량, 효율성과도 관련되어 있다.

4. *자제심* 나이에 걸맞는 방법으로 자신의 행동을 조절하거나 통제하는 능력; 내부적 통제 감각.

5. *관계성* 남을 이해하고 남도 나를 이해한다는 느낌에 기초한 타인들과의 관계 능력.

6. **커뮤니케이션 능력** 다른 사람들과 생각, 감정, 개념 등을 언어로 교환하려는 의지와 능력. 여기에는 타인들에 대한 신뢰감과 어른들을 포함하여 다른 사람들과 어울리는 것을 즐거워하는 감각이 관련된다.

7. **협동심.** 단체 활동에서 자신의 욕구와 다른 사람들의 욕구간에 균형을 맞추는 능력.

어린이가 유치원 첫 등교일에 이런 능력을 갖고 등교를 하느냐 그렇지 않으냐 하는 문제는 그의 부모들이, 또는 보육원 교사들이 'IQ개발 준비 과정'과 견줄 만한 'EQ개발 준비 과정'을 얼마 만큼 제공하였느냐에 따라 좌우되는 것이다.

EQ의 기초학습

새벽 3시에 생후 두 달된 아기가 깨어나 울기 시작하는 상황을 생각해 보자. 어머니가 들어온 이후 반시간 동안 아기는 어머니의 팔에 안겨 만족스럽게 젖을 빤다. 어머니는 아기를 다정스럽게 쳐다보며, 한밤중이지만 아기를 보게 되어 행복하다고 말한다. 아기는 어머니의 사랑에 만족해하면서 다시 잠에 빠져든다.

이제 생후 두 달된 다른 아기를 생각해 보자. 역시 한밤중에 깨어 울고 있는데 이번에 들어온 어머니는 남편과 싸우고 잠든 지 1시간 밖에 되지 않았기 때문에 긴장된 표정에 신경질을 감추지 못한다.

어머니가 아기를 들어올리고, "조용히 해. 그렇잖아도 짜증 나는데. 자, 울음 그쳐!" 하고 말하면 아기도 함께 긴장한다. 아기가 젖을 빨 때도 어머니는 무표정하게 앞만 응시하며 남편과의 싸움을 떠올리는데, 생각하면 할수록 더욱 신경질이 난다. 아기는 어머니의 경직을 눈치채고 꿈틀거리며 먹던 젖을 뗀다. 어머니는 "겨우 그거 먹으려고 운거야? 그럼 그만 먹어!" 하고 서둘러 아이를 유아용 침대에 내려놓고는 방을 획 나가 버리고, 아기는 울다가 지쳐 잠들어 버린다.

이 두 가지 시나리오는 만일 이와 동일한 상호작용이 반복된다면 유아 자신과 가까운 사람과의 관계에 있어서 아주 상반된 감정들을 유아에게 주입시킨다는 점을 보여 주기 위해 미국 국립 유아임상치료센터가 작성한 보고서에 들어 있는 내용이다.[7] 첫번째 아기는 자신의 욕구에 관련해서 타인을 믿을 수 있고, 그에게 도움을 의뢰할 수 있으며, 자신이 효율적으로 도움을 요청할 수 있는 존재임을 깨닫게 된다. 반면에 두번째 아기는 자기를 진정으로 돌봐 주는 사람은 없으며, 남에게 의지할 수 없고, 위로를 받으려는 노력은 결국 실패에 봉착한다는 사실을 깨닫게 된다.

물론 대부분의 아기들은 두 종류의 상호작용 모두를 약간씩이라도 접해 보게 된다. 그러나 부모가 아이들을 다루는 방식에서 두 가지 형태 중 어느 쪽이 전형적인 모습인가에 따라, 아기는 자신이 세상에서 얼마나 안전한가, 얼마나 효과적이라고 느끼는가, 타인들을 얼마나 신뢰하는가와 같은 기본적인 EQ 교육을 주입 받게 되는 것이다. 에릭슨 박사는 이를 두고 아기가 '기본적 신뢰'와 '기본적 불신', 그 어느 쪽을 느끼는가의 기로에 서는 순간이라고 표현한다.

이런 EQ학습은 아주 어린 시절부터 시작되어 아동 시절 내내 계속된다. 이 기간에 부모와 아이 사이에는 아무리 사소한 의사 교환이 있더라도 모두가 감성적 의미를 내포하게 되며, 몇 년에 걸쳐 이런 메시지 전달이 반복되는 동안에 아이는 자신의 EQ적 시각과 능력의 핵심체를 형성하게 된다.

퍼즐을 하지 못해 쩔쩔매는 여자아이가 바쁜 어머니에게 도와 달라고 했을 때 어머니가 기분 좋게 상대해 준 경우와, "귀찮게 하지 마라. 지금 중요한 일하는 거 안보이니?" 하고 거절한 경우의 아이가 받는 메시지는 전혀 다르다. 아이와 부모 사이의 이러한 접촉들이 패턴화됨에 따라서, 아이의 내면 세계에는 대인 관계에 대한 일정한 감성적 기대치가 형성되어 간다. 그리고 그것은 좋은 쪽이든 나쁜 쪽이든 그 아이의 인생 전반에 걸친 행동을 채색하게 되는 것이다.

인격적으로 미숙하고 마약을 남용하고 늘 침울하거나 항상 화를 내며 목적 의식도 없고 혼돈의 삶을 사는 EQ가 낮은 부모에게서 양육을 받은 아이들은 커다란 위험에 처한다. 그런 부모들은 자녀의 감성적 욕구에 조율하는 것은 고사하고, 적절한 관심조차 베풀지 못한다.

연구에 따르면, 사소한 관심 부족이 노골적인 학대보다도 더 큰 피해를 입힐 수 있는 것으로 나타난다.[8] 결손 가정의 아이들에 대한 조사에서, 방치되는 아이들일수록 최악의 태도 즉 매우 불안해하거나, 주의가 산만하거나, 냉담하거나, 과도

한 공격성 아니면 소극성을 보이는 것으로 드러났다. 그들이 1학년을 다시 다니는 비율은 65%였다.

유아의 두뇌는 생후 3~4세까지가 가장 크게 자랐을 때의 3분의 2 크기까지 성장하고, 정교성 면에서는 향후 어느 때보다도 큰 비율로 발달한다. 따라서 이 시기에는 핵심적인 학습, 그 중에서도 특히 감성적인 학습이 어느 때보다 빨리 이루어진다. 이때 심각한 스트레스를 받으면 두뇌의 학습 부위에 손상이 생겨서 지능에 심각한 피해를 입힐 수 있다. 이 피해는 성장 후의 경험에 의해 어느 정도 치유가 가능하지만, 인생 초창기의 학습이 갖는 영향력은 엄청난 것이다.

인생의 최초 4년간의 핵심적인 EQ학습에 관해 한 보고서가 다음과 같이 요약하듯이, 그 결과의 중대성은 매우 심각한 것이다.

> 주의 집중을 하지 못하고 신뢰보다는 의심을, 낙관보다는 슬픔과 분노를, 공손함보다는 파괴적인 성향을 선호하는 아이와, 불안에 압도되어 있는 아이, 공포의 사고에 사로잡혀 있는 아이, 자신에 대해 전반적인 불행을 느끼는 아이, 이런 아이들은 남들과 동등한 권리는 물론 세상에서 올바른 자기 주장을 펼칠 기회를 포착하지 못한다.[9]

말썽꾸러기는 어떻게 길러지는가?

뉴욕 주에 살고 있는 870명의 아이들을 대상으로 그들이

8세에서 30세에 이르기까지의 생활을 추적 조사한 자료와 같은 여러 연구들을 통해, 우리는 감성적으로 부적합한 부모들의 육아법이 인생 전반에 걸쳐 끼치는 영향, 특히 아이들을 공격적으로 만드는 역할에 대하여 많은 것을 배우게 된다.[10]

조사 대상 중 쉽게 싸움을 걸거나 습관적으로 무력을 사용하여 자기 주장을 관철시키려는 호전적인 아이들일수록 학교에서 낙오될 가능성이 높았고, 30살이 되기 전에 폭력 전과 기록을 가질 가능성도 매우 컸던 것으로 밝혀졌다. 게다가 이들은 나중에 자신의 폭력 성향을 물려주기까지 해서 그들의 자녀들도 자신의 비행 부모가 그랬듯이 초등학교에서 똑같이 문제를 일으켰다.

공격적인 성질이 세대에 걸쳐 이어지는 것도 주목할 만한 사실이다. 자신의 유전적인 성향과는 별도로, 성인으로써 문제를 일으키는 사람들은 가정 생활을 공격성을 가르치는 교육장으로 만드는 경향이 있다.

어린 시절 말썽꾸러기들에게는 대개 독단적이고, 가혹하게 훈육하는 부모가 있었다. 그래서 이들이 부모가 되면 똑같은 패턴을 반복하게 되는 것이다. 이것은 유년기에 공격적인 성향을 보인 사람이 아버지이든 어머니이든 마찬가지이다. 공격적인 여자아이들은 성장한 뒤에 자기 어머니와 똑같이 독단적이고 가혹한 체벌 중심의 어머니가 되었고, 공격적인 남자아이들은 아버지의 전철을 되밟았다. 그들은 자녀들을 엄하게 벌을 주는 것 외에는 자녀의 인생에 대해서는 전혀 관심이 없었으며, 대부분의 시간을 자녀에 대한 무신경으로 소비했다.

동시에 이 부모들은 자녀들에게 생생하고도 잔인한 공격성의 본보기를 보임으로써 가정에서 몸에 익힌 것을 학교에서, 놀이터에서 그것을 반복하게 하고, 평생 폭력을 휘두르게 만든다. 이러한 부모들이 꼭 잔인한 마음을 가졌다거나, 자식들이 잘되기를 바라지 않아서 그런 것은 아니다. 그저 자신의 부모가 자기에게 보여 주었던 양육 방식을 단순히 반복하였을 뿐인 것이다.

  폭력적인 가정의 부모는 훈육 방법이 아주 변덕스럽다. 부모가 기분이 나쁠 때는 아이에게 심하게 벌을 주고, 기분이 좋을 때는 폭력을 쓰지 않는다. 따라서 처벌은 아동의 행위가 아니라, 부모의 감정에 따라 결정되기 때문에 아이들로서는 스스로를 무가치하고 기댈 곳 없는 존재로 인식하게 되고, 위협이 언제 어디서 가해질지 모른다고 느끼게 한다.

  이런 비극을 양성하는 가정 생활에서 아이들이 세상에 대한 전투적이고 도전적인 태도를 갖게 되는 것은 유감스럽지만 당연한 일이다. 어린아이들이 너무나 어린 시절부터 마음에 상처를 받아 EQ능력에 평생 어두운 그림자를 드리우게 된다는 것을 생각하면 암담한 기분이 들 뿐이다.

아동학대 : 감정이입의 결여

  놀이방에서 난폭하게 놀던 두 살 반짜리 마틴이 어떤 작은 여자아이와 살짝 부딪치자, 그 애가 갑자기 울음을 터뜨렸다. 마틴은 그 아이의 손을 잡으려고 했지만, 그 애가 울면서 몸을 피해 버렸다. 그러자 느닷없이 손바닥으로 여자아이의 팔을 때렸다.

여자아이가 계속 울어대자 마틴은 이를 외면한 채 소리쳤다.

"울지 마! 울지 말란 말이야!"

마틴은 더욱 빠르고 큰 소리로 여자아이를 을러댄다.

그러다가 마틴은 다시 그 아이의 등을 톡톡 가볍게 치면서 달래려고 시도해 보았지만, 또 거절당했다. 그러자 마틴은 개처럼 이빨을 드러내며 우는 아이에게 '쉿쉿' 소리를 내며 겁을 주었다.

다시 한번, 마틴은 우는 아이를 달래기 위해 등을 토닥거리다가 갑자기 후려치는 것으로 변하더니, 여자아이의 비명 소리에도 아랑곳하지 않고 계속해서 마구 때렸다.

이 혼란스러운 광경은 부모가 기분내키는대로 자녀를 구타하는 아동 학대가 아이의 천성적인 감정이입 능력을 어떻게 왜곡시키고 있는지를 잘 보여 주는 예화이다.[11]

놀이 친구의 고통에 대한 마틴의 괴상하고도 야만적인 반응은 유아기부터 매질과 기타 신체적인 학대의 희생자였던 아이들이 보여 주는 전형적인 현상이다. 본서의 제 7장에서도 보았듯이, 이런 반응은 또래의 아동들이 울고 있는 놀이 친구를 위로하려고 보여 주는 동정심이나 행동적인 노력과는 정반대적인 행동이다.

마틴이 놀이방에서 보인 고통에 대한 난폭한 반응은 자기 자신이 가정에서 눈물과 고통에 관해 배운 내용을 반영하는 것이다. 친구의 울음을 보고 처음에는 위압적인 위로의 제스처를 보이지만, 그것이 반복되다가 험악한 시선과 소리지르기, 때리기로 발전하다가 마침내 노골적인 구타로 이어진다.

여기서 가장 심각한 것은 마틴에게는 이미 감정이입의 가장 원초적인 형태라고 할 수 있는 다친 사람에 대한 공격 중단의 본능마저 결핍되고 있다는 점이다. 두 살 반의 나이에 그는 벌써 잔인하고 가학적인 인간의 동물적인 충동이 싹트고 있는 것이다.

마틴이 보여 주는 감정이입 능력의 부재와 비열함은 어린 나이에 가정에서 심한 신체적 감성적인 학대로 상처받은 비슷한 아이들에게서 공통적으로 드러난다. 마틴은 놀이방에 있던 아이들 중, 2시간의 관찰 결과 자신과 비슷한 성향을 보이는 것으로 판명된 1살에서 3살까지의 아동 9명 중의 한 사람이었을 뿐이다.

이 학대받는 아동들은 그들과 비슷하게 가난하고, 스트레스가 많은 가정에서 살지만 신체적 감성적인 학대는 받지 않는 다른 9명과 비교가 되었다.

그 결과, 다른 아이가 다치거나 혼란스러워할 때, 두 집단의 아이들이 반응하는 방식은 뚜렷한 차이가 있었다. 23건의 이런 사례에서 학대받지 않고 자란 9명의 아이 중 5명의 아이는 슬퍼하고 있는 아이에 대해서 걱정, 슬픔, 또는 동정 등의 감정을 보였다.

그러나 학대받고 자란 아이들은 이와 유사한 장면을 만난 27건 중에서 단 한 명도 최소한의 관심조차 보이지 않았다.

그 대신 그들은 우는 아이에게 마틴처럼 공포와 노여움의 표현, 또는 물리적인 공격의 반응을 보였다.

예를 들면, 학대받고 자란 한 여자아이는 울음을 터뜨린 다른 아이에게 사납고도 위협적인 표정을 지었다. 또 다른 학대받고 자란 아동인 한 살짜리 토마스는 방 건너편에서 누군가의 우는 소리를 듣고는 두려움에 몸이 굳어졌다. 울음소리가 계속되자, 마치 자신에 대한 공격에 대비라도 하는 것처럼 일체의 움직임도 없이, 얼굴 전체에 공포의 표정을 짓고 몸을 꼿꼿이 세우고 앉아 있었다.

그리고 역시 학대받고 자란 아이인 28개월짜리 케이트는 가학 증세를 보였다. 그녀는 자기보다 작은 죠이를 끊임없이 지분거리다가 기어이 발로 차서 쓰러뜨렸다. 그리고 쓰러진 채 가만히 누워 있는 죠이를 차가운 눈길로 바라보더니 살며시 다가가서 등을 톡톡 두드리다가는 그 손에 점점 힘이 가해지더니 마침내 죠이가 고통스러워하거나 말거나 마구 두들겨 팼다. 죠이가 기어서 도망칠 때까지 케이트는 되는대로 팔을 휘두르다가 다시 몸을 기울여 6~7차례 더 후려갈겼다.

결국 아이들이란 자신이 다루어진 방식대로 다른 사람들을 다루게 되는 것이다. 이런 학대받고 자란 아이들이 보이는 비정함은 결코 특별한 것이 아니라 차가운 비난과 가혹한 위협, 심한 체벌을 가하는 부모 밑에서 자란 아이들의 마음의 상처가 극단적인 형태로 나타난 것일 뿐이다.

이런 아이들은 놀이 친구가 다쳤거나 울더라도 별다른 관심을 보이지 않는다. 아이들이 나타내는 비정함의 연장선상에는 피학대아로서의 잔인성이 있는 것이다. 이들은 인생사를 헤쳐 가는 동안, 인지적 측면에서 학습 장애를 겪게 되고, 더욱 공격적으로 변하고, 동료들로부터 인기를 잃게 되고 우울증에 빠지기 쉽다.

취학 전의 어린아이들이 보이는 이러한 거친 성격이 미래에 대한 불행의 전조가 된다는 사실은 이제 결코 놀라운 일이 아니다. 이들이 성인이 되어서는 법적 충돌을 자주 겪게 되며, 잦은 폭력 범죄를 저지를 가능성이 높아진다.[12]

유아기에 자신의 부모에 의해 잔혹하게 다루어졌던 부모들이 그러하듯이, 이러한 감정이입의 부재는 때로는 여러 세대에 걸쳐서 반복된다.[13] 이는 타인들에게 관심을 보이고, 비열한 행위가 다른 사람들에게 어떻게 받아들여지는지를 이해할 수 있는 사람으로 키우고 격려하는 부모 밑에서 자란 아이들이 보이는 감정이입과는 극명한 대조를 이룬다. 감정이입에 관한 교육이 결핍되어 있다면 아이들이 이것을 배우지 못하게 되는 것은 너무도 당연한 것이다.

아마도 학대받는 아동들에 관한 가장 큰 문제점은 그들이 얼마나 일찍부터 폭력적인 부모의 축소판처럼 반응하는 방법을 배우는가 하는 점일 것이다. 그러나 그들이 마치 일용할 양식처럼 물리적 체벌을 받아 왔다는 사실을 감안한다면, 그들이 어떤 감성적 교훈의 방향을 따를지는 너무도 분명한 것이다. 잊지 말아야 할 것은, 우리의 격정이 최고조에 이르고 위기가 우리를 덮칠 때면 대뇌 변연계 중추의 원시적 기질이 모든 두뇌 활동을 압도한다는 사실이다. 그 순간에는 좋은 쪽이든 나쁜 쪽이든 감성 두뇌가 반복해서 익혀 온 습관이 지배하는 현상이 벌어지는 것이다.

   잔혹함, 또는 사랑에 의해 두뇌 골격이 형성되어 가는 아동기는 EQ학습의 특별한 기회의 창이라고 할 수 있다. 앞선 연구의 학대받고 자란 아동들은 일찍부터 그리고 꾸준히 정신적인 충격을 받아 왔다. 그 학대받는 아동이 겪어 온 감성적인 교훈을 이해하기 위한 가장 유용한 정신적 모형이 있다면, 그것은 정신적인 충격이 얼마나 지속적으로 두뇌에 자국을 남겨 두는가 그리고 이런 야만적인 흔적들을 어떻게 해야 고칠 수 있는가를 살펴보는 일이 될 것이다.

제13장

심리적 충격과 EQ적 치유법

캄보디아 난민 출신의 미국인이 된 솜 취트는 그녀의 세 아들이 AK-47 모형 장난감 총을 사 달라고 했을 때 망설이지 않을 수 없었다.

6살, 9살, 11살인 세 아들이 그 총을 원하는 것은 학교에서 친구들과 퍼디라고 하는 게임을 하기 위해서였다. 이 게임에서 악당 퍼디는 자동 기관총을 사용하여 아이들을 살해한 뒤 자살한다. 그러나, 때로는 아이들이 먼저 퍼디를 죽임으로써 다른 결말을 맺을 수도 있다.

퍼디라는 게임은 1989년 2월 17일 캘리포니아 주 스탁턴 시의 클리블랜드 초등학교에서 벌어진 처참한 사건의 생존자들 중 일부에 의해 재현된 섬뜩한 놀이이다.

그 당시 1~3학년 학생들은 아침 휴식 시간을 보내는 중이었는데, 20여년 전에 이 학교를 다녔던 패트릭 퍼디란 이름의 사나이가 운동장 한편에서 놀고 있던 수백 명의 아이들에게 7.22mm 총탄을 연속적으로 쏘아 댔다.

퍼디는 무려 7분 동안을 운동장을 향해 집중 사격한 뒤에, 권총을 꺼내 자신의 머리를 쏘아 자살했다. 경찰이 도착했을 때는 5명의 아이가 죽어 있었고, 29명이 부상을 당했다.

그 뒤 몇 달이 지나지 않아 참혹했던 7분과 그 여파가 아이들의 마음 속에 깊이 새겨졌다는 것을 상징이나 하듯이 퍼디라는 게임이 자연발생적으로 클리블랜드 초등학교 학생들을 중심으로 생겨났다.

저자의 성장기를 보냈던 퍼시픽 대학 근방에서 자전거로 조금만 가면 닿는 거리에 있는 그 학교를 내가 처음 방문했던 것은 퍼디가 평화로운 휴식 시간을 악몽으로 바꿔 놓은지 다섯 달이 지난 시점이었다. 충격의 끔찍한 잔해들인 총알 구멍, 피 웅덩이, 살점들은 사건 다음날 아침까지 깨끗하게 씻겨지고 덧칠되었지만 살인마 퍼디의 존재는 여전히 살아 있는 듯한 느낌이 들었다.

그때 클리블랜드 초등학교에 남겨진 가장 깊은 상처는 건물에 남겨진 것이 아니라 그곳에서 그전과 똑같은 삶을 꾸려가기 위해 애쓰고 있는 아이들과 교직원들의 마음 속에 남겨진 것이었다.[1] 가장 놀랄 만한 사실은 그 몇 분 동안의 기억이 아주 조금만 비슷한 다른 사소한 일에 의해서도 몇 번씩이고 재생된다는 점이었다. 예를 들어 한 교사의 말에 따르면, 일전에 '성 패트릭 기념일'이 다가오고 있다는 방송이 나오자마자 온 학교가 공포의 물결에 휩쓸린 적이 있었는데, 이는 많은 아이들이 그날을 살인자 패트릭 퍼디를 기념하기 위한 날로 착각했기 때문이라고 한다.
 또 다른 교사는, 다음과 같이 말한다.
 "거리 아래 휴양 시설로 달려가는 앰뷸런스의 사이렌이 울릴 때마다 모든 활동이 중단되어졌다."
 "아이들 모두가 그 차가 학교에 멈출 지, 또는 그냥 지나갈 지를 알고 싶어했기 때문이다."
 사건 후 몇 주 동안 아이들은 학교 화장실 거울에 환상 속의 괴물인 '피투성이의 성모 마리아'가 숨어 있다는 소문 때문에 그곳에 가는 것을 두려워했다. 총격 사건으로부터 몇 주가 지난 어떤 날에는 어느 여자아이가 반 미친 듯이 패트 부셔 교장 선생님에게로 달려오면서 소리를 쳤다고 한다.
 "총소리가 났어요! 총소리예요!"
 그러나 그 소리는 테더볼 게임(벽에 공을 매달아 놓고 라켓으로 치고 받는 게임: 역주) 기둥 위의 체인에서 나는 것이었다.
 마치 반복되는 테러에 대해 준비하듯, 많은 아이들은 극도의 경계심을 보였다. 몇몇 아이들은 휴식 시간이 되어도 교실 주위만 배회할 뿐, 감히 학살이 자행되었던 운동장에 나가는 모험을 하지 못했다. 그 외의 아이들도 놀 때마다 항상 그룹을 만들었고, 한 명 이상을 보초로 세우기도 했다. 많은 아이들은 수개월 간 친구들이 살해당한 '악마'의 장소를 계속 피했다.
 그 기억들은 또한 고통스러운 꿈으로 되살아나 잠든 아이의 무방비 상태의 정신 속으로 침입하기도 했다. 아이들은 총격 사건을 재현하는 악몽은 물론, 자기들도 곧 죽게 될 것이라는 불안을 반영하는 꿈도 꾸었다. 심지어 어떤 아이들은 꿈을 꾸지 않으려고 눈을 뜬 채 잠을 청하기도 했다.

　이런 반응은 심리학자들에게는 '심리적 충격 후 스트레스 장애'(줄여서 PTSD: Post-Traumatic Stress Disorder)의 전형적인 증세로 알려져 있다. 아동 PTSD 전문가인 심리학자 스펜서 에쓰 박사는, 이런 충격의 핵심을 다음과 같이 말한다.

　"주먹에 의한 최후의 일격, 칼로 푹 찌르기, 총기 발사의 강렬한 폭음 등과 같은 폭력적인 기억이 깃들어 있다. 그 기억 속에는 총을 쏠 때의 광경, 소리, 냄새나 희생자들의 비명소리, 갑작스러운 정적, 튀는 피, 경찰 사이렌과 같은 격렬한 인지 경험들이 자리잡고 있다."

　신경 과학자들은 그런 생생하고 끔찍한 순간들은 감성 회로에 각인된 기억으로 언제까지고 남는다고 한다. 이런 증세는 궁극적으로 편도가 과잉 흥분했음을 보여 주는 신호로서, 앞으로 충격적 순간이 계속해서 의식에 침투할 것임을 알려주는 증거이기도 하다.

　이처럼 충격 증후적 기억들이 정신의 자극으로 작용하게 되면 끔찍한 순간에 관련된 아주 사소한 암시에도 신체로 하여금 기꺼이 경계 태세에 들어서게 한다. 이 일촉즉발적 현상은 아동기의 반복적인 신체 학대를 포함하는 모든 종류의 감성적 충격이 있었음을 알려 주는 징표가 된다.

　모든 종류의 충격적 사건, 예를 들어 화재, 자동차 사고, 지진이나 태풍과 같은 자연 재해, 성폭력이나 강도 등의 사건들은 모두가 이 유인적인 기억들을 편도에 새겨 놓는다.

　매년 수십만 명의 인구가 이런 재난을 당하고, 그 중에 상당

수 또는 거의 대부분의 사람들이 두뇌에 흔적을 남기는 이러한 감성적인 상처를 입게 된다.

인간에 의한 폭력 행위는 태풍과 같은 자연 재해보다 더욱 유해한 것이다. 왜냐 하면 자연 재해 희생자와는 달리, 폭력의 희생자는 자신이 악의의 대상으로서 의도적으로 선택되었을 것이라고 느끼기 때문이다.

그 결과 인간에 대한 신뢰는 비참하게 파괴되고 세상을 안전한 장소라고 생각할 수 없게 된다. 순식간에 사회는 위험한 장소가 되고, 그곳에 사는 사람 모두는 자신의 안전에 잠재적인 위협이 된다고 생각하는 것이다.

인간의 잔혹성은 희생자의 기억 속에 자기를 공격한 것과 유사한 것은 무엇이든지 공포를 느끼는 습성을 새겨 놓는다. 강도의 얼굴도 보지 못하고 뒤통수를 공격당했던 한 남자는 너무나 놀란 나머지 그후로는 거리를 걸어갈 때는 머리를 얻어맞지 않고 다닐 수 있도록 꼭 할머니 앞에 서서 다니게 되었다.[2]

엘리베이터에 함께 탔던 어떤 남자에게 강도를 당한 뒤, 칼로 위협당하여 아무도 없는 층에 내리게 된 어느 여자는 몇 주 동안 엘리베이터는 물론, 지하철을 비롯한 어떤 밀폐된 공간이든 갇혔다는 느낌을 주는 곳이면 선뜻 들어가지를 못했다. 심지어 강도처럼 외투에 손을 넣은 남자를 보고는 은행에서 뛰쳐나와 도망치기도 했다.

유대인 대학살의 생존자들을 대상으로 연구한 바에 따르면, 이들의 기억 속에 깃든 공포의 인상과 그로 인해 발생한 고도의 경계심은 평생 동안 지속되고 있었다.

그래서 기아 상태, 사랑하던 사람의 학살, 강제 수용소에서의 공포 등에서 살아남은지 근 50년이 지난 지금까지도 그 끔찍한 기억들이 여전히 생생하게 남아 있다고 한다. 이들 중 3분의 1은 일상적으로 공포를 느낀다고 말했다.

그리고 4분의 3은 제복을 입은 남자, 문을 두드리는 소리, 개 짖는 소리, 또는 굴뚝에서 솟아오르는 연기와 같이 나치를 연상시키는 것에서 불안감을 느낀다고 말했다.

또한 5분의 3은 반 세기가 지난 지금까지 거의 매일 대학살에 대해 생각한다고 말했다. 구체적 증세로서는 근 10명 중 8명 꼴로 반복되는 악몽에 시달린다고 했다.

생존자 중의 어느 한 사람은 이렇게 말하고 있다.

"만약 당신이 아우슈비츠를 거쳐왔는데도 악몽에 시달리지 않는다면 당신은 비정상이다."

기억속에 맺힌 공포

다음은 멀리 떨어진 곳에서 소름끼치는 순간을 겪은지도 24년이 지난, 48세의 베트남 참전 용사의 말이다.

나는 그 기억을 도저히 잊을 수가 없다! 문 닫히는 소리, 동양 여자, 대나무 매트의 촉감, 돼지고기 튀기는 냄새와 같이 전혀 관계없는 것에 의해서도 그날의 환영들이 아주 생생하게 내 머리 속으로 밀려들어온다. 어젯밤에는 오랜만에 숙면을 취했다.

심리적 충격과 EQ적 치유법 37

그런데 아침 일찍 비바람이 불어오더니 한 차례 천둥소리가 들렸다. 나는 곧 잠이 깨면서 공포로 얼어붙었다. 어느새 나는 다시 장마철을 맞은 베트남의 경비 초소로 돌아가 있다. 나는 다음 번 전투에서 총알을 맞고 죽을 것이 확실하다는 예감을 갖고 있다. 나의 두 손은 굳어 있고, 온몸은 땀으로 범벅이 되어 있다. 목 뒤에는 머리카락들이 곤두서는 것처럼 느껴진다. 나는 숨을 제대로 쉴 수 없고, 가슴은 정신없이 뛰고 있다. 어디선가 눅눅한 유황 냄새가 풍긴다.
갑자기 나는 내 동료 트로이의 유품들을 본다… 그것은 베트콩들이 대나무 접시에 담아 우리 진지로 보내 온 것이다. 두 번째의 천둥소리와 번개에 놀라 나는 침대에서 떨어졌다.[3]

이 끔찍한 기억은 비록 20년 이상이 지났음에도 불구하고 생생하고 상세하게 되살아나서 이 참전 용사가 운명의 날에 느꼈던 것과 똑같은 공포를 유발해 내고 있다.
PTSD란 우리의 신경이 경계 태세를 설정하는 수준을 비정상적으로 낮추어 일상 생활에서의 평범한 순간에도 위급한 상황처럼 반응하게 만드는 현상을 말한다.
제 2장에서 논의되었던 돌발적 감정에 관계된 회로는 기억 속에 이러한 강렬한 인상을 남기는 데 결정적인 역할을 수행한다. 즉, 편도에 의해 돌발적 감정이 일어나는 사건 중 잔인하거나 충격적이거나 끔찍하면 할수록, 기억은 더욱 잊혀지기 어렵게 된다. 이런 기억들의 신경학적 기반에는 엄청난 공포의 순간에 두뇌에서 화학 작용의 발생으로 인한 전격적인 변화가 자리잡고 있다.[4]

PTSD가 발견되는 것은 주로 단일 사건의 충격에 근거하고 있지만, 성적, 육체적, 감성적으로 학대받는 아이들의 사례에서처럼 몇 년에 걸쳐 가해지는 잔혹한 행위에 의해서도 비슷한 결과가 유발될 수 있다.

미국 국립 PTSD센터는 이런 두뇌 변화에 대한 가장 상세한 연구가 이루어지는 곳으로서, 베트남전과 다른 전쟁 참전 용사들 중 PTSD로 고통받는 사람들이 대규모로 치료를 받는 베테랑 관리 병원을 중심으로 한 연구망을 구축하고 있다.

PTSD에 대한 대부분의 정보들도 바로 이러한 참전 용사들에 대한 연구에서 나온 것이다. 여기에서 얻어진 식견은 클리블랜드 초등학교 학생들과 같은 심한 감성적 충격을 겪은 아이들에게도 마찬가지로 적용된다.

데니스 챠니 박사는 말한다.

"파국적인 충격을 당한 희생자는 결코 정상인과 생리적으로 동일할 수 없다."[5]

챠니 박사는 예일 대학의 정신과 의사이자, 국립 의료센터의 임상 신경 과학 분야의 책임을 맡고 있다. 그는 덧붙인다.

"그것이 전투, 고문, 또는 유년기의 반복적인 학대와 같은 계속되는 공포였는지, 또는 태풍에 휘말렸다거나, 거의 죽을 뻔 했던 교통 사고와 같은 일시적인 경험이었는지는 중요하지 않다. 자력으로 통제를 할 수 없는 스트레스는 모두 두뇌에 동일한 생리학적 충격을 미치는 것이다."

여기서의 핵심적 단어는 '통제할 수 없는'이다. 사람들이 비극적인 상황에서도 무엇인가 할 수 있는 일이 있다고 느낄 때, 설령 그것이 아무리 사소한 것이라도 어느 정도의 통제력을 발휘할 수만 있다면, 완전히 고립무원을 느끼는 사람들보다는 감성적으로 훨씬 훌륭하게 지낼 수 있다. 고립무원이라는 요소는 주어진 사건을 주관적으로 압도적인 것으로 받아들이게 만든다. 그 센터의 임상 정신약리학 실험실 책임자인 죤 크리스탈 박사는 다음과 같이 말하고 있다.

"칼로 위협받는 두 사람 중 한 사람은 자신을 방어하는 법과 대처하는 법을 알고 있는 반면에 똑같은 곤궁에 처한 또 다른 사람은 '나는 이제 죽었다'라고 생각한다고 했을 때, 고립 무원을 느낀 후자 쪽이 나중에 PTSD에 사로잡힐 가능성이 더 크다. 그것은 자신의 목숨이 위협받고 있으며, 그것을 벗어나기 위해 할 수 있는 일은 아무 것도 없다는 느낌 때문이다. 그 순간부터 두뇌의 변화는 시작되는 것이다."

PTSD를 유발하는 주요 변수로서의 고립 무원의 감정은 실험실의 쥐들을 각각 서로 다른 우리 안에 집어넣고 가벼운, 그러나 쥐로서는 엄청난 스트레스를 받을 만한 양의 전기 충격을 계속해서 주는 실험에서도 잘 드러났다.

이때 한 쪽의 쥐 우리에는 가해지는 충격을 멈추게 할 수 있는 손잡이가 설치되었다. 며칠, 몇 주간을 양쪽 쥐들에게 같은 양의 충격을 가한 결과, 충격을 없애는 수단을 갖고 있는 쥐들에게서는 스트레스의 지속 신호가 보이지 않고 잘 견뎌냈다.

그러나 충격에 저항할 아무런 힘이 없는 쥐들에게서는 스트레스성 두뇌 변화가 일어났다.[6] 총이 난사되는 운동장에서 친구들이 피를 흘리며 죽어가는 것을 보고 있던 아이들이나, 대량 살상을 막지 못하고 바라보기만 했던 교사들은 틀림없이 그와 같은 고립무원의 느낌으로 고통받고 있었을 것이다.

대뇌변연계 장애로서의 PTSD

굉장한 지진 소리에 부부가 잠에서 깨어나 4살 난 아들을 찾기 위하여 공포의 소리를 지르며 어두운 집안을 뛰어다니게 했던 사건이 발생한 것은 불과 몇 달 전이었다.

그들은 로스엔젤레스의 추운 밤을 몇 시간 동안 복도에 웅크리고 앉아, 연이은 여진이 그들 아래의 지반을 붕괴시키고 있을 동안, 음식도 물도 빛도 없는 곳에서 꼼짝 못하고 있었다.

지진 직후의 며칠 동안은 꽝하고 닫히는 문소리에도 몸서리를 쳐야 했지만 몇 달이 지난 지금, 부인의 정신 상태는 쉽게 유발되는 공포로부터 많이 회복되었다. 한 가지 좀처럼 없어지지 않는 증세는 남편이 집에 없는 밤만 되면 마치 남편이 지진의 밤을 일으키는 원인이라도 되는 것처럼 잠을 제대로 이루지 못하는 것이다.

이와 같이 학습된 두려움의 주된 증세들은 가장 강렬한 종류인 PTSD를 포함하여 편도에 집중되어 있는 대뇌 변연계 회로에 발생한 변화로 설명될 수 있다.[7] 이 변화의 가장 중요한 부분은 청반이라는 두뇌 조직 내에서 이루어지는데, 이곳은 두 가지의 카테콜라마인 호르몬인 아드레날린과 노르아드레날린의 분비를 통제하는 역할을 수행한다.

이 신경 화학 물질은 비상 사태에 대한 신체의 대응을 촉진함과 동시에 두뇌 속에 기억들을 강력하게 각인하는 작용을 한다. PTSD 상태에 이르면 이 체계가 민감성을 보이게 되어, 마치 충격 직후 학교에서 들었던 앰뷸런스의 사이렌 소리를 다시 듣기만 해도 공포에 몸서리치던 클리블랜드 초등학교 학생들처럼, 설령 실제적인 위협이 되지 않더라도, 어느 정도 최초의 충격을 일깨워주는 상황만 만나면 이에 반응하여 과다한 분량의 두뇌 화학 물질들을 분비한다.

청반과 편도는 해마나 시상하부와 같은 다른 대뇌 변연계 구조와도 긴밀하게 연결되어 있다. 즉, 카테콜라마인 분비를 담당하는 회로들이 신피질에까지 뻗어 있는 것이다.

이런 회로에 변화가 생길 때 불안, 공포, 극도의 경계심, 잦은 혼란과 흥분, 즉각적인 전투 태세나 도피, 그리고 감성적인 기억의 지워지지 않는 기호화 작업 등과 같은 PTSD 증상이 출발하게 된다.[8]

한 연구에 의하면, PTSD 증상을 보이는 베트남 참전 용사들은 그 증세가 없는 사람들보다 카테콜라마인 분비를 중단하는 수용체가 40%나 적게 분출되었다. 이는 그들의 두뇌가 지속적인 변화를 겪으면서 카테콜라마인의 분비가 제대로 통제되지 않았음을 의미한다.[9]

이와는 다른 변화가, 긴급 상황 시에 싸울 것인지 도피할 것인지의 반응을 행동화하는 중요한 스트레스성 호르몬인 CRF의 방출을 조절하는 뇌하수체와 대뇌 변연계를 연결하는 회로에서 발생한다. 이 변화는 호르몬의 과잉 분비를 특히 편도, 해마, 청반에서 이끌기 때문에 실제로는 벌어지지 않는 긴급 사태에도 신체로 하여금 대비 태세를 갖추게 한다.[10]

듀크 대학의 정신과 교수 찰스 네메로프 박사는 말한다. "지나친 CRF는 우리의 과도한 반응을 유도한다. PTSD 증상이 있는 베트남 참전 용사를 예로 들면, 어느 상점 앞길 주차장에서 자동차의 이상한 엔진 소리를 듣기만 해도 CRF를 유발시켜 옛날의 충격을 겪을 때와 유사한 감정에 휘말리게 되는 것이다.

그 때부터 이 사람은 땀을 흘리기 시작하고, 두려워하고, 한기와 오한을 느끼면서 과거의 기억에 사로잡히는 것이다.

CRF가 과도하게 분비되는 사람일수록 놀라는 정도가 심하게 나타난다.

예를 들면, 대부분의 사람에게 살짝 다가가 갑자기 손뼉을 친다면 그는 처음에는 깜짝 놀라지만, 이것이 세 번, 네 번 반복되면 별 다른 반응을 보이지 않게 된다. 그러나 CRF가 지나친 사람은 여기에 익숙해지지 않는다. 그는 네 번째 손뼉에도 첫 번째 손뼉에 보였던 것처럼 반응하는 것이다."[11]

세 번째의 일련의 변화는 고통의 느낌을 둔화하기 위해 엔돌핀을 분비하는 오피오이드 체계에서 일어난다. 이곳에서도 역시 과도한 반응이 일어난다.

이때의 신경 회로에도 역시 편도에 포함되는데, 이번에는 대뇌 피질 영역과의 협력 체계가 갖추어진다. 오피오이드란 두뇌 화학 물질로서 아편과 기타 유사한 화학적 성분을 갖춘 마취제들처럼 강력한 마비 작용을 일으킨다. 두뇌로부터 발생하는 천연의 마취제인 오피오이드의 수준이 높으면, 사람들은 고통에 대한 인내심이 강화된다. 이는 심하게 부상당한 군인들이 훨씬 덜 심각한 부상을 입은 민간인들보다 마취제 투여량이 적었던 것에 주목한 군의관들에 의해 발견된 효과이다.

이와 유사한 변화가 PTSD에서도 일어난다.[12] 엔돌핀의 변화는 심리적 충격에 재노출되었을 때 유발된 신경 혼합체에 새로운 변질을 가져온다. 그것은 어떤 느낌에 대한 마비라고 하는 현상으로서, 오랫동안 PTSD에서 주목되어 온 일련의 '부정적인' 심리적 증세들이 바로 이것에 의해 발생한다.

이러한 심리적 증세로서는 즐거움을 못 느끼는 쾌락 불능증과, 전체적인 감정 마비 현상, 삶과 타인의 감정에 대한 관심으로부터의 일탈 현상 등이 있다. 그런 사람들은 감정이입 결핍의 일종으로서의 무관심증을 드러낸다.

또 다른 현상으로서는 충격적 사건을 겪은 시간, 장소, 심지어는 날짜까지도 기억하지 못하는 의식의 격리 반응을 들 수 있다.

PTSD에 의한 신경 변화는 향후 겪게 될 충격에 더욱 민감해지는 계기가 된다. 동물을 대상으로 한 많은 연구에서 밝혀진 바에 의하면, 어릴 때 가벼운 스트레스에라도 노출되면, 그 동물들은 이후의 삶에 있어서 스트레스를 받지 않은 동물들보다 심리적 충격을 유발하는 두뇌의 변화가 훨씬 더 민감한 것으로 밝혀졌다.

이는 PTSD가 있는 아동을 긴급히 치료해야 할 필요성을 암시하는 것이다. 똑같은 재해를 당했는데도 어떤 사람은

PTSD가 발전되고 어떤 사람들은 그렇지 않은 이유가 바로 여기에 있는 것이다. 편도는 위험 탐지에 대비하고 있고, 살면서 실제로 다시 위험이 닥치면 편도에 내리는 경보가 더 높은 수준으로 올라가는 것이다.

이와 같은 모든 신경적 변화는 그것을 촉발시키는 냉혹하고 끔찍한 비상 사태를 처리하는 문제에 있어서는 단기적인 이점이 될 수도 있다. 그것은 강박적 상황에서는 극도로 경계하고, 민감해지고, 만일의 사태에 대비하고, 고통이 침투할 수 없게 하고, 신체로 하여금 지속적인 물리적 요구에 대처하게 하고, 굉장히 혼란스러운 사건이 될 수 있는 상황에 맞서 한 순간 무감각해지도록 하는 적응성을 보여준다.

그러나 이런 단기적인 이점도 두뇌에 변화가 일어나서 기질처럼 바뀌면 언제나 높은 기어에 고정되어 있는 자동차처럼 지속적인 중대한 문제가 되는 것이다.

편도를 비롯하여 이에 관련된 두뇌 영역들이 격렬한 충격으로 인해 새로운 반응점을 갖게 되면, 이는 흥분 수준에 있어서 중대한 변화를 의미하는 것으로 돌발적 신경이 더욱 쉽게 작용하게 된다. 따라서 삶 전체가 비상 사태에 대비해야 하고, 심지어 평상시에도 공포심의 폭발적인 증가로 인해 광분 상태에 빠지게 되는 것이다.

감성지능EQ의 재학습

충격적인 기억들은 그 후의 학습을 계속 간섭하는 고정적인 두뇌 기능으로 남기가 쉽다. 특히, 충격적 사건에 대한 정상적인 반응의 재학습에서 이런 간섭 현상이 두드러진다. PTSD처럼 후천적으로 획득된 공포에서는 학습과 기억의 메커니즘이 왜곡된 형태를 보인다.

여기서 편도에 다시 한번 관련된 두뇌 영역에서의 핵심적 역할을 수행하는 것으로 보인다. 한편으로, 학습된 공포를 극복하려면 신피질의 활동이 중요하다.

공포 조건화란 말은 원래는 전혀 위협적이지 못한 사건이 두려웠던 다른 사건과 연계되어 우리의 마음 속에서 공포를 자아내게 되는 경우를 설명하기 위해 심리학자들이 붙인 명칭이다.

챠니 박사에 의하면, 실험실에서 동물에게 이와 같은 조건화를 행하는 경우에 그 공포심은 몇 년 동안 지속될 수 있다고 한다.[13] 이런 공포의 반응에 관한 학습, 억제, 작용 등을 담당하는 두뇌의 핵심 영역이 바로 시상, 편도, 전두엽 사이의 회로로서 이는 신경학적 돌발성이 발생하는 경로이다.

일반적으로 공포 조건화에 의해 학습된 공포는 시간이 경과함에 따라 약해진다. 이것은 공포를 느낄 필요가 없는 상황하에서 다시 동일한 경험을 함으로써 두뇌가 자연스럽게 재학습하기 위해서라고 생각할 수 있다.

이를테면, 으르렁거리는 독일산 셰퍼드에게 쫓긴 뒤부터 개에 대한 두려움을 갖게 된 아이가 양순한 셰퍼드가 있는 옆집으로 이사와서 그 개와 놀며 시간을 보낸다면, 그런 공포도 점차적으로 자연스럽게 잊혀질 것이다.

그러나 PTSD에서 자발적인 재학습은 일어나지 않는다. 이것은 PTSD에 의한 두뇌 변화는 워낙 강력한 것이어서, 옛날의 심리적 충격을 입었을 때의 사건을 일깨우는 아주 사소한 상황과 직면해도 항상 편도에 돌발적 감정이 일어나게 되고, 이로써 공포에 이르는 경로가 더욱 강화되기 때문이라고 챠니 박사는 주장한다.

이는 공포심과 평정심과는 결코 양립될 수 없다는 것을 의미한다. 다시 말해서 편도에 결코 부드러운 반응을 재학습하지 못하는 것이다. 공포심을 소멸시키려면 능동적인 학습 과정이 있어야만 하는데 그 학습 과정 자체가 감성적인 기억의 비정상적인 지속을 유도하는 PTSD의 증상을 겪는 사람들에게서는 효과를 볼 수가 없는 것이다.[14]

그러나 올바른 경험이 제공될 때에는 PTSD도 사라질 수 있다. 즉, 강렬한 감성적인 기억들, 그리고 그것이 유발하는 사고와 반응의 유형은 시간이 지나면서 변할 수 있는 것이다. 이런 재학습은 두뇌 피질과 관련되어 이루어진다고 챠니 박사는 주장한다.

편도에 깊히 박힌 본래의 공포심이 완전하게 사라지지는 않겠지만, 전두엽 피질이 편도의 활동을 억누를 때, 공포에 대응하는 두뇌의 활동들도 억제될 수 있는 것이다.

"문제는 우리가 얼마나 빨리 학습된 공포를 사라지게 할 수 있는가이다."

이는 좌측 전두엽이 갖는 고통에 대한 제어기 역할을 발견했던 위스콘신 대학의 심리학과 리처드 데이비슨교수일 말이다.

그가 실행한 연구에서 피험자들을 우선 시끄러운 잡음-학습된 공포의 변형으로서, 또는 낮은 수준의 PTSD의 유사 상황으로서-에 노출시켰을 때, 좌측 전두엽이 활동적인 사람들일수록 체득된 공포심을 빨리 극복한다는 사실을 발견하였다. 이는 학습된 고통의 방출을 담당하는 대뇌 피질의 역할이 다시 한번 입증된 것이다.[15]

EQ회로의 재학습

PTSD에 관해 이루어진 발견들 중 보다 고무적인 것은 아우슈비츠의 참사가 있은지 반세기가 지난 지금까지도 유대인 대학살의 생존자들 중 4분의 3 정도가 심각한 PTSD 증상을 갖고 있다고 보고된 연구에서 찾아볼 수 있다.

여기에서 긍정적인 것은 생존자의 4분의 1은 한때 동일한 증세로 고통을 받아 왔으나 이제는 더 이상 그런 증세를 보이지 않는다는 점이다. 이는 살아오면서 겪는 자연스런 일들이 어떤 식으로든 그들의 문제에 반작용을 일으켰기 때문으로 보인다.

아직도 PTSD 증상을 갖고 있는 사람들은 이 증세에 전형적으로 나타나는 카테콜라마인이 관련된 두뇌 변화의 증거들을 보이고 있지만, 회복된 사람들은 그런 변화가 없었다.[16]

이러한 발견에 의해 PTSD에 따른 두뇌 변화가 영원히 회복 불가능한 것이 아니며, 심지어 가장 끔찍한 감성적 인상으로부터도 사람들은 회복될 수 있다는 전망이 도출될 수 있는 것이다. 한마디로 말해서 EQ 회로는 재학습이 가능한 것이다. 보다 희망적인 것은 PTSD를 유발할 정도의 깊은 충격들도 치유될 수 있으며, 그 치유는 재학습을 통해서 가능하다는 사실이다.

이런 감성적 치료의 자연스러운 발생을 유도하는 하나의 방법은 최소한 아이들에게는 퍼디와 같은 놀이이다. 아이들은 이 게임을 반복하는 동안에 충격적인 사건을 놀이를 통해 안전하게 재현할 수 있다.

이것은 치유를 위한 두 가지 수단을 제공한다. 하나는 불안감이 낮은 상태에서 기억이 반복되기 때문에 이에 대해 둔감한 반응을 보일 수 있고, 일런의 비(非)충격적 반응을 통해 이와 친숙해지는 것이다. 또 하나는 상상의 세계 속에서 비극에 대해 현실과는 다른 밝은 결말을 부여할 수 있다는 점이다. 예를 들어, 퍼디 게임 중에서 아이들이 반대로 퍼디를 죽이게 하는 전개이다. 줄거리를 바꿈으로써 그 끔찍한 순간의 무기력감을 극복하는 것이다.

퍼디의 효과는 끔찍한 폭력을 경험했던 어린아이들에게서 더욱 뚜렷이 드러난다. 충격을 받았던 아이들을 중심으로 벌이는 이 섬뜩한 놀이는, 샌프란시스코의 아동 정신과 의사인 테르 박사가 처음 관심을 가지고 주목하였다.[17]

그녀는 퍼디가 살상을 저질렀던 스탁턴 시로부터 센트럴밸리를 따라 1시간쯤 가면 도착하는 캘리포니아 주 차우칠라의 아동들 사이에서 그 놀이를 발견했는데, 이곳은 1973년 버스를 타고 여름 캠프 훈련에서 돌아오던 아이들이 한꺼번에 유괴당한 사건이 벌어진 곳이다. 이때 유괴범들은 버스와 아이들을 포함한 모든 것을 땅에 파묻어 27시간을 고통에 빠지게 했다.

5년이 지난 후, 테르 박사는 그 유괴가 여전히 희생자들의 놀이 속에서 재현되고 있다는 사실을 발견했다. 예를 들면, 여자아이들은 자신의 바비 인형(여자아이들이 좋아하는 금발의 인형: 역주)을 갖고 상징적인 유괴 놀이를 했다.

그중, 사건이 있던 날 공포 속에서 함께 웅크리고 앉아 있을 때 다른 아이가 흘린 소변이 자신의 피부에 닿았던 어떤 소녀는, 자신의 바비 인형을 몇 번씩이고 씻었다. 두 번째 소녀는 '여행하는 바비'라는 놀이를 했는데, 이 놀이에서 바비는 어떤 곳을 여행하고는-장소는 관계없다- 안전하게 되돌아오는 것이 놀이의 핵심이었다. 세 번째 소녀가 좋아하는 놀이는 인형이 구덩이 속에 갇혀서 질식하는 내용이었다.

엄청난 심리적 충격을 겪은 어른들은 정신적 마비 현상이나 그 충격에 대한 기억이나 느낌이 차단되는 현상을 겪지만 아이들의 정신은 종종 그것을 다른 방식으로 처리하는 것이다.

테르 박사가 발견한 바에 따르면 아이들은 환상, 놀이, 공상을 이용하여 자신의 시련을 회상하고 생각하기 때문에 충격에 둔감해지는 정도가 더 빠르다고 한다.

이와 같이 자발적으로 충격을 재현하는 행동은 잠재 기억 속에 그 충격을 가두어 두다가 나중에 갑작스런 회상으로 분출되는 불상사를 겪지 않는 계기가 될 수 있는 것이다. 치아 보정을 위해 치과에 가는 것 같은 사소한 충격에는 단지 한두 차례로도 충분하다. 그러나 충격이 엄청난 것이라면, 아이들은 음울하고도 단조로운 의식을 통해 그 충격을 몇 번씩이고 재현하게 된다.
　편도에 각인된 영상을 파악하는 한 가지 방법은 그림을 통하는 것인데, 이는 그림이 개인적인 무의식의 매개체가 될 수 있기 때문이다.
　이때의 감성 두뇌는 고도의 상징적인 의미, 또는 프로이트가 '원초적 절차'라고 부른 방식-비유, 이야기, 신화, 그림 등에 의한 의사 전달-과 높은 일치성을 보인다. 이러한 방법은 심리적 충격을 받은 아동들을 치료하는데 자주 이용된다. 때때로 그림은 다른 어떤 방법으로도 나타내지 못하는 공포의 순간을 아이들이 표현할 수 있는 기회를 제공해 준다.
　그런 아동들을 전문적으로 치료하는 로스앤젤레스의 아동정신과 의사 에쓰 박사는 어머니와 함께 어머니의 전 애인에게 납치되었던 5살 소년에 대해 말해 주었다. 그 남자는 그들을 어떤 모텔로 데리고 가서 소년에게 이불을 뒤집어쓰고 있으라고 명령한 뒤, 어머니를 때려서 죽음에 이르게 했다. 그 소년은 자신이 목격한 살인 행위에 대해서 에쓰 박사에게 말하기를 당연히 주저했다. 그래서 에쓰 박사는 소년에게 아무 그림이나 그려 보라고 했다.
　그 아이가 그린 그림은 굉장히 큰 두 눈을 가진 경주용 자동차 운전사였다고 에쓰 박사는 회상한다. 그 큰 두 눈은 살인자를 엿보던 소년의 대담한 용기를 상징하는 것이다.
　은유적인 상징으로 충격적 장면을 표현하는 행위는 심리적 충격을 받은 아이들의 그림에 거의 항상 나타난다. 에쓰 박사는 아이들의 그림을 통해 치료의 단서를 찾고 있다.

심리적 충격과 EQ적 치유법 51

아이들을 사로잡는 강력한 기억들은 그들의 사고 뿐만 아니라 그들의 예술적 표현에도 깊이 침투해 있는 것이다. 또 그림을 그린다는 자체가 심리적 충격을 극복하는 과정의 제 1보이며, 심리 요법으로서도 매우 효과적인 것이다.

EQ를 통한 심리적 충격으로부터의 회복

아이린은 어떤 남자와 데이트를 하다가 하마터면 성폭행을 당할 뻔했다. 간신히 그를 물리치기는 했지만, 그 후에도 계속 그녀를 괴롭혔다. 외설적인 전화 통화를 해대는가 하면, 폭력으로 위협을 하기도 하고, 한밤중에 전화를 하기도 하고, 그녀를 미행하면서 모든 행동을 지켜보기도 했다.

그녀는 경찰에 도움을 요청했지만, 그들은 '실제적인 범행이 없었다'는 이유로 그녀의 문제를 대수롭지 않게 여겼다. 아이린이 치료를 위해 병원에 들렀을 때에는 PTSD의 증세가 있어서, 그나마 조금이라도 유지하던 사회적 사교 관계들을 모두 포기한 채, 집에 눌러붙어 지내고 있는 중이었다.

아이린의 사례는 충격에서의 회복에 관련된 획기적인 연구 결과를 발표해 온 하버드 대학 정신과 교수 J.L. 허먼 박사가 처음 인용하였다.

허먼 박사는 PTSD의 회복에는 안정감의 확보, 심리적 충격의 세부 사항을 기억하고 그 충격이 가져온 상실감을 슬퍼하기, 그리고 정상적인 생활을 재수립하기의 세 단계가 있다고 보고 있다. 이상의 단계는 생리학적인 논리성이 있는데, 그것은 감성 두뇌가 우리의 일상사를 언제 사건이 터질지 모르는 비상 사태로 간주할 필요가 없다는 사실을 재학습하게 되기까지의 방식을 반영하는 것이다.

안정감을 회복하는 처음 단계는 지나치게 두려워하고, 쉽게 자극받는 감성 회로를 진정시켜서 재학습을 향한 길을 터놓는 단계를 말한다.[18]

이것은 환자들의 신경 과민과 악몽, 지나친 경계심과 심리적인 공황 등이 PTSD 증세의 일부라고 이해하는 것부터 시작된다. 이런 이해가 뒷받침될 때 환자는 증세 자체를 덜 공포스럽게 생각할 수 있게 된다.

초기 단계에 행해지는 또 하나의 중요한 것은 환자가 자신에게 벌어지는 사건들에 대한 통제력을 다시 갖게 하는 것인데, 여기에는 심리적 충격이 부여한 고립무원의 느낌을 직접 제거하는 것이다. 예를 들어 아이린은 자신의 친구와 가족들의 도움을 얻어 그녀와 범인 사이의 방패막이가 되도록 하는 한편, 경찰이 이 일에 관여하도록 했다.

PTSD 환자들의 안정감에 대한 불안은 실제로 그들 주위에 잠재되어 있는 위험 요소에 대한 두려움을 훨씬 뛰어넘는 것이다. 자신의 신체와 감성에서 발생하는 일에 대해 어떤 통제력도 갖고 있지 못하다는 느낌을 받을 때, 그들의 불안감은 보다 내면적으로 발생한다. PTSD가 편도 회로를 민감하게 하기 때문에 발생하는 돌발적 감정에 의한 일촉즉발적 상황 하에서 이런 현상은 어쩌면 당연하다고도 할 수 있다.

약물 투여는 환자들이 형언할 수 없는 불안에 휩싸이거나,

불면증에 시달리거나, 악몽으로 잠을 설치게 하는 감성적 경계 태세에 좌우될 필요가 없다고 느끼도록 환자들의 원기를 회복시켜 주는 한 가지 방법이 될 수 있다.

약리학자들은 편도와 이에 연관된 신경 전송 회로에서 PTSD의 영향을 확실하게 없애 줄 의약품이 언젠가는 발명될 것으로 믿고 있다.

그러나 지금 단계로서는 두뇌 변화를 약화시키는 일부 약제들만이 나오고 있는데, 그 중에는 세로토닌 회로에 특별히 작용하는 항울제(抗鬱劑)와 교감 신경계의 활동을 방해하는 프로프라놀롤과 같은 아드레날린 억제제가 있다.

환자들은 또한 자신의 초조함과 신경 쇠약을 극복하는 긴장 완화 기술을 배울 수도 있다. 환자들의 황폐화된 감성 회로는 생리적 평온을 통해서 인생이 위협적이지 않음을 재발견하게 되고, 충격이 있기 전까지 느끼고 살았던 안정감을 회복시켜 주는 기회를 맞이할 수 있다.

치료의 두 번째 단계는 안전한 곳에서 충격적 사건에 대한 줄거리를 재언급하고 재구성하는 가운데 감성 회로가 충격적인 기억과 그것의 유발 요인에 대해 새롭고도 현실적인 이해와 반응을 습득하도록 하는 것이다.

환자가 충격 후 증세를 가져다 준 끔찍한 사건의 세부 내용을 말하는 동안에 그의 기억은 감성적 의미에서든 감성 두뇌에 끼쳐지는 영향력의 면에서든, 변용되기 시작한다. 이런 재현의 속도는 예민한 것이다. 심리적 충격을 받았지만 PTSD에 빠지지 않고 회복되었던 사람이 사건에 대해서 자연스럽게 이야기하는 경우와 같은 페이스로 진행되면 이상적이다.

　이 경우, 마치 체내 시계가 있어서 사람들로 하여금 충격을 재생하는 침투적 기억들에 '취하게' 한 뒤에 그 끔찍했던 사건에 대해서 아무 것도 기억할 수 없을 때까지의 수 주일 또는 몇 달 동안을 이들의 기억 속에 투여하는 것과 같다.[19]

　이렇게 충격으로의 재몰입과 일시적 중단의 반복은 충격에 대한 자발적인 재검토와 그에 대한 감성 반응에 관한 재학습의 여지를 주는 방법이다.

　허먼 박사에 의하면, PTSD가 심각한 사람들에게 자신의 이야기를 재언급하게 하는 것은 때때로 엄청난 공포심을 유발할 수가 있는데, 이런 경우 치료 전문가는 환자의 반응이 인내할 수 있는, 즉 재학습을 훼방하지 않는 범위 내에서 치료가 유지될 수 있도록 속도를 늦추어야 한다.

　치료 전문가들은 환자가 모든 끔찍한 내용들을 회상하면서, 비디오에서 본 무서운 영화처럼 가능한 한 생생하게 그 충격적인 사건들을 다시 말해 볼 것을 촉진한다.

　여기에는 그들이 보고, 듣고, 냄새 맡고, 느낀 것에 대한 상세한 내용 뿐만 아니라 공포심, 불쾌감, 혐오감과 같은 그들의 반응도 포함된다. 이때의 목표는 모든 기억들을 말로 표현하도록 하는 것인데, 이 방법을 통해 격리화 과정을 거쳐 의식 외부의 기억에서 누락되어 버린 기억의 각 부분들을 포착할 수 있게 된다.

　감각적 세부 내용과 느낌들까지 말로 표현하게 하는 것은 충격적 기억들을 신피질의 통제하에 놓이게 함으로써 이 기억들에 의해 야기되는 반응들도 보다 더 이해하기 쉽고 관리하기 쉬운 것으로 바꾸려는 의도인 것이다.

이런 점에서 감성적 재학습 단계가 사건과 그에 대한 감성의 재현에 의해 주로 이루어진다고 한다면, 두 번째 단계는 믿을 만한 치료 전문가가 함께 하고, 안전하고 위험이 없는 상태에서 이루어진다는 것이 다르다고 할 수 있다. 이 단계는 감성 회로에 의미 있는 교훈 즉, 그칠 줄 모르는 공포보다는 안정감이 충격적인 기억과 조화를 이루며 경험되어질 수 있다는 점을 명확하게 해 준다.

자기 어머니가 살해당하는 무시무시한 장면을 목격한 후에 커다란 두 개의 눈을 그림으로 그렸던 다섯 살짜리 아이는 첫 번째 그림 이후 더 이상의 그림을 그리지 않았다. 대신 그 아이와 치료 전문가인 에쓰 박사는 게임을 하면서 친밀한 유대감을 쌓아 갔다.

그때서야 비로소 아이는 천천히 살인에 관한 이야기를 하기 시작했는데, 처음에는 판에 박힌 듯이 똑같은 내용을 세부 사항 하나 틀리지 않고 반복하다가, 점차적으로 개방적이고 자유로운 연상을 이용하여 말하게 되었고, 이때 신체의 경직성도 점점 완화되었다.

동시에 그 장면에 대한 악몽을 꾸는 일도 많이 줄어들었는데, 이를 두고 에쓰 박사는 어느 정도 심리적 충격을 극복한 신호로 파악했다. 소년이 새로운 집에서 아버지와 함께 살아가게 됨에 따라, 두 사람의 대화도 점차적으로 충격에 의한 공포로부터 소년의 일상 생활 쪽으로 옮겨지게 되었다. 그리고 마지막으로 충격의 위력에서 완전히 벗어난 뒤부터 소년은 주로 자기의 일상 생활에 대해서 이야기할 수 있게 되었다.

마지막 단계로서, 허먼 박사는 환자들이 충격이 가져온 손실에 대해 슬퍼할 필요가 있다고 밝힌다.

여기에는 개인적인 상해, 사랑하는 사람의 죽음 또는 인간 관계의 단절, 누군가를 구하기 위해 조치를 취하지 않은 것에 대한 후회, 또는 사람들은 믿을 만한 존재라는 신뢰감이 상처를 입은 것 등이 포함될 것이다.

고통스런 사건의 재언급이 진행되는 동안 유지되는 슬픔의 감정은 어느 정도의 충격을 방출하는 중요한 기능을 한다. 그것은 환자들이 이제부터는 과거에 얽매이지 않고 앞을 내다보며, 희망을 가지고 충격의 속박에서 벗어나 새로운 인생을 설계하겠다는 의지를 의미하기 때문이다. 이는 마치 감성 회로에 의해 계속 반복되고 재생되던 공포감이 결국에는 풀리게 되는 마법의 주문과도 비슷한 현상이다.

사실 모든 사이렌 소리가 공포심을 불러올 이유는 없다. 또한 밤에 들리는 소리들이 모두 공포에 대한 추억을 불러올 이유도 없는 것이다.

허먼 박사는 말하기를 후유증이나 간헐적인 증상의 재발이 지속되는 동안에도 심리적 충격이 거의 극복되었음을 뚜렷한 징후에 의해 파악할 수 있다고 한다. 여기에는 생리적 증상이 통제 가능한 수준으로 낮아지고, 충격의 기억에 관련된 감정들을 충분히 견딜 수 있는 것으로 간주하는 단계 등이 포함된다.

이때 특히 중요한 것은 통제 불가능한 순간에 충격적 기억들이 떠오르지 않게 해야 하며, 오히려 다른 평상적인 기억들처럼 그 기억도 마음대로 떠올릴 수 있어야 한다는 점이다. 더 나아가서는 다른 기억들처럼 아주 지워 버릴 수만 있다면 더욱 좋은 것이다.

마지막으로 감성적 재학습에는 새로운 삶과 강력한 신뢰 관계가 구축되어야 하는 것과, 비록 부당한 일이 벌어지는 세상이라도 신뢰 체계가 의미를 가질 것이 요구된다.[20] 이 모든 것이 이루어졌을 때 비로소 감성 두뇌의 재학습은 성공을 거두게 되는 것이다.

마음의 상처를 치료하는 EQ

다행스럽게도 충격적 기억이 평생 각인되는 파국의 순간을 경험하는 사람들은 그리 많지 않다. 그러나 충격적인 기억을 각인하는 역할을 하는 두뇌 회로는 삶이 상대적으로 평온할 때에도 꾸준히 활동한다.

부모로부터 늘 방치되었거나, 관심과 애정을 받지 못하였거나 버림받은 아이들, 또는 부모를 잃었거나 사교적인 배척을 받는 아이들이 겪는 일상적인 고통들은 비록 충격으로 인한 흥분 상태에까지는 도달하지 않더라도 감성 두뇌에 뚜렷한 흔적을 남기면서 앞으로의 인생에 있어서 친밀한 인간 관계에 왜곡을 가져오며, 눈물과 분노가 따르게 만든다.

PTSD가 치유될 수 있듯이, 많은 사람들이 참고 지내는 감성적 상처들도 상당수 치유될 수 있는 것이다. 그것이 바로 심리 요법의 과제이기도 하다. 그리고 일반적으로 이러한 복잡한 감성 반응에 적절하게 대처하는 기술을 학습하는 과정에서 EQ가 중요한 열쇠가 되는 것이다.

우리는 전두엽 피질이 보다 충실한 반응 체계를 보여줄 때 편도와의 사이에 갖는 역학 관계를 연구함으로써, 심리 치료학이 뿌리 깊고도 부적절한 감성 패턴을 고치려면 어떠한 신경 해부학적 모델을 따라야 하는지도 밝힐 수 있는 것이다. 감정 폭발시 편도의 일촉즉발적 현상을 발견했던 신경 과학자 르두 박사는 다음과 같이 말한다.

"우리의 감성 체계는 무엇인가를 포착하기만 하면 결코 그것을 놓아 주지 않으려는 성향이 있다. 심리 치료는 그러한 성향을 억제하는 방법을 가르쳐 준다. 즉, 신피질에게 편도의 활동을 제지하도록 하는 것이다. 행동하려는 성향이 억눌릴 때, 비로소 우리의 기본적인 감성도 억제된 형태로 머무를 수 있다."

감성적 재학습의 기초가 되는 두뇌 구조를 전제로 했을 때, 성공적인 심리 치료 이후에도 남아 있을 수 있는 문제는 혼란스러운 감성 패턴의 바탕에 잔존하는 근원적인 민감성, 또는 공포심과 같은 퇴화 기관적 반응이다.[21]

전두엽 신피질은 편도가 흥분하는 것을 순화시키거나 제동을 걸 수는 있지만, 초기의 반응까지 막을 수는 없다. 그러므로 우리는 감성적 폭발이 언제 일어날 지를 결정할 수는 없지만, 그것이 얼마나 오래 지속되는가에 대해서는 통제력을 발휘할 수 있는 것이다. 그런 폭발로부터 회복되는 시간이 빠를수록

EQ가 높다는 표시이다.

　심리 치료를 거쳐서 가장 많은 변화를 가져올 수 있는 것은 감성이 자극을 받을 때 사람들이 보이는 반응 형식이다. 그러나 처음에 감성 반응이 자극을 받는 경향까지 사라지는 것은 아니다. 이것에 대한 증거는 펜실베니아 대학의 레스터 러버스키 교수와 동료 학자들에 의해 행해진 일련의 심리 치료 연구에서 나왔다.[22]

　그들은 수십 명의 환자들을 심리 치료에까지 이르게 한 중요한 인간 관계적 갈등들을 분석했다. 여기에는 인정받고 싶어하는, 또는 친밀한 관계를 희구하는 깊은 욕망, 또는 실패하거나 지나치게 종속될까 두려워하는 감정 등이 포함된다.

　그리고 나서 연구진은 이런 갈망과 공포심이 환자들의 인간 관계에 있어서 강하게 실현될 때 환자들이 보인 전형적인 자기 패배주의적인 반응들을 세심하게 분석했다.

　너무 요구만 하다가 상대방의 분개나 냉담 등의 반발을 불러오는 것, 멸시당할까봐 두려워서 자기 방어적인 태도로 물러서는 것, 외형적인 거절을 통해서 상대를 화나게 하는 등의 반응 등을 검토한 것이다. 그같은 불행한 상황에서 환자들은 당연히 외로움과 슬픔, 분개와 노여움, 긴장과 공포, 죄의식과 자기 책망 등의 심란한 감정에 휩싸이는 것을 느꼈다.

　배우자와 연인, 자녀와 부모, 직장 동료와 상사 등 거의 모든 유형의 환자들이 중요한 인간 관계에서는 예외 없이 그런 현상들이 나타났다.

　그러나 장기간의 치료를 받은 뒤, 이 환자들은 두 가지의 변화를 보였다. 그 하나는 자극을 주는 사건들에 대해 크게 고통스러워하지 않거나 평온하거나 둔감한 반응을 보이게 된 것이고, 또 다른 하나는 공개적 반응을 통해 대인 관계에서 진정으로 원하는 것을 효율적으로 추구할 수 있게 되었다는 점이다. 물론 그들의 기본적인 갈망이나 공포, 초기의 고통 등은 변화하지 않은 채 남아 있었다.

환자들의 치료 과정이 거의 끝나 갈 무렵, 이들은 타인들과의 접촉에서 처음 치료받을 때보다 절반 정도의 부정적인 감성 반응을 보이게 되었으며, 타인들로부터 원했던 긍정적인 반응은 두 배로 받아 낼 수 있게 되었다. 그러나 전혀 변화하지 않았던 것은 이러한 욕구들의 밑바닥에 박혀 있는 특수한 감수성들이었다.

두뇌의 구조에서 본다면, 대뇌 변연계 회로가 두려운 사건의 암시에 경보 신호를 보내는 것까지 막을 수는 없지만, 전두엽 피질과 관련 부분들이 새롭고도 건강한 반응을 학습하는 것은 충분히 가능한 일인 것이다. 다시 말하면, 감성적 경험들은 비록 아동기에 학습되었던 가장 뿌리깊은 성향까지라도 재구조화될 수 있는 것이다. EQ학습이란 평생 과정인 것이다.

제14장

기질은 운명이 아니다

　학습에 의해 몸에 익은 EQ 패턴을 변화시키는 방법은 많이 있다. 그러면 유전적인 자질로서 타고난 감성적 반응은 어떨까? 예를 들면, 천성적으로 흥분을 잘 한다거나 지독하게 수줍음을 잘 타는 사람들의 습관성 반응을 변화시킬 수 있는 것인가? 이러한 감성적 분야의 모습들은 기질이라는 광범위한 영역 내에 포함되면서 우리의 기본적인 성향을 뒷받침하는 감정의 속삭임을 이룬다.
　기질은 인간의 감성적 생활을 특징 지우는 분위기에 기초하여 정의될 수 있다. 우리들 각자는 어느 정도 선호하는 감성적인 영역이 있다. 즉, 기질은 태어날 때부터 타고나며, 인생의 전개 방식에 대한 구속력을 발휘하는 유전적인 운명의 일부가 된다. 부모라면 누구든지 자기 아이가 태어날 때부터 조용하고 차분하다든지 또는 성미가 있다거나 까다로운 것을 목격한다.
　문제는 그와 같이 생리적으로 결정된 감성적 경향이 경험으로 변화될 수 있느냐 하는 점이다. 우리는 생물학적으로 고정된 '감성 운명'을 타고나는가, 아니면 설령 수줍음이 많던 아이라도 대담한 성인으로 자랄 수 있는 것인가?

이 문제에 대한 가장 명쾌한 대답은 하버드 대학의 저명한 발달 심리학자인 제롬 케이건 교수의 연구에서 찾아볼 수 있다.[1] 케이건은 인간에게는 네 가지의 기질 유형인 소심성, 대범성, 명랑성, 우울성이 있으며, 이 유형들 각각은 서로 다른 패턴의 두뇌 활동에 기인한다고 밝히고 있다. 우리 모두가 가지고 태어나는 천성적 기질에는 선천적인 감성 회로의 차이에 근거하여 무수한 패턴이 존재한다.

따라서 앞선 기질적 감성에서도 사람들은 그것이 얼마나 쉽게 유발되는가, 얼마나 오래 지속되는가, 얼마나 격렬성을 띠는가에서 많은 차이가 난다. 케이건 박사의 연구는 이런 유형들 중에서 예컨대 대범함에서 출발하여 소심함으로 진행되는 것과 같은 기질적 차원이라는 패턴들에 집중하고 있다.

하버드 대학의 윌리엄 제임스 기념관 14층에 위치한 케이건 박사의 실험실에는 일련의 어머니들이 자신의 아기들과 함께 지난 수십 년 간 아동 발달 연구에 참여하고 있다.

케이건 박사와 그의 동료 연구자들이 실험 관찰을 위해 데려온 21개월된 유아 집단에서, 수줍음의 초기 증상을 주목하게 된 것도 바로 이곳이었다. 다른 아기들과의 자유로운 교류에서 어떤 아기들은 명랑하고 자발적이어서 다른 아기들과 어울리는 것에 조금도 주저함이 없었다.

그러나, 일부 아기들은 자신감이 없고 주저하며 망설이는 성향을 보이면서 어머니에게 매달린 채 다른 아기들이 노는 것을 지켜볼 뿐이었다.

대략 4년 뒤 케이건 박사의 연구팀은 이들을 유치원에서 다시 관찰할 기회를 갖게 되었다. 그 동안 원래 외향적인 아이들이 소심한 아이로 바뀐 경우는 하나도 없었지만, 소심했던 아이들의 3분의 2는 여전히 말이 없었다.

케이건 박사는 지나치게 민감하고 두려움이 많은 아이일수록 자라서 소심하고 겁이 많은 어른이 될 확률이 높다고 주장한다. 태어날 때부터 약 15%~20%의 아이들은 '행동적으로 억제된 성향'을 보인다. 유아 시절 이들은 익숙하지 않은 것에는 무엇이든지 소심한 반응을 보이기 때문에 새로운 음식을 먹는 것에 까다롭고, 새로운 동물이나 장소에 가는 것을 싫어하며, 낯선 사람에게 접근하는 것을 수줍어한다.

또 다른 면에서도 민감성을 보이는데, 이를테면 죄의식이나 자기 질책의 감정을 갖기 쉽다. 이 아이들은 자라면서 사회적 환경에서 병적인 불안감을 보이기도 한다. 교실에서나 놀이터에서, 새로운 사람을 만날 때, 사회적 주목이 집중되는 곳은 어디에서든 그러한 성향을 보인다. 성인이 된 이후 이들은 사람들과 어울리려고 하지 않고, 연설 등 대중을 상대로 하는 행동을 끔찍이도 싫어한다.

케이건 박사의 연구에서 탐은 전형적인 수줍음을 많이 타는 유형의 아이였다. 2살, 5살, 그리고 7살일 때의 규칙적인 측정에서 탐은 가장 소심한 아동 부류로 분류되었다.

13살에 면담했을 때, 탐은 긴장하고 굳어 있었으며, 입술을 깨물거나 손을 비벼 댔고, 무표정하게 있다가 여자 친구에 대해 이야기할 때만 그나마 경직된 미소를 지었을 뿐이다. 그의 답변은 짧았고, 태도는 지극히 조심스러웠다.[2] 탐은 자신의 나이가 11살이 되기까지의 아동기를 거치는 동안에 고통스러울 정도로 수줍어했고, 놀이 친구에게 접근할 때마다 진땀을 흘리곤 했다.

그는 또한 자기 집에 화재가 발생할지도 모른다는 공포에 시달렸고, 수영장에 뛰어드는 것과 어둠 속에 홀로 남는 것을 극히 싫어했다.

때로는 괴물에게 공격당하는 악몽을 꾸기도 했다. 그 뒤 지난 2년 간은 그런 수줍음이 많이 줄어들었지만, 지금도 여전히 다른 아이들을 만날 때는 불안해 하고, 상위 5% 이내에 드는 성적에도 불구하고 학교 공부에 대해서 많은 걱정을 하고 있다. 과학자의 아들인 탐은 자기도 아버지와 같은 분야에 종사하는 것이 좋겠다고 생각하고 있는데, 이는 그 직업의 상대적 고독이 탐의 내향적 성향에 부합되기 때문인 것이다.

이와는 대조적으로, 랄프는 어느 나이에서든 대범하고 외향적인 아동이었다. 항상 관대하고 말하기를 좋아하는 그는, 13살 나이로 이미 느긋하게 경청하는 방법을 터득하고 있었으며, 어떤 판에 박힌 초조한 태도도 보이지 않았다.

또한 면담자와의 연령 차이가 25년이었는데도 불구하고 마치 동료인 것처럼 대하며 자신감 있고 다정한 어조로 이야기했다. 소년 시절에 그는 두 가지의 일시적인 공포를 겪었을 뿐이다. 3살 때 큰 개가 달려든 이후로 개를 두려워하게 되었고, 7살 때 비행기 추락 사고에 대한 이야기를 들은 뒤부터 비행기

타는 것을 두려워하게 되었다. 그러나 사교적이고 친구들에게도 인기가 있는 랄프는 스스로를 한 번도 수줍은 아이로 생각해 본 적이 없다.

소심한 아이들은 가벼운 스트레스에도 과민한 반응을 보이는 신경회로를 가지고 세상에 태어난 것처럼 보인다. 출생 시부터 낯설거나 새로운 상황에 부딪치면 이들의 심장은 다른 아이들보다 빨리 요동을 치는 것이다.

생후 21개월이 되었을 때 이 말이 없는 아이들이 놀이에 참가하지 않을 때의 심장 박동 수를 조사해 보니 심한 불안감으로 인하여 급상승하고 있었다. 쉽게 야기되는 불안감은 평생을 이어지는 소심함의 바탕이 된다.

그래서 이들이 새로운 사람을 만나거나 색다른 상황에 처할 때는 마치 잠재적인 위협을 다루듯이 하는 것이다. 그래서인지는 몰라도 아동기를 수줍음으로 보낸 중년기의 여자들은 외향적인 친구들에 비해 많은 공포와 불안감 죄의식을 가지고 있으며, 편두통, 과민성 대장, 기타 스트레스성 위장병에 시달리고 있다.[3]

소심증의 신경화학

케이건 박사는 조심스런 탐과 대범한 랄프와의 차이는 편도에 집중된 신경회로의 민감성에 기인한다고 보고 있다. 툭하면 두려움을 느끼는 탐과 같은 사람들은 이 회로에 쉽게 자극을 받는 신경 화학 구조를 갖고 태어났기 때문에 친숙하지 않은 것을 피하고, 불확실한 것을 주저하게 되며, 불안감을 느끼게 되는 것이다.

랄프처럼 편도의 활성화에 이르기까지 훨씬 높은 수준의 자극이 필요한 신경 체계를 갖고 있는 사람들은 여간해서 공포심을 느끼지 않으며, 천성적으로 외향적이고, 새로운 장소와 사람들을 찾고 만나는 일에 적극적이다.

아동이 어떤 유형인가를 알아보는 초기적 단서는 유아기에 얼마나 까다롭고 예민함을 보이는가, 또는 친숙하지 못한 사물과 사람에 맞닥뜨릴 때 얼마나 스트레스를 받는가를 살펴보면 알 수 있다. 태어날 때부터 보통 다섯 명의 아동 중에 한 명 정도는 소심한 범주에 드는 반면에 다섯 명 중 두 명은 대범한 기질을 갖고 있다.

케이건 박사가 내세우는 단서의 일부는 특이하게 소심한 고양이들을 관찰하는 과정에서도 살펴볼 수 있다. 집고양이들은 일곱 마리 중 한 마리 꼴로 소심한 아동들과 유사한 두려움을 갖고 있다. 많은 호기심을 보이는 전형적인 고양이답지 않게 그들은 새로운 것을 보면 위축되고, 새로운 영역을 탐험하기를 꺼린다.

또한 작은 설치류 동물만을 공격하고, 워낙 겁이 많아서 다른 용기 있는 동료 고양이들이라면 즐겁게 쫓아다닐 큰 쥐에게 감히 대들 생각을 하지 못한다.

두뇌를 직접 탐측한 결과 이 소심한 고양이들은 편도 부위가 특이하게도 쉽게 흥분하는 체질인 것으로 밝혀졌는데, 예를 들면 다른 고양이로부터 위협적인 으르렁거리는 소리를 들었을 때 그러했다.

고양이의 소심함은 대략 생후 1개월이 되었을 때가 최고조인데, 이때는 두뇌 회로를 조절하여 접근과 회피의 선택을 내릴 수 있을 정도로 그들의 편도가 성장하는 시기이다.

고양이 두뇌의 성장도에 있어서 한 달이란 인간의 유아에 있어서 8개월과 유사하다. 케이건 박사에 의하면 아기들에게 '낯선 사람'에 대한 공포심 예컨대, 어머니가 방을 나가고 모르는 사람과 함께 있을 때 울음을 터뜨리는 것과 같은 현상이 나타나는 것은 생후 8개월, 또는 9개월 때부터라고 한다.

소심한 아이들은 편도를 활성화하기 위해 필요한 노르에피네프린과 기타 두뇌 화학 물질들을 생리적으로 높은 수준으로 타고났기 때문에 흥분의 출발 지점이 빠르고, 편도가 쉽게 자극을 받는 것이다.

이와 같은 고도의 민감성에 대한 하나의 증거로서, 아동기에 매우 수줍어하던 젊은 남녀를 실험실에 두고 불쾌한 냄새 등의 스트레스에 노출시켜 그들의 심장 박동을 측정하면, 외향적인 사람들보다 훨씬 오랫동안 고양된 채로 있는 것을 발견할 수 있다. 이것은 상승하는 노르에피네프린에 의해 편도의 흥분이 지속되고, 신경회로의 연결망에 의해 그들의 교감 신경 체계가 활성화되어 있다는 징후이다.[4]

소심한 아이들은 높은 수치의 혈압과 크게 팽창된 동공에서부터, 소변을 통해 탐지되는 과도한 노르에피네프린 호르몬에 이르기까지, 교감 신경 체계 지수 전반에 걸쳐 과도한 반응성을 보인다.

침묵도 또 다른 소심함의 척도이다. 케이건 박사의 연구팀이 유치원 교실같이 자연스러운 환경에서 수줍어하는 아동과 대범한 아동이 잘 모르는 아이들 틈에 끼어 있거나 면담자와 대화할 때의 모습을 관찰한 결과, 소심한 아동들은 말수가 훨씬 적은 것을 발견하였다.

한 소심한 유치원생은 다른 아이들이 말을 걸어도 아무 대꾸도 하지 않은 채, 대부분의 시간을 다른 아이들이 노는 것을 지켜보고 있을 뿐이었다. 새로운 것이나 인지된 위협에 맞서서 소심한 침묵을 보이는 것은 전뇌(前腦)와 편도, 또는 이 부근에 위치하면서 분명한 발음을 통제하는 대뇌변연계 사이에 흐르는 신경회로(이 회로는 스트레스를 받으면 말문을 막히게 한다)가 활발함을 보이기 때문인 것이다.

이처럼 민감한 아동들이 6학년이 되면 공포증과 같은 장애 증세를 겪을 위험성이 지극히 높아진다. 이 연령의 남녀 754명을 대상으로 한 연구에서, 44명은 이미 한 가지 이상의 공포증으로 고통을 겪고 있었거나 몇 가지의 예비 증세들을 보이고 있었다.

이들의 불안은 대개 사춘기에 접어들면서 경험하는 첫 번째 미팅이나 중요한 시험과 같은 통상적인 경보 상황으로부터 유발되었다. 대부분의 아동의 경우 이러한 불안은 보다 심각한 문제로 발전되지 않고 조절되어 나간다.

그러나 기질적으로 소심하거나 새로운 상황에 특이한 공포를 보이는 10대일수록 광분하거나 죽음 따위의 끔찍한 일이 자신에게 벌어질 수도 있다는 불안감과 함께, 두근거림, 불규

칙한 호흡, 질식할 듯한 느낌 등을 경험하는 공포 증후군을 나타낸다. 설령 그 불안의 정도가 정신 신경학적 진단에서 '공포성 장애'로 평가될 정도로 심각하지는 않더라도, 시간이 흐르면서 장애가 악화될 가능성은 충분히 남아 있는 것이다. 즉 공포의 급습을 경험하는 많은 성인들은 그 출발이 10대일 때부터 비롯되는 것이다.[5]

불안 발작의 급습이 시작되는 것은 사춘기와도 긴밀히 관련되어 있다. 사춘기적 증상이 없는 소녀들이라면 이런 공포를 겪지 않겠지만, 대개 사춘기를 거친 여자의 8% 정도는 공포 증세를 경험한 것으로 조사되었다. 이들이 이와 같은 증세를 한 번 경험하면, 재발에 대한 두려움으로 삶의 위축이 발생하면서 공포성 장애로 이어질 확률이 높아진다.

나를 괴롭히는 것은 없다 : 명랑한 기질

1920년대에 젊은 시절을 보냈던 나의 숙모님은 캔사스 시의 집을 떠나 중국의 상하이로 모험 여행을 떠났다. 그 당시 독신 여성으로서는 위험한 여행이었다. 숙모님은 상업과 음모의 국제적 중심지인 그곳에서 식민지 경찰 소속 영국인 형사와 만나 결혼했다.

제2차 세계 대전이 발발하고 일본인들이 상해를 함락했을 때, 숙모님과 숙부님은 『태양의 제국』이라는 제목의 책과 영화에서도 묘사되었던 포로 수용소에 강제 수용되었다. 포로 수용소에서의 참혹한 5년을 보낸 뒤에 부부는 말 그대로 모든 것을 잃어버렸다. 그들은 무일푼으로 캐나다의 브리티시 콜럼비아 주로 송환되었다.

엄청난 역경을 헤치며 살아온 원기 왕성한 노부인이었던 숙모님을 내가 어린 시절에 처음으로 뵙던 때를 지금도 기억할 수 있다. 그녀는 노후에 신체 일부가 마비되는 뇌졸증을 앓고 있었다. 그러나 천천히, 꾸준한 회복기를 거친 뒤 다시 걸을 수 있었지만, 한쪽 다리는 절게 되었다.

내가 숙모님과 산책했을 당시 그녀의 나이는 70대였다. 그녀는 이곳 저곳을 신기한 듯 돌아다니다가 잠시 뒤 연약한 목소리로 나의 도움을 요청하였다. 넘어진 뒤 일어서지를 못했던 것이다. 내가 단숨에 달려가 부축하자 숙모님은 일어선 뒤에 한 마디의 불평이나 슬퍼하는 기색도 없이 자신이 처해진 곤경에 대해 웃었다. 그리고는 쾌활하게 한 마디 했다.

"걱정하지 말거라. 어쨌든 다시 걷고 있지 않니?"

우리 주변에는 천성적으로 나의 숙모님처럼 긍정적인 성향을 갖고 있는 사람들이 있다. 많은 사람들이 무뚝뚝하고 우울한 반면, 이런 사람들은 늘 명랑하고 낙천적이다. 활달한 사람이 있는가 하면 다른 한편에는 우울한 사람이 있는 것과 같은 이러한 기질의 차이는 좌우측 전두엽이 만나는 감성두뇌의 상층 핵 부위에 관련된 상대적인 활동성에 기인한다.

이러한 견해의 상당 부분은 위스콘신 대학의 심리학 교수 리처드 데이빗슨 박사에 의해 수행된 연구에서 제기되었다. 그는 오른쪽에 비해 왼쪽 전두엽이 활발하게 활동하는 사람일수록 기질적으로 명랑한 것을 발견했다. 이들은 사람들에게서 즐거움을 찾고, 삶이 제공해 주는 것에 기쁨을 느끼기 때문에 나의 숙모님이 그러했듯이 좌절로부터 쉽게 회복한다.

그러나 오른쪽 전두엽이 상대적으로 왕성한 활동을 보이는 사람들은 부정적이거나 불쾌한 기분에 잘 빠져들고, 인생의 역경 앞에서 쉽게 혼란을 느낀다. 어떤 의미에서 그들은 자신의 불안거리와 우울함을 지울 수가 없기 때문에 고통을 받는 것처럼 보이기도 한다.

데이빗슨 박사는 하나의 실험으로써 왼쪽 전두엽 영역에 현저한 활동성을 보이는 사람들과 오른쪽 영역에 활동성을 보이는 15명의 사람들을 비교해 보았다. 오른쪽 전두엽이 활발하게 활동하는 사람들은 성격 테스트에서 뚜렷한 부정적 성향을 보여 주었다.

그들은 우디 알렌(미국 영화 배우. 소시민의 생활을 그리는 영화에 주로 출연함: 역주)의 희극에서 묘사된 풍자적 인물인 아주 사소한 것에서도 파국을 예견하는 소요자(騷擾者) 즉, 쉽게 겁을 내거나 우울해 하고, 세상을 엄청난 곤경과 위험이 잠복한 곳이라고 보는 사람의 전형적 모습을 보이고 있었다.

이와는 대조적으로, 왼쪽 전두엽이 활발한 활동을 보이는 사람들은 세상을 전혀 다르게 보고 있었다. 그들은 사교적이고 명랑하기 때문에 항상 즐거운 감정을 갖고 있었고, 좋은 기분일 때가 많았으며, 강한 자기 확신과 삶에 대한 참여 의식을 가지고 있었다. 이들은 심리학 테스트 결과에서도 우울증이나 기타 감성 장애에 빠질 위험이 아주 낮은 것으로 나타났다.[6]

우울증의 병력을 갖고 있는 사람들은 그렇지 않은 사람들보다 왼쪽 전두엽의 활동이 미미한 대신 오른쪽 두뇌가 활발한 것으로 드러났다. 이 현상은 첫 우울증 진단을 받은 환자의 경우도 마찬가지였다. 이를 놓고 데이빗슨 박사는 우울증 극복을 위해서는 자신의 왼쪽 전두엽의 활동 수준을 증가시키는 방법을 학습할 필요가 있지 않을까 하는 고찰-현재 실험적 테스팅이 제기된 가설-에 이르게 되었다.

비록 그의 연구가 대략 30% 정도에 해당되는 극단적인 유형의 사람들을 대상으로 행해졌다고는 하지만, 다른 어느 누구라도 그의 뇌파 패턴을 조사하면 한 가지 이상의 지향하는 유형이 있음을 알 수 있게 된다. 시무룩하거나 명랑한 사람들 간의 기질 차이는 크든 작든 간에 여러 가지 측면을 통해 드러난다.

실험에서 피험자들을 상대로 짤막한 영화의 몇 장면을 보여 준 경우를 살펴보도록 하자. 이때의 영화 장면들은 목욕하는 고릴라, 놀고 있는 강아지 등과 같은 재미있는 것들과 간호사 교육용으로 만든 외과 수술을 찍은 장면처럼 끔찍한 내용들로 상당히 스트레스를 가져다 주는 것도 있었다.

오른쪽 두뇌 반구가 발달한 침울한 유형의 사람들은 재미있는 영화를 볼 때는 미적지근한 반응을 보였지만, 수술로 인한 출혈과 핏덩어리들이 등장하는 장면을 볼 때는 극도의 공포와 불쾌감을 느꼈다. 반면, 명랑한 집단은 수술 장면의 영화에는 최소한의 반응을 보였을 뿐이고, 강력한 반응은 주로 즐거운 필름을 볼 때 나타났다.

어떤 면에서 우리들은 기질적으로 부정적이거나 긍정적인 감성을 사전에 전수받아 이를 바탕으로 인생을 사는 것처럼

기질은 운명이 아니다 73

보이기도 한다. 우울하거나 명랑한 기질 또는 소심함이나 대범함의 어느 한 쪽으로 기울어지는 경향이 보통 생후 한 살 이내에 나타난다는 사실은 EQ 성향이 유전적으로 결정됨을 강력히 암시하는 것이다.

두뇌의 다른 부위들과 마찬가지로 전두엽은 출생 후 처음 몇 달 동안 계속 성장되기 때문에 10개월이 지날 때까지는 확실히 측정할 수 없다.

그러나 데이빗슨 박사는 어린아이들에게서도 어머니가 방을 나갈 때 우는지 그렇지 않은지에 따라 전두엽 활동 수준을 측정할 수 있다고 한다. 그 상관 관계는 거의 100%에 달한다. 즉, 이 방식의 테스트를 수십 명의 유아들에게 적용시킨 결과, 울었던 유아들은 오른쪽 전두엽이 활발한 활동을 보였고, 울지 않았던 유아들은 왼쪽 전두엽이 많은 활동성을 보였다.

비록 기본적인 차원의 기질은 타고났거나, 태어난 뒤 얼마 안되어 습득되는 것이지만, 우리가 침울한 유형이라고 해서 반드시 시무룩하거나 괴팍스러운 사람으로 평생을 살아갈 것이라고 단정지을 수는 없다.

어린 시절에 배우게 되는 감성적 교훈들로부터 내재적 성향을 심화시키거나 극소화시키면서 기질에 심원한 영향을 미칠 수 있는 것이다. 어린이들은 두뇌가 아주 탄력적이기 때문에 이 시기에 겪는 경험들은 평생을 두고 신경회로에 흔적을 남기는 영향력을 가질 수 있다. 아마도 좋은 방향으로 기질을 바꾼 경험들을 묘사한 것 중 가장 좋은 본보기는 소심한 아이들을 상대로 케이건 박사가 시도했던 다음의 연구에서 찾아볼 수 있을 것이다.

흥분하는 편도 길들이기

케이건 박사의 연구에서 나온 가장 고무적인 사실은 두려움이 많은 아동들이라고 해서 모두 소심하게 자라지는 않는다는 점이다. 즉, 기질은 운명이 아닌 것이다. 흥분하기 쉬운 편도는 적절한 경험을 통해 길들여질 수 있다. 이때의 차이는 아동이 자라면서 학습하는 감성적 교훈과 반응에 따라 결정될 수 있다. 소심한 아이에게 첫 단계로서 가장 중요한 것은 부모가 어떻게 자녀를 다루는가 하는 문제이고, 다음으로는 아이가 어떤 식으로 자신의 타고난 소심함을 극복하는가 하는 문제이다. 소심한 자녀를 위해 점진적인 대범성 강화 훈련을 시켜주는 것은 이들에게 두려움에 대한 평생의 저항체를 제공하는 것이라고 할 수 있다.

태어날 때부터 과도하게 흥분하는 편도의 징후를 보이는 유아들 세 명 가운데 한 명은 대략 유치원에 입학할 때를 전후해서 소심함이 소멸된다.[7]

두려움을 보이는 아이들을 가정에서 유심히 관찰해 보면, 선천적으로 소심한 아이일지라도 시간이 흐르면서 대범한 아이로 바뀌는 경우가 있다. 이런 아이들과는 반대로 오히려 새로운 것을 더욱 두려워하고 도전에 당황해 하는 아이들도 있다. 이러한 갈림길에서 부모, 특히 어머니가 매우 중요한 역할을 하게 된다.

케이건 박사의 연구팀은 어머니들 중 일부는 자신의 소심한 아이들의 기분을 상하게 할 수 있는 것이라면 무엇이든지 막아야 한다고 믿고 있는 사실을 발견했다. 그런가 하면 어떤 어머니들은 자신의 소심한 아이가 그런 기분 상하는 순간에 대처하는 방법을 배우고, 그래서 인생의 작은 고난들에 적응하도록 돕는 것이 더욱 중요하다고 믿고 있었다.

두 유형 중 보호적 입장의 어머니는 유아들의 공포 극복 방법을 학습할 기회를 박탈함으로써 결과적으로 그들의 두려움을 더욱 부추기게 되는 것이다. 반면에 적응적 학습을 주장하는 입장의 어머니들은 두려워하는 아이들을 좀더 용감한 아이가 될 수 있도록 도와 주는 것이다.

생후 6개월 정도의 유아가 있는 가정들을 관찰한 결과, 보호적인 어머니들은 자신의 아기가 칭얼거리거나 짜증을 낼 때마다 들어올리거나 안아 주었는데, 그 시간도 아기가 혼란스러워하는 순간을 극복하도록 도와 주는 어머니들에 비해서 훨씬 길었다. 아기가 평온할 때와 기분이 상했을 때 어머니에게 안기는 비율에서도, 보호적인 어머니들은 평온한 시간보다 기분이 상했을 때 훨씬 더 오래 아기를 안아 주고 있었다.

유아가 대략 한 살이 될 때를 전후해서 또 다른 차이점이 드러났다. 보호적인 어머니들은 아기가 무엇인가를 입에 물어서 삼킨다든지 하는 해로운 행동을 하고 있을 때, 관대하고도 직선적이지 않은 방법으로 이것에 제한을 가하고 있었다. 이와는 대조적으로 다른 어머니들은 단호하고 확고하게 제한을 가했고, 직접적으로 지시를 내리거나, 아이의 행동을 저지하거나, 복종할 것을 요구했다.

　단호함이 공포의 감소를 이끄는 이유는 무엇일까? 위험하지만 흥미를 자아내는 물건을 향해 아기가 꾸준히 기어가다가 엄마의 경고, "손 대면 안돼!"라는 말을 들을 때에는 무엇인가 학습하는 바가 있을 것이라고 케이건 박사는 추정한다.

　이를테면 그 유아는 불확실한 것을 다루는 방법을 주입 받게 되는 것이다. 인생의 초창기에 수없이 이런 도전에 접하는 동안, 이 아이는 삶에서의 예상하지 못한 사건들에 대응하는 방법을 조금씩 반복 학습하게 되는 것이다. 두려워하는 아이에게 있어서 그것은 숙달을 요하는 접촉이자, 교훈을 얻기 위한 적절한 분량의 학습이 된다.

　비록 아기를 사랑하는 마음은 변함없지만, 혼란스러워 한다고 해서 모든 사소한 문제에까지 유아를 안아 주거나 위로하지 않는 부모와의 관계에서 그러한 접촉이 반복되는 과정에서 아기는 점차적으로 어려운 순간을 자기 힘으로 관리하는 방법을 터득하게 된다.

　이러한 훈련을 거친 유아들은 2살을 전후해서 케이건 박사의 연구실을 다시 방문했을 때, 낯선 사람이 인상을 쓰고 있거나 혈압 측정기가 팔에 채워지더라도 거의 울지 않았다.

　케이건 박사의 결론은 이렇다.

　"자비로움을 베풀려는 생각으로 자신의 예민한 아기들을 좌절과 불안감에서 보호하려는 어머니는 오히려 유아의 불확실성을 더욱 강화하는 정반대의 효과를 초래할 뿐이다."[8]

　달리 말하면, 보호적인 전략은 소심한 유아들에게 익숙하지

기질은 운명이 아니다 77

않은 것에 맞서 안정감을 유지하고, 그로 인해 두려움을 이겨 내려는 노력에 대한 기회를 박탈하는 역효과를 가져오는 것이다. 이것을 신경학적 차원에서 표현한다면, 이들의 전두엽 회로가 공포에 대한 반사적인 반응 이외의 대안적인 대응을 학습할 기회를 놓치고, 대신 고삐 풀린 공포심이 반복을 통해 더욱 강화되는 것을 의미한다.

이와는 대조적으로 케이건 박사는 다음같이 결론을 내린다. "유치원에 입학할 무렵에 소심함이 현저히 감소되어 있는 아이들 뒤에는 언제나 이들의 적극성을 부드럽게 조장해 주는 부모가 있었다. 그래서 그 생리학적 기반 때문에 다른 것에 비해 바뀌기가 어려울 것처럼 보이던 그들의 기질적 특성이 바뀌는 것이다. 결국 인간의 성격에서 변화되지 않는 것이란 없다고 하겠다."

유아기에 소심한 아이일지라도 경험을 통한 주요 신경회로의 형성을 반복 학습하면서 점차 대범해질 수 있는 것이다.

겁이 많던 아이가 자신의 선천적인 비활동성을 극복할 가능성을 보여주는 한 가지의 징후는 그가 높은 수준의 사회적 능력이 있는지의 여부이다. 이를테면 다른 아이들과 협조적이고 잘 어울리는가, 또는 잘 베풀거나 나누어 주는가, 또는 사려심이 깊거나 긴밀한 우정을 발전시킬 능력이 있는가 등이 여기에 해당된다. 이런 특성들은 4살 때에는 소심한 기질을 갖고 있었지만 10살 무렵부터는 그러한 성향을 떨쳐 낸 아동 집단에서 두드러졌다.[9]

대조적으로 같은 6년 간 기질의 변화가 거의 없었던 소심한 아이들은 감정 조절 능력도 부족했다. 이들은 스트레스를 받으면 쉽게 울거나 안절부절못했다. 또한 감성적으로 부적절했고, 쉽게 무서워하거나 토라지거나 칭얼거렸고, 사소한 차질을 겪어도 화를 냈고, 눈앞의 이익에 쉽게 이끌렸고, 비판에 과민 반응을 보였고, 남을 잘 믿지 못했다.

이와 같은 감성적인 결함이 많기 때문에 다른 아동들과 관계를 맺어도 트러블만 일으키게 된다.

이와는 대조적으로 기질적으로는 수줍어하지만 감성적으로 능력 있는 아동들은 쉽게 자신의 소심함을 벗어 던질 수 있었다. 이들은 사회적 기술이 있기 때문에 다른 아이들과 일련의 긍정적인 경험을 가질 확률도 훨씬 높았다.

예를 들어 새로운 친구에게 말을 거는 것을 주저할지라도, 일단 접근에 성공하기만 하면 대단한 친화력을 보였다. 그와 같은 사교적 성공이 몇 년 동안 반복되는 과정에서 아무리 소심한 아이일지라도 자연스럽게 자기 확신적인 성격으로 바뀌게 되는 것이다.

이러한 대범성으로의 진전은 상당히 고무적이다. 천성적인 감성 유형이라도 어느 정도는 변화할 수 있는 것이다. 선천적으로 무서움을 잘 타는 아이라도 낯선 사람들에 대해 편안해하고 적극적인 태도를 보이도록 변할 수 있다.

공포를 비롯한 모든 기질은 우리의 감성적 삶에 선천적으로 주어지는 생리적 특성이지만, 그렇다고 해서 우리가 반드시 타고난 특성에 따라 한정된 감성 영역에 구속된 채 살아갈 필요는 없는 것이다. 심지어 유전으로 물려받은 속박이라도 어느 정도의 변화 가능성 영역은 존재하는 것이다.

행동유전학자들은 유전자만으로 모든 행태가 결정되는 것이 아니라 그 외의 우리의 환경, 특히 우리가 자라면서 경험하고 학습하는 환경들이 살아가면서의 기질적 경향이 표현되는 방식을 형성한다고 한다. 마찬가지로 우리의 EQ도 결코 타고난 그대로가 아니라 적절한 학습을 거치면서 충분히 개발할 수 있는 것이다. 이러한 변화 가능성의 근거는 인간의 두뇌가 성장되는 과정을 살펴보면 충분히 증명할 수 있는 것이다.

유년기의 중요성 : 기회의 창은 열려 있다

인간의 두뇌는 태어날 때부터 완전한 형상을 갖추고 있지는 않다. 그것은 살아가면서 지속적인 틀을 갖추게 되는데, 이때 가장 왕성한 성장이 일어나는 것은 아동기이다. 신생아들은 향후 자신의 성숙한 두뇌가 보유하게 될 것보다 훨씬 더 많은 신경회로를 갖고 태어난다.

그 뒤, '가지치기'라고 불려지는 과정을 통해 두뇌에서 실제적인 쓰임새가 적은 신경회로의 연결은 끊어지고, 자주 활용되는 신경회로들끼리는 강력하게 연결된다. 가지치기는 주변적인 시냅스(신경 세포들의 연결 부위: 역주)들을 정리하여 '잡음'의 원인을 제거함으로써, 두뇌 내부에 잡음 대 신호의 비율을 향상시킨다. 이 과정은 지속적이고 신속하다. 시냅스간의 연결은 단 몇 시간, 며칠 만에 형성될 수 있다. 이런 식으로 경험, 특히 유년기의 경험은 두뇌를 조각(彫刻)해 나간다.

경험이 두뇌의 성장에 미치는 영향에 대한 고전적인 논증은 노벨상 수상자인 신경학자 위젤 박사와 허벨 박사에 의해 이루어졌다.[10]

그들은 고양이와 원숭이를 대상으로 한 실험에서 눈에서 신호를 받아 이를 시각 피질로 전송하여 해석되도록 하는 시냅스의 발달이 주로 생후 몇개월 사이에 대부분이 형성되고 있음을 보여주었다. 따라서 이 시기에 동물의 한쪽 눈을 가렸을 경우, 그 눈과 시각 피질을 연결하는 시냅스들은 대부분 쇠퇴하였고, 반면에 열린 눈의 시냅스들은 증가했다.

그 뒤 이 중대한 시기가 지나서 가렸던 눈을 풀었는데, 이 동물의 한 쪽 눈의 기능은 회복되지 않았다. 물론 눈 자체에는 아무런 이상이 없지만, 시각 피질로 연결되는 시냅스들이 너무 적은 관계로 눈에서 보내진 신호가 제대로 해석되지 못하는 것이다.

시각 문제에서 동물의 것과 비례하는 인간의 중대한 시기는 생후 6년간이다. 이 기간에 정상적인 시각 작용이 이루어진다면 점차 복잡한 형태를 갖추어 가는 시각 시냅스들이 눈에서 시작되어 시각피질에서 끝나게 된다. 그러나 아이의 눈이 몇 주 동안 테이프로 가려진다면 그로 인해 눈의 시각 능력에는 결함이 생기게 된다. 만약 이 아이가 수개월 간을 그런 식으로 눈을 가리게 된다면, 원형대로 회복한 뒤에라도 세부적인 것을 볼 수 있는 시각은 손상되고 말 것이다.

경험이 두뇌 발달에 영향을 끼치는 생생한 예는 '부유한' 쥐와 '가난한' 쥐의 실험이다.[11]

'부유한' 쥐들은 여러 개의 우리 속에 소집단으로 나뉘어서 사다리나 쳇바퀴 같은 놀이 기구들과 함께 살도록 했고, '가난한' 쥐들은 생김새는 비슷하지만 훨씬 초라하고 오락거리도 없는 우리에 살게 했다.

몇 달 뒤 부유한 쥐들의 신피질에서는 시냅스끼리 연결해 주는 신경회로망이 훨씬 더 복잡하게 발달했고, 가난한 쥐들의 신경회로는 상대적으로 엉성한 모습으로 남게 되었다. 그 차이란 대단한 것이어서 부유한 쥐들은 가난한 쥐들보다 뇌의 용량이 더 커졌고, 아마도 당연한 일이겠지만, 미로를 빠져나가는 행동에서도 훨씬 영리함을 보였다.

원숭이에게 행해진 유사한 실험에서도 '부유함'과 '가난함'으로 인한 경험의 차이가 발생한 것으로 보건대, 인간에게서도 마찬가지의 결과가 나타날 것이 확실하다.

정신 요법 다시 말해서 체계적 감성 재학습은 경험이 얼마나 감성 패턴을 변화시키고 두뇌를 형성하는가를 보여주는 가장 적절한 실례이다. 그 중에서도 극적인 것은 강박 관념 장애로 치료를 받고 있는 사람들의 연구에서 보여진다.[12]

그중 가장 흔한 강박 관념으로는 심한 경우 하루에 수 백번씩 손씻기를 반복하여 손이 갈라지는 것을 들 수 있다. 전자를 이용한 단층 촬영 검사인 PET에 따르면 강박 관념은 전두엽에 정상 활동 이상의 것이 진행되고 있음을 의미하는 것이다.[13]

연구 대상 환자의 절반은 프로작이라는 상표로 잘 알려진 플루오제틴이라고 하는 표준적인 약물 치료를 받았고, 나머지 절반은 행동 치료를 받았다. 행동 치료에서는 환자들을 체계적으로 자신의 강박관념이나 충동을 일으키는 대상에 노출시키되, 실질적인 행동으로는 옮기지 못하도록 하는 방법이 사용되었다. 예를 들면 하루 종일 손을 씻는 강박 관념 환자들을 세면대 앞에 세운 뒤, 손을 씻지 못하게 하는 것이다.

동시에 그들은 자신을 엄습하던 공포와 두려움 예를 들면, 손을 씻지 못해 병에 걸릴 것이고 결국 죽고 말 것이라는 생각에 의문을 제기하는 방법을 학습하게 된다. 이러한 과정이 반복되는 동안에 강박 관념은 마치 약물 치료를 받은 것처럼 점차 사라져갔다.

그러나 무엇보다도 놀랄 만한 발견은 플루오제틴으로 성공적인 치료를 거두었던 환자들 못지 않게 행동 치료를 받은 환자들 역시 감성두뇌의 핵심적인 활동에서 의미 심장한 변화가 이루어졌다는 PET 검사의 내용이다. 행동 치료를 경험한 사람들에게서도 약물 치료를 한 경우처럼 효과적인 두뇌의 기능 변화가 있었고 증세도 완화되었다.

EQ학습의 결정적인 시기

모든 생물체 중에서 인간의 두뇌는 충분한 성장에 이르기까지 가장 오랜 시간을 필요로 한다. 유년기에 두뇌의 영역들은 각기 다른 비율로 발달하다가, 사춘기가 시작되면서부터는 두뇌 전반에 걸쳐 신속한 가지치기가 이루어진다.

그러나 감성적인 삶을 위한 핵심적인 두뇌 영역들은 성장이 매우 더디다. 예를 들어, 지각 관련 영역은 유년기 초기에 성장을 마치고 대뇌 변연계는 사춘기에 성장을 끝내는데 비해서 감성적 자기 통제, 이해, 기술적 반응 등을 관장하는 전두엽은 사춘기 후반인 16세부터 18세 사이의 시점에 이를 때까지 계속 성장한다.[14]

이때 유년기와 10대에 반복되는 감성적 행위의 습관들이 감성 회로의 형성에 상당한 영향을 미치는 것이다. 따라서 유년기는 평생의 감성적 성향의 틀을 형성하는 중대한 시기라고 할 수 있다.

유년기에 학습한 습관은 신경 구조의 기본적인 신경세포 망에 고정되어 인생 후반기에 이르면 좀체로 변화되지 않는다.

감성을 통제하는 전두엽의 중요성을 감안해 볼 때, 두뇌 영역 내의 시냅스들의 구성에 장기간이 걸린다는 것은 다시 말하면, 유아가 겪는 수년 간의 핵심적 경험들이 두뇌 구조라는 원대한 설계 하에, 감성두뇌 조절 회로에 영속적인 연결체계를 형성한다는 의미이기도 하다.

여기서 핵심적인 경험이라고 하는 것은 앞에서도 밝혔듯이, 부모가 자녀의 욕구에 얼마나 믿을 만하고 조율적인 태도를 보이는가, 또는 아이가 자신의 고통을 조절하고 충동을 억제하거나 감정이입을 실행하기 위한 기회와 안내를 얼마 만큼 제공받는가와 깊은 관련성을 맺는다. 마찬가지로 자기 주장만 내세우거나 무관심한 부모가 저지르는 무시와 학대, 또는 잔혹한 훈육 등도 감성 회로에 강력한 흔적을 남기는 것이다.[15]

유아기에 처음 학습이 시작되어 유년기를 걸치는 동안 정제되는 필수적인 교훈 가운데 하나는 혼란스러울 때 자신을 어떤 식으로 위로할 것인가 하는 문제이다. 아주 어린아이들은 통상적으로 보호자가 위로해 준다. 즉, 아기가 울면 어머니가 이를 듣고 들어 올려서 잠잠해질 때까지 안아 주고 달래 준다. 연구에 의하면, 이런 생리적 조율은 아이로 하여금 스스로 같은 동작을 반복하도록 만들어 준다.[16]

생후 10~18개월의 중대한 시기에 전두엽의 안와전골(眼窩前骨)부분은 신속하게 대뇌 변연계와의 연결을 이루어 고통에 대한 반응을 조절하는 개폐기 역할을 한다. 어린 시절에 부모의 반복적인 위로를 경험하면서 마음을 진정시키는 방법을 학습한 아이들은 고통을 통제하는 회로에 강력한 연결 고리가 형성되기 때문에 향후 삶에서 혼란을 느낄 때마다 자신을 달래는 능력이 뛰어나게 되는 것이다.

확실히 자신을 위로하는 기술은 오랜 기간이 요구되며, 두뇌의 성장 과정에서 아이들에게 제공되는 보다 정교한 감성적 도구와 같은 새로운 방법들이 있어야 터득될 수 있는 것이다.

전두엽은 대뇌 변연계의 충동 통제에 매우 중요하기 때문에 사춘기까지 성장하게 된다고 했던 점을 기억하자.[17]

유년기에 형태를 갖추어 가는 또 다른 핵심적인 회로는 미주신경에 집중되어 있는 것으로서, 이것은 한편으로는 심장과 신체 각 부분들을 통제하고, 또 한편으로는 부신에서 편도로 신호를 보내어 공격 또는 도피에 대한 반응을 통제하는 호르몬인 카테콜라마인의 분비를 촉진한다.

육아 방식에 따른 영향력을 분석한 워싱턴 대학 팀은 감성적으로 훌륭한 육아 방식은 미주신경계의 기능에 바람직한 변화를 일으킨다고 주장한다.

　그 연구를 이끌었던 심리학자 죤 가트맨 박사는 다음과 같이 말한다.

　"부모는 감성적 지도를 통하여 자녀의 미주신경계의 성향- 미주 신경계가 얼마나 흥분되었는지를 측정하는 척도-을 수정할 수 있다."

　즉, 아이들이 그들의 감정을 이야기하면 그것에 대해 비난하거나 판단을 내리기 보다는 이해하도록 한다. 감성적 곤경을 일으킨 문제를 스스로 해결할 수 있도록 해 주며, 그들이 무엇을 해야 할지를 구체적으로 일러 주는 것이다.

　부모가 이러한 것들을 잘 하게 되면, 아이들은 도피 또는 공격을 결정하는 호르몬의 흐름을 통제하는 미주신경계의 편도의 활동을 적절히 억제할 수 있게 되고, 그럼으로써 양호한 행동을 보여줄 수 있게 되는 것이다.

　EQ의 중요한 기술들은 유년기에 걸친 각각의 몇 년간을 중대한 시기로 삼고 있다. 각 기간들은 아이들이 유익한 감성 습관을 받아들이는가, 그 기회를 놓쳐서 향후 교정적 학습을 받는 것조차 어려워지게 되는가의 경계를 구분하는 중요한 기로가 된다. 유년기에 신경회로를 중심으로로 진행되는 광범위한 형상화와 가지치기는, 어째서 어릴 때 겪은 감성적 어려움과 충격들이 성인이 된 뒤에도 지속적이고 침투적인 영향력을 갖는가에 대한 설명을 제공해 준다.

　이는 또한 정신 치료를 받더라도 이런 패턴 중 어떤 것들은 변화에 이르기까지 아주 오랜 시간이 걸리는 이유와, 주변에서도 종종 목격되듯이 치료 후에 새로운 통찰력과 재학습된 대응들이 형성되었음에도 여전히 그런 패턴이 잠복된 성향으로 남아 있는 이유가 무엇인가를 설명해 준다.

유년기와 같은 극적인 변화는 아닐지라도 확실히 두뇌는 평생에 걸쳐서 탄력성을 유지한다. 따라서 모든 학습은 두뇌의 변화를 촉진하고 신경 세포의 연결을 강화시켜 준다.

강박관념 장애를 겪는 환자들이라도 어느 정도의 부단한 노력만 있으면 신경학적 차원에 이르기까지 감성 습관들을 교정할 수 있다. 또한 PTSD증상을 겪을 때나 그 증세로 치료받을 때 두뇌에서 일어나는 현상도 좋은 쪽이든 나쁜 쪽이든, 반복적이고 강렬한 모든 감성적 경험들이 끼친 영향에 의해 이루어지는 것이다.

자녀의 EQ학습에 커다란 역할을 하는 것은 부모이다. 세상에는 조율을 통해 유아의 감성적인 욕구를 인정하고 이에 부응하는 부모들에 의해 이루어지는 올바른 감성 습관들이 있는가 하면, 한편으로는 자녀의 스트레스를 무시하고 고함이나 구타를 통한 변덕스러운 훈육을 고집하는 완고한 부모에 의해 이루어지는 고약한 감성 습관들도 있다.

심리 요법의 대부분은 어떤 의미에서는 유년기에 완전히 어긋났거나 왜곡되었던 것들을 치료하는 지도인 것이다. 그러나 이런 치료의 필요성에 앞서서 자녀들에게 적절한 양육과 훌륭한 지도의 기회들을 제공하여 처음부터 필수적인 EQ능력을 양성하도록 하는 것이 옳지 않을까?

제 V 부
감성지능EQ 능력개발

제15장

EQ능력 부족의 대가

 그것은 나중에 걷잡을 수 없이 악화된 사소한 말다툼으로부터 시작되었다. 브루클린 시의 토머스 제퍼슨 고등학교 3학년에 다니는 이안 무어와 2학년 타이론 싱클러는 친구인 캘라일 썸프터와 사이가 나빠진 후, 그를 계속 괴롭히고 위협을 가했다. 그러다가 비극은 터졌다.
 이안과 타이론의 폭력에 시달리다 못한 캘라일은 어느 날 아침 학교에 38구경 권총을 가지고 나타났다. 그는 학교 경비원이 지키고 있는 장소로부터 15피트 떨어진 복도 끝에서 교실 문을 나서는 두 소년을 쏘아 죽였다.
 이 끔찍한 사건은 요즘의 교육이 감정을 조절하고 의견의 불일치를 슬기롭게 해결하고 하다 못해 평범하게 어울리기라도 할 줄 아는 방법을 가르칠 필요성이 얼마나 절박한가를 보여 주는 실례 중의 하나이다.
 학생들의 수학과 읽기 능력의 하향세 때문에 장기간 골치를 썩던 교육자들은, 이제 종류는 다르지만 더욱 주의를 요하는

결함이 있음을 인정하게 되었는데, 그것이 바로 'EQ능력 부족증'이다.[1]

그 동안 학문적 수준의 향상을 위해서는 경탄할 만한 노력이 경주되었지만, 이 새롭고 골치 아픈 결손 사항은 학교의 정규 커리큘럼에서조차 다루어지지 않았다. 이에 관해 브루클린의 어떤 교사는 다음과 같이 꼬집는다.

"학교에서는 현재 학생들이 다음 주까지 살아 있을 것인가 보다는 그들이 얼마나 잘 읽고 쓸 수 있는가에 관심을 쏟고 있다."

이안과 타이론의 피살과 같은 잔인한 사건에서 나타나는 감성 결손의 징후들은 현재 미국 전역의 학교에서 보편화되고 있다. 이런 사건들은 상호 무관하지 않다. 세계적 동향을 주도하는 국가인 미국에서 청소년기의 혼란과 유년기의 문제점들이 심각해지는 것은 다음과 같은 통계에도 잘 나타나고 있다.[2]

우선 지난 20년 동안의 비교에서 1990년도에 강력범으로 체포된 미국 청소년들의 숫자는 그 어느 때보다도 많았다.

성폭행으로 체포되는 10대의 비율은 두 배로 늘었다. 이들의 살인 범죄는 네 배나 증가했는데, 그 대부분은 총격에 의한 것이다.[3] 같은 기간에 10대의 자살은 세 배가 늘었는데, 이것은 살인으로 희생된 14세 미만의 아동 수의 비율과 동일하다.[4]

현재 10대 소녀의 임신율은 과거 어느 때보다 높아졌고, 그 연령도 계속 하향 추세이다. 1993년 기준으로 10세에서 14세까지의 출산율은 5년 연속 증가 추세이다.

어떤 사람은 이를 두고 '아이가 아이를 낳는' 현상으로 표현했는데, 이는 원하지 않는 임신과 남자 친구에 의해 강요된 성관계의 비율과 동일하다. 그런가 하면, 10대의 성병 감염 비율은 지난 30년 동안 세 배로 늘었다.[5]

이런 통계 수치만으로도 충분히 실망스럽지만, 그 초점을 미국의 흑인 젊은이, 특히 대도시 빈민가에 사는 흑인들에만 맞춘다면, 거의 할 말을 잊게 된다.

이곳에서는 앞의 비율 보다 훨씬 더 높아 어떤 것은 두 배, 때로는 세 배 이상을 기록하고 있다. 예를 들어 1990년대 이전 20여년 간 백인 젊은이들의 헤로인과 코카인 복용이 300% 증가하는 동안, 동기간에 마약에 탐닉하고 있는 흑인 젊은이들은 13배나 증가했다는 끔찍한 자료가 나왔다.[6]

이러한 10대 장애의 가장 일반적인 원인은 그들의 정신적인 질병에 기인한다. 그것이 사소하든 심각하든 간에 10대의 3분의 1이 우울증 증세를 보이고 있다. 특히 10대 소녀들의 우울증 발생은 두 배로 증가했다. 이들의 무분별한 섭식 장애증은 거의 폭등세에 들어섰다.[7]

결론적으로, 이런 상황이 조금도 바뀌지 않을 경우 세대를 거듭하면서 우리의 아이들이 결혼과 함께 풍요롭고 안정적인 생활을 영위할 장기적 전망은 갈수록 암울해지고 있다.

제 9장에서도 살펴보았지만, 70년대부터 80년대까지의 이혼율이 50% 미만이었던 것에 비해 1990년대에 들어서서 현재의 신혼 부부 이혼율 추세로 볼 때, 앞으로 약 3분의 2가 이혼으로 끝날 것이 예견되고 있다.

감성적인 질병

이런 경악할 만한 통계 수치들은 마치 탄광의 갱도에 부족한 산소를 죽음으로써 경고하는 카나리아의 모습을 연상시킨다.

겉으로 드러난 냉정한 수치 외에도, 현재의 아이들이 겪는 재앙은 아직 위기로까지는 발전하지 않았지만 일상적인 문제들에서 더욱 미묘하게 나타나고 있다. 아마 무엇보다도 가장 주목할 만한 자료는 7살부터 16살까지의 미국 전역의 아이들을 대상으로 1970년대 중반과 1980년대 말의 감성적 상태를 비교한 표집 조사일 것이다.[8]

이는 EQ능력 수준의 하락을 보여주는 직접적인 척도이다. 부모와 교사들이 내린 평가에 비추어 볼 때, 이들의 감성 상태는 계속 악화 일로에 있다. 어떤 하나의 문제만 특별히 두드러진 것도 아니어서 모든 지표들이 꾸준히 나쁜 쪽으로 하락하고 있다.

아이들은 평균적으로 다음과 같은 구체적인 방법으로 더욱 무력한 행동을 보이고 있다.

• ***위축 또는 인간관계적 문제점*** 혼자 있기를 좋아하고, 무엇이든지 숨기려는 경향이 있으며 잘 토라지고, 활력이 없고, 쉽게 불만족스러워하고, 지나치게 의존적이다.

• ***불안과 우울*** 외로워하고, 무서움과 걱정이 많으며, 완벽해 지려는 욕구가 있고, 사랑받지 못한다고 느끼며, 짜증스러워 하거나 쉽게 슬퍼하고 울적해 한다.

• ***주의력과 사고상의 문제점*** 집중하거나 가만히 있지를 못하고, 몽상적이고, 생각 없이 행동하며, 침착성이 없기 때문에 주의가 산만하고, 학교 공부에 소홀하고, 자신의 생각을 제대로 정리하지 못한다.

• ***비행과 공격성*** 문제 아동들과 늘 어울리고, 거짓말과 속이기를 밥먹듯이 하며, 잦은 말다툼, 다른 사람에게 비열한 행동을 하거나, 늘 주목받기를 원하고, 다른 사람의 물건을 훼손하고, 집과 학교에서 순종하지 않으며, 완고하거나 침울하고, 수다스럽고, 남을 잘 괴롭히며, 성질이 급하다.

비록 이런 문제들은 개별적으로는 대단한 것이 아니지만, 전체적으로 보면 아이들의 경험 속에 파고 들어가 독성을 퍼뜨리며 결국에는 EQ능력의 결함까지도 야기하는 엄청난 비극을 일으킨다.

이러한 '감성적 질병'은 현대를 사는 아이들이라면 누구나 치르는 대가이다. 미국인들은 종종 자신들의 문제를 다른 문화에 비해 특히 나쁜 것처럼 비하하는 경향이 있지만, 전세계적으로도 미국과 비슷하거나 오히려 더 나쁜 수치를 보이고 있다. 예를 들면, 1980년대의 네덜란드, 중국, 독일에 살던 교사 및 부모들은 자국의 아이들이 1976년의 미국 아이들이 보여준 것과 비슷한 수준의 문제점을 보여 주고 있다고 평가했다.

그리고 현재 일부 국가의 아이들은 미국보다 더 악화된 상태에 처해 있는데, 그 중에는 호주, 프랑스, 태국 등이 포함되어 있다. 하지만 이런 현상도 그리 오래 갈 것으로 보이지는 않는

다. 현재 미국 내에서 EQ능력의 하향 추세가 다른 모든 선진국들보다 가속화되고 있기 때문이다.[9]

이러한 위험에서는 부유하든 가난하든 그 어떤 아이들도 예외가 아니어서, 모든 종교, 인종, 소득 집단을 막론하고 보편적인 문제점들이 드러나고 있다. 비록 EQ능력의 지수에서는 가난한 아이들이 가장 악화된 수치를 보여주지만, 수 십 년간 그들이 타락한 비율은 중산층이나 부유한 아이들에 비해서 더 나쁜 것도 아니었다. 한마디로 모든 계층의 모든 아이들이 꾸준히 악화 일로를 걷고 있다고 볼 수 있다.

이에 상응하여 심리학적 도움을 받고 있는 아이들의 숫자도 세 배로 늘었고(필요한 도움을 쉽게 받을 수 있다는 면에서 보면 좋은 신호이기는 하지만……), 감성적인 문제로 심리학적 도움을 받아야 하는데도 그렇지 못한 아이들의 비율이 1976년에는 약 9%였던 것이 1989년에는 18%로 거의 두 배 가량 나쁜 신호가 늘어났다.

아동 복지의 국제적인 비교 연구로 유명한 코넬 대학의 발달 심리학자 유리 브론펜브레너 박사는 말한다.

"적절한 지원 체계가 뒷받침되지 않는 오늘날과 같은 상황에서는 외부적 스트레스가 너무 커서 결속력이 강한 가정들을 분열시킨다. 일상적인 가정 생활의 소모성, 불안정성, 불일치성이 교육을 잘 받은 사람들이거나 부유한 사람들이거나를 막론하고 우리 사회 모든 영역에 만연되어 있다.

위험한 것은 다음 세대, 특히 남성들로서, 이들은 자라면서 이혼, 가난, 실업 등의 파국적 영향을 가져오는 파괴적인 세력 앞에 무방비 상태로 놓이게 된다.

　현재 미국 아동과 가족의 위상은 그 어느 때보다도 절망적이고, 우리들은 수많은 아이들에게서 그들의 능력과 도덕적 품성을 빼앗고 있다."[10]

　이는 단지 미국만이 아니라, 전 세계적으로 노동 비용 감축을 통한 경제력 창출이라는 경쟁에 몰입한 곳이면 어디서든지 나타나는 현상이다. 지금은 재정적으로 곤궁한 가정의 부모들이 오랜 시간 맞벌이를 나간 사이에 아이들은 혼자 지내거나 TV의 유아 프로 앞에 앉아 있어야 하는 시대이다.

　그럼에도 불구하고 이전보다 많은 아이들이 가난 속에서 성장하고 있고, 결손 가정의 수는 더욱 늘어나고 있으며, 열악한 탁아 시설에 그대로 방치되는 어린 아동들의 수 역시 점점 증가하고 있다.

　이 모든 현상들은 설령 좋은 의도를 갖고 있는 부모일지라도 자녀들의 EQ능력 개발을 위한 수많은 영양분 제공이라는 문제에서는 지속적인 실패를 쉽사리 겪을 수 있음을 의미하는 것이다.

　가정이 자녀들을 삶의 튼튼한 토대 위에 올려놓는 기능을 제대로 하지 못하는 현실에서 우리는 무엇을 어떻게 해야 할까? 우리 앞에 놓인 특수한 문제들의 역학을 좀더 상세히 살펴보는 가운데 감성적, 사회적 능력의 부족으로 야기되는 심각한 문제점들이란 어떤 것이며, 또한 제대로 계획된 교정 방안과 예방책이 많은 아이들을 어떤 식으로 정상적인 성장 궤도에 올려놓을 수 있는가를 알아보도록 하자.

공격적인 행동은 길들여지는 것인가?

내가 초등학교 1학년 시절에 4학년에 지미라는 악동이 있었다. 그는 다른 아이들의 용돈을 갈취하거나 자전거를 빼앗고, 말을 걸면 주먹부터 휘두르는 그런 아이였다.

지미는 전형적인 동네 깡패로서, 사소한 시비나 아무 것도 아닌 일에도 싸움을 걸었다.

우리 모두는 지미를 무서워했고 항상 피해 다녔다. 지미를 만난 사람은 누구든지 그를 미워했고, 두려워했으며, 어느 누구도 그와 놀려고 하지 않았다. 그가 놀이터에 나타나면 마치 보이지 않는 경호원이라도 있어서 그가 가는 곳이면 어디든지 아이들을 비켜 서게 하는 것처럼 보이기도 했다.

지미와 같은 아이들은 분명히 문제 아동이다. 그러나 유년기의 공격성이 앞으로의 감성적, 혹은 기타의 문제들이 발생할 수 있는 지표가 된다는 사실은 그렇게 쉽게 드러나지 않을 수도 있다. 하지만 지미는 결국 16살이 되던 해에 상해죄로 감옥에 들어갔다.

지미와 같은 아이들의 유년기의 공격성은 평생 지속된다는 사실이 많은 연구를 통해 밝혀지고 있다.[11] 연구에 의하면, 그처럼 공격적인 아이들의 가정 생활에는 대개 가혹하거나 변덕스러운 징벌을 가하거나 철저한 무관심으로 대하는 부모가 있는데, 이러한 패턴은 곧바로 아이들을 편집적이거나 호전적인 사람으로 자라게 하는 직접적인 원인이 되는 것이다.

화를 잘 내는 아이들이 모두 깡패가 되는 것은 아니다. 그러나 개중에는 놀림을 받거나, 따돌림을 당하거나, 사소한 멸시, 또는 불공정성에 쉽게 과민 반응을 보이는 아이들이 있다.

이들 모두의 공통점은 별다른 의미가 없는 타인의 행동에도 멸시를 당한 것으로 느끼기 때문에, 사람들이 취하는 행동에 원래의 의도 이상의 적대감이 들어있는 것으로 상상하는 인지적 결함을 갖고 있다는 점이다.

그래서 이들은 실수로 부딪친 것도 불만의 표현으로 간주하는 것이다. 따라서 단순한 중립적인 행동을 위협으로 오판하고는 보복 공격을 가하는 것이다.

이런 일련의 행동은 당연히 다른 아이들의 접근을 막는 계기가 되기 때문에 이들의 소외감을 한층 강화시킨다. 이와 같이 쉽게 화를 내고 고립되는 아이들은 부당하거나 불공정한 대우에 대해서도 매우 민감하다.

그들은 항상 피해자라는 생각을 하기 때문에 조금이라도 부당한 대우를 받은 사건, 예를 들어 잘못한 일도 없는데 선생님이 야단쳤다든지 하는 사건들을 줄줄이 외우고 다닌다. 이런 아이들의 또 하나의 특징은 한번 화가 났다 하면 격렬하게 덤벼드는 오직 하나의 반응만을 보이는 것이다.

이런 인식 능력의 편향성에 대한 증거들은 일부 악동들을 비교적 평온한 감성을 갖고 있는 아이들과 함께 비디오를 시청하게 한 실험에서도 잘 나타난다. 그중 한 비디오는 한 소년이 책을 들고 있던 다른 소년과 우연히 부딪치는 바람에 두번째 소년이 책을 떨어뜨리게 되고 옆에서 구경하던 아이들이 웃음을 터뜨린다는 내용으로 이루어져 있다.

이때 책을 떨어뜨린 소년은 화를 내면서 웃던 아이들 중 한 명에게 주먹을 휘두른다. 비디오를 시청한 뒤 그에 대해 토론회를 가진 자리에서 실험 대상자 중 난폭한 부류의 아이들은 모두가 주먹을 휘두른 그 소년을 정당하게 보고 있었다.

이들의 토론 중 더욱 인상적이었던 것은 누가 얼마나 공격적이었는가를 평가하는 자리에서 난폭한 부류에 속한 아이들은 다른 사람에게 부딪친 소년을 호전적으로, 주먹을 휘두른 소년의 분노는 정당한 것으로 보고 있었다는 점이다.[12]

이러한 성급한 판단력은 비정상적으로 공격적인 사람들에게는 뿌리깊은 인지적 편견이 있다는 것을 예증하는 것이다. 그들은 다른 사람이 자기를 공격한다는 적대감이나 해악을 끼치려 한다는 위협감에 대한 가정에 따라 행동하고, 실제적으로 진행되는 상황에는 주의를 기울이지 않는다.

그들은 일단 위협이 있다고 생각하면, 곧바로 행동으로 뛰어든다. 예를 들어, 공격적인 소년이 다른 소년과 체커(돌을 한 칸씩 움직여 상대방의 돌을 따내는 서양 놀이: 역주)를 하다가 상대방이 차례가 아닌데 말을 움직이면 그는 그렇게 움직이는 것을 우연한 실수였는지 판단할 여유조차 갖지 않고 곧바로 '속이는' 행위로 간주해 버린다.

그의 선입관은 결백이 아닌 악의에 바탕을 두고 있으며, 그에 따른 반응 또한 자동적인 적대감이다. 상대방의 적대적인 행동에 대한 반사적인 감지는 즉시 호전성으로 이어진다.

그래서 그는 다른 아이의 실수를 지적하기에 앞서 비난하거나 소리를 지르고, 심한 경우에는 주먹질까지도 서슴지 않게 되는 것이다. 이런 행동이 반복되는 과정에서 더욱더 자동화된 공격성이 몸에 익숙해지고, 온순함이나 가벼운 농담과 같은 다른 선택 방안들은 위축되어지고 만다.

이런 아이들은 혼란을 느끼는 기준이 매우 낮기 때문에 감성적으로 쉽게 상처를 받으며 좀더 많은 일에 자주 노여움을 느낀다. 그리고 한번 화가 나면 모든 사고가 혼돈에 빠져들기 때문에 선의의 행동도 적대적인 것으로 간주하거나 아무데서나 주먹을 휘두르는 과잉 학습된 습관으로 빠져든다.[13]

이들의 적대감을 향한 인지적 편견들은 저학년 때부터 일찌감치 자리를 잡는다. 모든 아이들, 특히 남자아이들은 유치원과 초등학교 1학년까지는 장난꾸러기 기질을 보이지만, 보다 공격적인 성향을 갖는 아동들은 2학년이 되어서도 자신을 통제하는 방법을 전혀 익히지 못한다.

놀이터에서 벌어진 의견 불일치에 대해 다른 아이들이 협상과 타협의 기술을 배우는 시기에도 악동들은 더욱더 힘과 고함지르기에 의존한다. 이런 아이들에게 돌아가는 사교적 희생 또한 무시할 수 없다. 2, 3시간 이런 악동들과 지낸 다른 아이들은 벌써 이들이 싫다는 의견을 표시한다.[14]

취학전 연령에서부터 10대에 이르기까지의 아이들을 추적, 조사한 연구에 따르면 분열적인 성격이거나, 다른 아이들과 어울리지 못하거나 부모에게 복종하지 않거나, 교사들에게 반항하는 1학년 학생들의 거의 절반 가량이 10대에 들어서면서부터 비행을 저지르고 있는 것으로 밝혀졌다.[15]

물론 그러한 공격적인 성향의 아이들 모두가 앞으로의 인생에 있어서 폭력과 범죄로 이어지는 길을 걷는 것은 아니겠지만, 이들이 다른 여느 아이들보다 난폭한 범죄를 저지를 확률이 높은 것 만큼은 사실이다.

이들이 범죄로 향하는 성향은 놀라울 정도로 일찍 나타난다. 몬트리올의 한 유치원에서 아동들을 대상으로 적대감을 드러내는 말썽꾸러기들에 대해 조사한 것이 있다.

이러한 성향이 유달리 두드러졌던 5살짜리 아이들은 5~8년 뒤 10대 초반에 이를 무렵이면 대부분 비행을 저지르고 있다는 비교적 정확한 증거가 제시되었다.

이들은 자신의 말을 듣지 않는 아이들을 때리기도 하고, 상점에서 물건을 훔치기도 하고, 싸울 때면 무기를 사용하고, 차를 부수고 들어가 부품을 훔치고, 술에 취해 행패를 부리는 일이 다른 아이들에 비해 3배 이상 많았다. 게다가 이 모든 사건들은 이들이 14세가 되기도 전에 시작된 것이다.[16]

폭력과 비행으로 이르는 전형적인 경로는 공격적이거나 다루기 힘든 성향을 보이는 초등학교 1~2학년 때부터 시작된다.[17] 일반적으로 이들이 학교 초기에 보이는 충동 통제 능력의 결손은 특수 학급에 편성되는 경우에 스스로를 '문제아'라고 보거나, 다른 사람들이 그렇게 간주하게 만드는 데에 일조한다. 물론 일부 아이들은 '과잉 활동성'이나 학습 장애증을 갖기도 하지만, 결코 모두 그런 것은 아니다.

그러나 가정에서 이미 악동 기질의 '강압적인' 태도를 습득한 이러한 아이들이 학교에 입학하면, 그때부터 이들의 탈선 행동을 제지하느라고 시간을 소모하는 교사에 의해 골칫덩어리로 낙인찍히고 만다. 이런 아이들이 당연한 듯이 저지르는 교실 규칙의 위반은 학습에 써야 할 시간의 낭비를 의미하고, 그 과정에서 대략 3학년까지는 예상되는 학업 실패의 여러 가지 징후들이 뚜렷해진다.

비행으로 향하는 경로를 밟는 아이들은 동료들보다 IQ지수가 낮은 것으로 조사되었는데, 이들의 충동성은 좀더 직접적으로 이에 공헌한다. 10살짜리 소년의 충동성은 그들이 이후에 비행을 저지를 것을 예견하는 데 있어서 IQ보다 거의 세 배 이상 확실한 증거가 된다.[18]

4~5학년에 들어서면서부터는 그 전까지는 그저 악동이나 까탈스러운 아이 정도로 간주되던 이 아이들이 동료들에게서 따돌림을 당하고, 쉽게 친구를 사귀지 못하며, 학업에서도 계속 실패를 거듭하기 시작한다.

스스로 친구가 없다고 느끼는 이들은 서서히 다른 사교적 이탈자들에게 접근하기 시작한다. 4학년부터 9학년에 이르는 동안, 이들은 이탈자로서의 활동에 몰입하면서 각종 법규와 규칙을 위반하는 생활에 빠져든다.

이들의 결석, 음주, 마약 복용의 비율은 같은 기간에 5배 이상으로 늘어나는데, 특히 심각한 증가세를 보이는 시기는 7~8학년 사이이다.

중학교에 진학하면 이들의 반항적인 모습에 끌려서 '늦게 출발한' 아이들이 새롭게 합류한다. 늦게 출발한 악동들은 집에서도 감당하지 못하는 반항아들로서, 초등학교 무렵부터 이미 길거리를 배회한 경험을 갖고 있다. 고등학교로 진학하면

이 이탈자들 대부분이 거듭되는 비행으로 학교에서 쫓겨나거나 상점털이, 절도, 마약 거래와 같은 범죄에 말려든다.

이런 과정에서 남자와 여자 사이에는 의미 있는 차이가 보인다. 교사와 마찰을 일으키고 규칙을 어기지만, 동료들에게 그렇게까지 인심을 잃은 정도는 아닌 4학년 짜리 '불량' 소녀들을 조사한 연구를 살펴보면, 이들의 40%가 고등학교를 졸업할 때까지 임신 경험이 있는 것으로 밝혀졌다.[19] 이는 학교 내의 평균적인 임신 비율의 3배에 달하는 수치이다.

다시 말해서 비사교적인 10대 소녀들은 폭력에 빠져들지는 않는다. 다만 임신할 뿐인 것이다.

물론 폭력과 범죄에 이르는 경로가 한 가지로만 제한된 것도 아니어서 다른 많은 요인들이 이러한 아이들의 위기를 부채질한다. 범죄나 폭력에 쉽게 노출될 수 있는 우범 지대에서 태어났다든지 또는 삶에서 많은 중압감을 겪거나 생활고에 시달리는 가정에서 태어난 아이들도 유사한 위험을 겪는다.

그렇다고 이런 요소들 중 어느 것도 필연적인 폭력 범죄의 삶을 살아가도록 만들지는 않는다. 모든 조건이 동등하다고 했을 때, 공격적인 아이들은 스스로의 내부에서 작용하는 심리적인 요소들이 그들의 폭력 범죄의 가능성을 크게 강화시키는 것이다.

청년기에 이르는 수백 명의 아동들을 자세히 추적, 조사했던 심리학자 제럴드 패터슨 박사는 말한다.

"5살짜리 아이의 반사회적 행동은 비행 청소년이 보이는 행동의 원형을 이루고 있다."[20]

문제아동을 단련하기

　공격적인 아이들이 평생을 가지고 다니는 심리적인 편향성은 그들을 언제까지고 문제에서 헤어나지 못하게 한다. 폭행범으로 기소된 소년범과 공격적인 고등학생 사이에는 공통적인 심성이 있다는 것이 연구를 통하여 발견되었다.

　그들은 다른 사람들과 갈등을 겪으면 상대방에 대해 즉각적인 반감을 품고, 서로의 다른 점을 해결할 수 있는 정보나 평화적인 방법을 찾으려고 하지 않은 채 상대방이 자신에 대해 적대감을 품고 있다는 결론으로 비약한다.

　동시에, 폭력과 같은 난폭한 해결책이 부정적인 결과를 가져온다는 사실을 쉽게 머리에 떠올리지 못한다. 그들의 공격 성향은 다음과 같은 신념에 의해 합리화된다.

　"만약 분노로 미칠 것 같은 정도라면 누군가를 때리는 것도 괜찮다"

　"싸움을 피한다면 모두들 겁장이라고 할 것이다."

　"심하게 맞은 사람도 실제로는 그렇게까지 고통을 느끼지는 않는다."[21]

　하지만 시기적절한 도움이 있을 때 이러한 태도는 변화될 수 있고 비행으로 이르는 과정도 중지시킬 수 있다. 몇 가지 실험적인 프로그램들은 그와 같이 공격적인 아동들이 보다 심각한 문제에 이르기 전에 그들의 반사회적인 성향을 통제하는 방법을 학습하도록 한다.

　그 중 듀크 대학에서 시행한 실험에서는 쉽게 화를 내는 초등학교의 문제아를 데려다가 6~12주간 일주일에 두 번씩 40분 동안 트레이닝을 반복한 결과 상당한 효과를 거두었다.

이곳에서 가르친 것을 살펴보면, 이들이 적대적이라고 해석했던 대인 관계의 단서들 중 상당수를 중립적이거나 우호적인 단서로 해석하는 것을 배우는 내용 등이 포함되어 있다.

이들에게는 다른 아이들의 관점을 취하는 기회가 제공되어 자신을 그렇게 화가 나게 만들었던 접촉이 상대방의 눈에는 어떻게 비춰지고 있는가와, 상대방이 실제로 느끼고 생각하는 것이 무엇인가를 알 수 있게 한다.

또한 그들은 놀림당하기와 같은 상황의 재연을 통해, 이성을 잃을 정도까지 분노가 폭발하는 것을 조절하는 훈련도 받는다.

이와 같은 분노 조절에서 핵심적인 기술은 자신의 느낌에 대한 부단한 감시이다. 즉 화가 날 때면 느껴지는 몸의 감각, 예를 들어 얼굴이 붉어지거나 근육이 긴장하는 것 등을 충동적인 주먹휘두르기가 아닌, 잠시 중단한 다음에 무엇을 할 것인가를 생각하기 위한 단서로 받아들이는 것이다.

이 프로그램을 처음 고안했던 듀크 대학의 심리학 교수 존 로크맨 박사는 다음과 같이 말한다.

"이들은 최근에 겪은 사건들 중 상대가 고의로 그랬다고 느껴지는 사건, 예를 들면 복도에서 부딪친 경험 등에 대해 토론하는 기회를 갖는다. 그 다음 이들은 그 문제를 어떤 식으로 처리할 수 있겠는가에 대해서도 이야기한다. 한 아이는 자기와 부딪친 소년을 잠시 쳐다보고, 다음부터 조심하라고 주의를 준 뒤 그냥 지나가 버리겠노라고 말한다. 이로써 그는 적절한 조절 능력을 발휘함과 동시에 싸우지 않고도 자존심을 유지하는 입장에 설 수 있게 된다."

이 프로그램은 상당한 호소력이 있다. 사실 공격적인 소년들 중 다수는 자신이 쉽게 화를 내는 것 때문에 불행을 느끼며, 따라서 화를 억제하는 방법을 배우려고 한다. 물론 흥분이 고조되었을 때 반응을 보이기에 앞서 그 자리를 피한다든지, 10까지의 숫자를 세면서 때리고 싶은 충동이 사라지게 하는 등의 냉철한 대응이 쉽게 이루어지는 것은 아니다.

이런 경우를 대비해서 아이들은 시비를 걸어오는 동네 건달이 타고 있는 버스에 올라탔을 때와 같은 역할극을 통해 적절한 대안을 생각하게 된다.

이 방법에서 아이들은 때리기나 울기, 아니면 창피를 무릅쓰고 도망치기 이외의 대응책을 강구함으로써 자신의 위엄도 보존할 수 있는 우호적인 대응은 어떤 것이 있는지를 시도해 보는 것이다.

로크맨 박사는 그 소년들을 훈련이 끝난 지 3년 후에 똑같이 공격적 성격이지만 분노 조절 훈련을 받지 않았던 다른 아이들과 함께 비교해 보았다.

프로그램 과정을 이수했던 소년들은 청소년기에 이르러서도 학급 내에서 분열적인 행동을 보이지 않았으며, 자신에 대해 긍정적인 감정을 갖고 있었고, 음주나 마약에 손을 대는 일이 훨씬 덜했다.

이런 프로그램에 오래 참여할수록 10대에 이르러 공격적인 성향이 훨씬 감소하게 되는 것이다.

우울증의 예방

16세의 다나는 언제나 쾌활하고 사교적인 여학생이었다. 그러나 갑자기 다른 소녀들과 사귀는 것이 힘들어졌고, 더욱 심각한 문제는 남자 친구들과 잠자리까지 같이 한 뒤에도 그들과 계속해서 관계를 유지할 방법을 찾아내지 못하는 것이었다. 계속되는 침울함과 피곤함에 지친 그녀는 먹는 것을 포함한 어떤 종류의 즐거움에 대해서도 흥미를 잃고 말았다.

그녀는 절망감에서 벗어날 수 있다는 희망도 없고, 어떠한 도움을 받을 수도 없다고 느끼고는 자살을 생각하고 있노라고 했다.

최근에 겪은 남자 친구와의 결별은 그녀의 우울증을 더욱 강화시켰다. 그녀는 자신이 원하지 않는다고 해도 성관계를 갖지 않고서는 남자 친구들과 사귈 수 있는 방법이 없다고 호소하였다. 심지어 남자 친구와의 사이가 불만족스러울 때조차 어떻게 관계를 끝내야 하는지 그 방법을 알지 못한다고 말했다.

그녀의 말에 따르면, 그녀가 정말 원했던 것은 남자 친구들을 좀 더 깊이 알고 싶은 것이었다. 한편 이런 생각이 들 때마다 그들과 잠자리를 같이 했던 것이다.

그녀는 최근에 다른 학교로 전학을 한 뒤에도 여전히 그곳의 여자 친구들과 어울리는 것을 부끄러워하고 두려워했다. 그녀는 자기가 먼저 말을 붙이는 것을 주저하고 있었고, 누군가가 말을 걸어야 겨우 대꾸하는 정도였다.

그녀는 상대방에게 자신을 소개하는 방법을 모르고 있었고, 심지어 그들이 "안녕, 어떻게 지내니?"라고 했을 때에도

뭐라고 대답해야 할지 조차 모르겠다고 했다.[22]

다나는 콜럼비아 대학이 주관한 우울증에 시달리는 사춘기 학생들을 위한 실험 과정에 치료를 받기 위해 다녔다. 그녀에 대한 치료는 그녀가 자신의 인간관계를 더 잘 조절하도록 돕는 데 초점이 맞추어졌다. 즉, 우정을 발전시키는 방법, 다른 10대들과 마찬가지로 자신감을 갖게 하는 방법, 육체적 관계의 한계를 인식하고 사람들과 친숙해지는 방법, 자신의 감정을 표현하는 방법들을 학습하는 것이다.

본질적으로, 이러한 것들은 가장 기본적인 EQ능력으로서, 치료상의 지침이 되는 것이다. 이윽고 치료 효과가 나타나서 그녀의 우울증이 사라졌다.

특히 아동들에게는 인간관계의 문제들이 우울증을 유발시키는 동기가 된다. 이런 어려움은 또래 집단간의 관계에 있어서와 마찬가지로 부모와의 관계에 있어서도 자주 나타난다.

우울증을 경험하는 아동들과 10대들은 종종 그들의 슬픔에 대해서 이야기를 나누는데 무능력하다. 그들은 자신의 감정을 정확하게 구분하지 못하는 대신에 특히 자신의 부모에게 퉁명스럽게 화를 내며, 참지 못하고, 변덕스러우며, 노여워한다.

이런 행동은 바꿔 말하면, 부모가 우울한 자녀에게 실질적으로 필요한 감성적인 지원과 지도를 해 주는 일을 더욱 힘들게 하며, 계속되는 입씨름과 관계 악화로 이어지는 악순환에 빠져들게 한다.

청소년기의 우울증의 원인을 새롭게 분석해 보면, 두 가지

EQ능력의 결핍이 뚜렷하게 드러난다. 즉 인간관계 기술의 부족과 실패에 대한 비관적인 사고로 인해 우울증이 더욱 조장되는 것이 그것이다.

우울증은 분명히 유전적인 결정에 기인하지만, 그런 경향성의 다른 측면은 아동들이 인생의 작은 실패, 즉 좋지 않은 성격, 부모와의 말다툼, 사회적 배척 등에 대해 반응하는 비관적인 사고 방식에 기인하는 것이다. 우울증의 성향은 그것의 토대가 무엇에 있든지 간에 청소년들 사이에서 점점 더 확대되고 있다는 증거들이 제시되고 있다.

현대사회와 우울증의 증가

20세기를 불안의 시대라고 한다면, 이제 새롭게 다가오는 천년 세월은 우울의 시대를 예고하고 있다. 최근의 세계적인 자료들은 현대의 전염병이라고 할 수 있는 우울증이 현대적인 삶의 방식의 채용과 병행하여 전 세계적으로 확산되고 있음을 보여주고 있다.

20세기가 시작된 이후 각 세대는 삶의 과정에서 자기 부모의 세대보다 더욱 악화된 우울증 증세로 고통받을 수 있는 위기 상황 속에 살고 있다. 즉, 단순한 슬픔을 넘어서서 마비 증세에 이른 무력감, 낙담, 자기 연민, 불가항력적인 절망감 등에 쉽게 빠져드는 것이다.[23]

그리고 이에 관련된 다양한 경험들이 더욱 어린 나이에서부터 시작되고 있다. 한때는 거의 무시되거나 알려지지도 않았던 아동기의 우울증이 이제는 현대 사회의 한 특징으로 자리잡고 있다.

우울증에 걸릴 가능성은 나이와 함께 증가하지만, 가장 높은 증가세는 청소년기에 발생한다.

대부분의 국가에서 1955년 이후에 태어난 사람들이 인생의 어느 시점에서 심각한 우울증을 경험할 가능성은 그들의 조부모 세대보다 3배 이상 높아진다.

1905년 이전에 태어난 미국인들 중에서 평생에 걸쳐 우울증을 겪은 비율은 단지 1% 뿐이었다.

그러나 1955년 이후에 태어난 사람들은 24살이 될 때까지 약 6%가 우울증에 걸렸다. 1945년에서 1954년 사이에 태어난 사람들이 34살이 되기 전까지 우울증에 걸린 비율은 1905년과 1914년 사이에 태어난 사람들보다 10배나 높아졌다.[24]

세대가 이어짐에 따라서 우울증 초기 증세를 보이는 연령층이 자꾸 낮아지고 있는 것이다.

전 세계 3만 9천명 이상의 사람들을 대상으로 조사한 결과, 푸에르토리코, 캐나다, 이태리, 독일, 프랑스, 태국, 레바논, 뉴질랜드 등의 국가에서도 같은 경향이 있는 것으로 밝혀졌다.

베이루트에서의 우울증의 증가는 정치적인 문제와 밀접한 관련을 맺고 있어서 특히 내전 기간에 우울증의 상승률이 치솟았다.

독일의 경우 1914년 이전에 태어난 세대가 35세까지 우울증에 걸리는 비율은 4%였는데, 1944년 이전 10년 동안 태어난 사람들은 35세가 되기까지 14%가 우울증에 걸렸다.

비록 전 세계적으로 전반적인 상승추세는 정치적인 문제와 관계없이 진행되고 있지만, 정치적인 사건이 발생하는 시기에 성인이 된 세대일수록 우울증에 걸리는 비율이 높게 나타난다.

이와 아울러 우울증 초기증세가 자꾸만 아동기로 낮아지는 현상이 전 세계적으로 번지고 있다. 그 이유에 대해 전문가들은 다음과 같은 이론들을 제시한다.

국립 정신건강연구소의 소장인 프레드릭 구드윈 박사는 다음과 같이 말한다.

"그 동안 이혼율의 급증, 부모들이 자녀들과 함께 보내는 시간의 감소, 주거이동의 증가 등 핵가족 자체의 붕괴가 급격히 진행되어 왔다. 지금의 아동들은 자신의 친척이 누구인지도 모르는 채 성장하는 세대이다. 이와 같이 자기정체성을 확보하는데 도움이 되었던 안정된 근원을 잃고 자란다는 것은 그만큼 우울증에 걸릴 확률도 높아진다는 의미이다."

피츠버그 의과대학의 정신의학과 주임교수인 데이빗 쿠퍼 박사는 또 다른 점을 지적한다.

"제2차 세계대전 이후 산업화의 확산과 더불어 어떤 의미에서는 우리 누구도 진정한 가정을 갖지 못하게 되었다. 지금은 아이들의 성장 과정에서 부모가 자녀들의 요구에 제대로 관심을 보이지 못하는 시대이다. 이것이 우울증의 직접적인 원인이 되는 것은 아니라고 하더라도, 최소한 아이들의 우울증을 유발시키는 요인이 된다고 할 수 있다. 어린 시절의 감성적 스트레스 요인들은 신경계의 발달에 영향을 미치고, 이것은 수십 년 후에라도 상당한 스트레스를 받을 때마다 재발하여 우울증으로 이끈다."

　펜실베니아 대학의 심리학과 교수인 마틴 셀리그만 박사는 이렇게 주장한다.

　"지난 30~40년간 우리는 개인주의가 지배하고, 종교나 지역사회, 또는 친족에 대한 믿음이 크게 감소되는 상황을 목격해 왔다. 이것은 퇴보와 실패로부터 자신의 충격을 완화시켜 줄 자원을 잃어 가고 있다는 것을 의미한다. 하나의 실패가 영구적인 것이고 자신의 삶에 있어서의 모든 것을 오염시키는 것으로 확대 해석될 수 있다는 것은 그만큼 일시적인 패배를 절망에 대한 지속적인 원천으로 받아들일 가능성을 높이는 것이다. 그러나 만약 신이나 내세에 대한 믿음과 같이 좀더 큰 전망을 가지고 있다면, 실직 정도의 사건은 한 순간의 패배로 받아들일 수 있는 것이다."

　원인이 무엇이든 간에 청소년들의 우울증은 시급한 문제이다. 얼마나 많은 아이들과 10대가 우울증에 걸리는가 하는 문제는 그들이 평생에 걸쳐 취약성을 보일 수 있다는 가능성은 차치하고, 측정 기준에 따라 다양한 수치를 보인다.

　우울증 증세에 대한 공식적인 진단 결과에 따르면 10세에서 13세 사이의 연령층의 아이들이 연간 우울증 증상을 겪을 비율은 대략 8내지 9%로 나타났고, 또 다른 연구에서는 그 절반 정도로, 그리고 어떤 연구에서는 2% 정도로 나타났다. 사춘기 소녀일 때는 그 비율이 거의 두 배로 뛰어서 14세부터 16세까지의 소녀 중 16%가 우울증의 발작을 경험하는데, 소년들의 경우에도 이러한 수치와 동일하다.[25]

청소년 우울증의 진행과정

앞의 통계들이 시사하듯이, 아이들의 우울증을 치료하고 그에 앞서 예방까지 이루어져야 한다는 사실은 이제 분명해졌다. 어린이는 아무리 사소한 우울증 증상이라도 나중에 심각한 증세로 발전할 수 있다.[26]

이는 '아동기의 우울증은 아이들이 자라면서 저절로 사라지는 것이기 때문에 문제될 것이 없다'라는 예전의 가정을 뒤집는 것이다. 물론 아이들은 누구나 때때로 슬퍼한다. 성년기 뿐만 아니라 아동기와 사춘기도 간헐적인 슬픔이 병행하는 크고 작은 실망과 손실을 겪는 시기이다. 그러나 예방이 필요한 것은 단순히 이런 시기 때문이 아니라, 슬픔이 악순환에 빠져들어 절망과 초조와 위축을 불러오는 심각한 우울증을 겪는 아이들이 있기 때문이다.

피츠버그에 있는 서부 정신의학연구소의 심리학자 마리아 코바치 박사가 연구한 자료에 따르면, 우울증 치료를 받는 아이들 중 4분의 3이 상당히 심각한 우울증의 여러 부수적인 증상들을 나타내고 있다.[27]

그녀는 8세라는 어린 나이에 우울증 진단을 받은 아이들을 연구 대상으로 삼았는데, 그녀의 연구는 이들 중 일부를 24세까지 몇 년 간격으로 추적 조사하였다.

그 결과 우울증을 보이는 아이들은 그 증상들이 평균 11개월 가량 지속되었는데, 그중 대략 6명에 1명씩은 18개월까지 이어지기도 했다.

일부 아이들의 경우, 무기력증세는 덜하지만 지속성은 훨씬 장기적인 평균 4년에 이르는 가벼운 우울증 증상을 5세라는 어린 나이에서부터 보이기 시작하고 있었다.

코바치 박사의 발견에 따르면, 가벼운 우울증 증상을 보이는 아이들은 이를 더 심각한 우울증, 이를테면 이중의 우울증으로 발전시킬 가능성이 크다고 한다. 한 번 이중 우울증으로 발전되면 세월이 흐른 뒤 증상이 재발될 확률도 높아진다. 우울증 병력을 갖고 있는 아이들은 사춘기를 거쳐 성인으로 성장하는 동안 평균 3년에 한번씩 의기소침과 편집증적 장애로 인한 고통을 호소하였다.

아이들이 우울증으로 겪는 대가는 단순한 고통을 초월하는 것이다. 코바치 박사는 이렇게 말하고 있다.

"아이들은 동료들과의 관계에서 사회적인 기술을 배운다. 예를 들어서 만약 그들이 무엇인가를 원하는데, 그것을 얻을 수 없을 때에는 어떻게 해야하는지와 다른 아이들은 상황을 어떻게 다루는지를 확인한 다음에 자신도 그것을 시도해 본다. 그러나 우울증을 겪는 아이들은 학교에서 주위 아이들의 무관심 속에 방치되거나 다른 아이들이 별로 같이 있으려고 하지 않기 때문에 이런 기술을 배울 기회를 얻지 못한다."[28]

그런 아이들은 계속되는 우울함과 슬픔으로 사회적인 접촉을 피하고, 놀이 그룹에 끼워 주려는 다른 아이들의 노력조차 외면하게 된다. 결국 그들로서는 퇴짜맞은 것으로 간주할 수밖에 없는 사회적 신호를 받게 되는 셈이다.

그 결과 우울한 아동들은 놀이터에서 계속 배척당하거나

무시당한다. 대인 관계에서 이런 공백 경험이 누적되면, 함께 섞여 노는 과정에서 정상적으로 학습할 수 있는 것들을 놓치게 되고, 결과적으로 감성적 사회적 지진아로 향하는 계기가 되는 것이다. 이는 나중에 우울증이 제거되더라도 상당한 노력 없이는 돌이키기가 힘들어진다.[29]

실제적으로도 우울한 아이들을 그렇지 않은 아이들과 비교해 보면, 전자 쪽이 사교적으로 훨씬 미숙하고, 친구도 적을 뿐만 아니라, 다른 아이들에 의해 놀이 친구로 선택되는 기회도 드물고, 그들에 의한 선호도도 약하고, 상호 관계에서도 말썽이 자주 벌어지는 것으로 밝혀졌다.

이런 아이들이 치러야 할 또 다른 대가는 학업 능력의 취약성이다. 우울증은 아이들의 기억력과 집중력을 방해하여, 수업 중 주의를 기울이거나 배운 내용을 기억하는 것을 한층 어렵게 만든다. 사실 어떤 것에서도 즐거움을 느끼지 못하는 아이라면 학습에의 몰입은 물론, 도전적인 학습 내용을 정복하기 위한 활력을 찾기도 힘들어지는 것이다.

코바치 박사가 연구했던 아이들 중에서도 우울증의 기간이 긴 아이일수록 성적이 나쁘고 성취도 점수도 낮았다. 실제로도 어떤 아이가 우울증에 걸린 기간의 길이와 그 아이의 평균 점수 사이에는 정비례 관계가 있어서 증상이 진행되는 동안 성적은 꾸준히 하강세를 보인다. 그리고 말할 필요도 없이 학업에서의 고전(苦戰)은 그의 우울증을 더욱 악화시킨다. 코바치 박사는 이렇게 말한다.

"이미 우울증을 보이고 있고, 학과목에서 계속 낙제를 하여 퇴학 조치를 받아 결국 다른 아이들과 어울려 노는 대신 집에 홀로 들어앉아 있는 아동을 상상해 보라."

우울증을 강화하는 사고방식

성인의 경우도 마찬가지겠지만, 우울증에 걸린 아이일수록 인생에서 겪는 실패를 비관적으로 해석하는 경향을 보이면서 '의지할 곳도 희망도 없다'는 느낌을 곧잘 마음 속으로 한다. 한번 우울증에 걸리면 사고가 그런 방향으로 유도되기 쉽다는 사실은 이미 오래 전부터 알려져 있다.

하지만 가장 최근에 밝혀지기로는, 우울증 경향이 강한 아이들은 실제로 우울증에 빠지기 전부터 비관적인 태도를 지향하는 경향이 있다. 이를 뒤집어서 해석하면, 아이들이 우울증에 빠져들기 전에 이를 예방할 수 있는 기회의 포착도 어느 정도는 가능하다는 이야기이다.

이에 관련된 일련의 증거는 삶의 과정에서 진행되는 사건을 통제하는 능력 예를 들면, 좀더 바람직한 방향으로 변화되도록 하는 능력에 대한 아동의 자신감을 살펴보는 과정에서 잘 드러난다.

이에 따른 평가는 아이들이 "집에서 문제가 발생할 때 그 문제를 해결하는 면에서 나는 다른 아이들보다 낫다"라든지, '열심히 공부하면 좋은 점수를 받을 수 있다'와 같은 표현으로 자신의 능력을 자리매김하는 것을 통해 이루어진다.

만약 앞의 긍정적인 표현 중 어떤 것도 자기에게 해당되지 않는다고 생각하는 아이라면, 상황을 바꾸기 위해 무엇이든지 할 수 있다는 자신감을 갖고 있지 못한 것이다. 심한 우울증을 겪는 아이들일수록 이런 무기력증을 강하게 느낀다.[30]

이에 관련된 연구 중, 가장 주목할 만한 내용은 5학년과 6학년 아이들이 성적표를 받고 며칠이 지났을 때 이루어진 조사에서 나왔다.

우리 모두가 기억하듯이, 성적표는 아동기의 의기양양함과 절망감을 가져오는 가장 중요한 원천 중의 하나이다. 그러나 연구에서는 아이들이 기대했던 것보다 나쁜 점수를 받았을 때 자신의 역할을 평가하는 방법에 두드러진 차이가 있다는 것을 발견했다.

개인적인 결함 때문에 나쁜 점수를 받았다고 생각하는(예를 들면 '나는 바보야') 아이는, 나쁜 점수를 그가 변화시킬 수 있는 그 무엇과 연관시켜서('만약 내가 수학 공부를 좀더 열심히 한다면 좋은 점수를 받을 수 있을 거야') 스스로를 이해시키는 아이들보다 쉽게 우울증을 겪는다.[31]

연구에서는 급우들에 의해 배척당하는 일련의 3, 4, 5학년 학생 집단을 도출해 낸 뒤, 어떤 집단이 다음 해에도 자기 학급에서 사교적 배척자로 남게 되는지를 추적해 보았다.

그 결과, 배척에 대한 이유를 자신에게 설명하는 방식에서의 차이가 그들의 우울증에 결정적인 요소로 작용하는 것으로 드러났다. 배척당한 것을 스스로의 결함 탓으로 돌리는 아이는 더욱더 우울해졌다. 그러나 상황을 바람직한 방향으로 전환시키기 위해 무엇인가를 할 수 있다고 느끼는 아이들은 반복되는

배척을 당해도 그다지 우울해하지 않았다.[32]

그리고 스트레스를 많이 받는 7학년으로의 진급을 앞둔 아동들에 대한 연구에서, 비관적인 태도를 갖고 있는 아이일수록 더욱 침울해져서 학교에서는 잘 다투고, 집에서는 여러 가지의 스트레스에 시달리는 반응을 보이는 것으로 드러났다.[33]

비관적인 태도가 아이들의 우울증을 강화한다는 가장 직접적인 증거는 3학년에 진급하는 아이들을 대상으로 한 5년간의 연구에서 나왔다.[34]

어린아이들의 경우에 그들의 우울증에 대한 가장 정확한 예측 자료는 부모의 이혼이나 가족 중 누군가의 사망에 의해 받게 되는 심각한 충격에 비관주의적 시각이 결부되었을 때 나타나는 아이의 혼란스러움, 불안정, 또는 부모의 애정어린 보살핌이 없는 경우 등에서 가장 잘 도출된다.

이들이 자라서 초등학교를 벗어날 무렵부터는 삶의 여러 좋고 나쁜 사건들에 대한 사고에 상당한 전환이 이루어지면서, "내가 좋은 성적을 받는 것은 영리하기 때문이야." "나는 재미가 없는 아이라서 친구가 별로 없다"와 같이 점점 더 사건을 자신의 성격 탓으로 돌리는 경향이 강해진다.

이런 변화는 3학년부터 5학년에 걸쳐 점진적인 고착화에 이른다. 이런 변화가 발생함에 따라 아이의 비관적 태도도 더욱 발전해서 삶의 실패를 자신의 치명적인 결함에 기인한다고 생각하면서 자신의 실패에 대한 하나의 반응으로써 우울한 기분에 빠져들기 시작한다. 거기서 그치지 않고 우울증의 경험은 거꾸로 이러한 비관적인 사고 방식을 더욱 강화시키기 때문에, 아이들은 우울증을 치료한 이후라도 우울증에 의해 촉발되어 마음 속에 고착화된 일련의 신념 체계인 EQ적 상처를 가슴에 안고 살아가게 된다.

다시말해, 학교에서 제대로 생활할 수 없고, 다른 아이들로부터 애정을 받을 수 없고, 시무룩한 기분을 벗어날 수 없다는 틀에 빠지는 것이다. 이와 같이 고착화된 사고는 아이들이 어떠한 우울증에도 취약성을 보이게 한다.

우울증 치료의 지름길

여기 좋은 소식도 있다. 아이들에게 자신의 곤경을 생산적인 방식으로 바라보도록 가르치면 우울증에 빠질 위험성을 낮출 수 있다는 확실한 증거가 있다.

오리건 주의 한 고등학교에서 실시된 연구에서 연구 대상 학생들 중 4명에 1명씩은 아직 일상적인 불행을 뛰어넘는다고 말할 수 없을 정도로 가벼운 우울증 증세, 심리학자들의 표현에 따르면 '낮은 수준의 우울증'을 겪고 있었다.[35] 이들은 앞으로 우울증으로 발전할 가능성이 높은 증세의 초기 몇 주, 또는 몇 달 사이에 들어 있었다.

방과 후에 이들 경증의 우울증을 겪는 학생들 75명을 대상으로 우울증과 관련된 사고방식에 도전하는 방법과 친구를 능숙하게 사귀는 방법, 부모와 잘 지내는 방법, 사회 활동에 참여하는 방법들을 집중적으로 가르쳤다.

8주 과정의 이 프로그램이 끝날 무렵, 학생들 중 55%가 경증의 우울증 증세에서 회복되었다. 그 반면에 비슷한 우울증을 겪으면서 이 프로그램의 혜택을 받지 못했던 학생들은 대략 4분의 1정도만이 우울증에서 빠져 나올 수 있었다.

그 후 1년이 경과한 뒤, 우울증 예방 프로그램으로 지도를 받은 학생들은 겨우 14%만이 심각한 우울증에 걸렸지만, 비교집단 학생들은 4분이 1이 심각한 우울증에 걸리게 되었다. 프로그램 전 과정은 모두 8차례에 걸쳐서 치러졌는데 우울증의 위험을 절반으로 떨어뜨리는 효과를 가져왔다.[36]

* 성인과 달리 아동들의 약물 치료는 정신 요법이나 예방 교육의 좋은 대안이 되지 못한다. 이는 어린이의 신체 대사가 성인과는 다르게 이루어지기 때문이다.
3환계 항울제(抗鬱劑)는 성인에게는 효과가 있지만, 어린이에게는 플라시보(유효성분이 없는 심리효과용 의약: 역주)제 만큼의 효과도 없는 것으로 입증되었다. 프로작을 포함한 새로운 우울증 치료제는 아직 어린이에게 사용되기 위한 성분 분석이 이루어지지 않았다.
그리고 3환계 약품으로서는 성인에게 가장 흔히 사용되며 가장 안전한 데시프라민은 지금 현재 아동의 사망 원인이 될 수도 있다고 하여 FDA의 집중 조사를 받고 있다.

이와 유사한 발견은 부모와의 관계가 좋지 않아 약간의 우울증 증세를 보이는 10~13세의 어린이들을 대상으로 1주일에 한 번씩 여는 특강을 통해 이루어졌다.

방과후 수업을 통해 이 아이들에게는 기초적인 EQ능력들,

예를 들어 의견 불일치의 처리, 행동하기 전에 생각하기, 그리고 가장 중요한 것으로써 우울증에 연관된 비관적 믿음의 극복 등을 집중 지도하였다. 예를 들면, 시험을 그르친 후에 '나는 역시 안돼'라고 생각하는 대신에 '더욱 열심히 공부하겠다'라고 결심하는 따위 등이다.

"아이들은 이 강습을 통해 불안, 슬픔, 분노와 같은 기분이 밀려들더라도 충분히 이에 대한 통제력을 발휘할 수 있다는 믿음과 자신의 사고 여하에 따라서 스스로의 감정도 변화시킬 수 있다는 사실을 배운다."

이는 12주 과정의 프로그램을 개발한 심리학자 셀리그만 박사가 지적한 내용이다. 그는 또 다음과 같이 지적한다.

"우울한 사고들과 맞서는 자체가 침울한 기분의 축적을 막을 수 있게 하기 때문에 이러한 활동은 하나의 습관으로서 언제든지 강화 요인으로 작용될 수 있어야 할 것이다."

이 특별 프로그램 역시 우울증의 발생 비율을 절반으로 낮추었고, 그 효과는 2년 후까지 지속되었다.

특별 과정이 끝나고 1년이 경과한 뒤, 다른 비교 집단 아이들의 29%에 비하여, 참가자 중에서는 단지 8%만이 우울증 테스트에서 중간 이상의 점수를 기록했다. 그리고 2년이 경과한 뒤에는 비교 집단 아이들이 44%였던 것과 대조적으로, 프로그램 지도를 받았던 아이들 중 약 20%만이 경미한 우울증의 몇 가지 징후를 보여주고 있었다.

청소년기의 절정에서 이런 EQ능력을 학습하면 상당히 유용하다. 셀리그만 박사는 다음과 같이 말한다.

"강화 과정을 밟은 아이들은 10대의 일상적인 고민인 동료들의 배척에도 능숙한 처리 능력을 보인다. 이들은 10대에 접어들면서 빠져들 수 있는 결정적인 위기에 이 능력을 배우게 된다. 그리고 그 교훈은 학습이 완료된 이후라도 살아가는 과정에서 지속적으로 강화되는 것으로 드러나는데, 이는 아이들이 일상 생활에서 그것을 실제로 활용하고 있음을 입증하는 것이다."

아동기의 우울증을 다루는 전문가들은 모두 셀리그만 박사의 새로운 프로그램에 찬사를 보낸다.

코바치 박사는 이렇게 말한다.

"우울증과 같은 정신 질병에 대해서 실제적인 변화를 가져오려면 아이들이 우울증에 걸리기 이전부터 무엇인가 조치가 있어야 한다. 실제적인 해결 방안은 심리적 예방 뿐이다."

섭식의 장애

나는 1960년대 말에 대학원에서 임상심리학을 연구할 무렵, 섭식 장애증으로 고통을 받는 두 여자를 알고 있었다. 물론 그것이 섭식장애증인 것을 안 것은 한참 후였지만, 한 사람은 나의 대학 시절 친구로서 하버드 대학원에서 수학을 전공하는 재원이었고, 다른 한 사람은 M.I.T. 도서관의 사서인 사라 리 양이었다.

우선 수학을 전공하는 여학생은 너무 야위어 피골이 상접했는데도 음식을 거의 손대지 않았다. 그녀의 말로는 음식이 자기를 거부한다고 했다. 반면 도서관 여직원은 뚱뚱한 몸매에도 불구하고 아이스크림과 각종 과자 및 케이크, 간식거리들을 탐식했다. 그녀가 부끄러운 듯이 털어놓은 사실에 의하면 심지어 어떤 경우에는 몰래 화장실에 가서 먹은 음식물을 토하기도 했다고 한다.

오늘날이라면 그 친구는 '신경성 식욕부진증'으로, 도서관 여직원은 '이상 식욕항진증'으로 진단받았을 것이다.

그러나 당시에는 적절한 용어가 없었다. 그러다가 비로소 임상학자들이 그 문제에 대해 언급하기 시작했는데, 이런 움직임의 선구자인 힐다 브루크 박사는 1969년 섭식장애증에 대한 첫 논문을 펴냈다.[37]

아사(餓死) 직전에 이르기까지 굶는 여자들을 보고 충격을 받은 브루크 박사는 그 가장 심각한 원인이 신체의 위급 상황인 굶주림을 적절히 식별하고 이에 대응하는 능력이 없기 때문에 그런 일이 발생하는 것으로 단정지었다.

그때 이후로 섭식장애증에 대한 임상 보고서가 우후죽순격으로 출간되어서 그 원인에 대해 많은 가설들이 제시되고 있다. 그 중에는 달성하기 힘든 수준의 여성미를 획득하기 위한 강박관념에 시달리는 젊은 여성의 문제에서부터, 자신의 딸을 죄의식과 자책감이라는 통제망에 묶어 두려고 애를 쓰는 어머니의 간섭에 이르기까지 여러 상황들이 다루어졌다.

그런데 이런 가설들 대부분은 중요한 약점을 하나 안고 있다. 그것은 모두가 치료중 관찰된 사실을 통해 이루어진 보완 설명식의 가설들이라는 점이다. 과학적인 관점에서 볼 때 이보다 좀더 그럴듯한 이론은 이런 증세에 어떠한 사람들이 걸리는 지를 알아보기 위해 수년 간에 걸쳐서 많은 사람들을 대상으로 행한 연구 등에서 찾아볼 수 있다.

이런 종류의 연구는 확실한 비교를 통해 몇 가지의 가설들, 이를테면 통제적인 부모가 있다는 것이 여성에게 섭식의 장애를 가져올 수 있는지 등의 검증을 가능하게 한다. 그 외에도 이런 연구는 문제를 일으킬 수 있는 일련의 조건들을 밝혀주고, 원인처럼 보이기는 해도 사실은 치료를 받아야 할 사람이나 아무 문제가 없는 사람이나 비슷하게 발견되는 조건들과 실제적인 조건의 차이를 구분할 수 있게 해준다.

최근 7학년에서 10학년에 이르는 900여명의 소녀들을 대상으로 한 연구에서는 다음과 같은 사실이 밝혀졌다. 즉, 불쾌한 감정들을 말로 표현하거나 그것을 통제하지 못하는 EQ능력의 결함이 섭식 장애 유발 요인 중 가장 핵심적인 것으로 드러났다.[38] 심지어 미니애폴리스 교외에 위치한 부유한 가정의 자녀들이 다니는 고등학교의 10학년에도 신경성 식욕부진증이나 이상 식욕 항진증의 심각한 증세를 보이는 소녀들이 61명이나 있었다.

문제가 심각하면 심각할수록 소녀들은 좌절, 어려움, 기타 가벼운 고민들에 대하여 자신이 진정시키기 어려운 부정적인 감정으로 반응하고 있었으며, 또 그러면 그럴수록 자신이 정확히 무엇을 느끼고 있는지를 알지 못하고 있었다.

이런 두 가지의 감정적인 경향이 자신의 신체에 관한 불만과 결부되었을 때 나타나는 결과가 신경성 식욕부진증이나 이상 식욕 항진증인 것이다. 통제적인 부모는 이들의 섭식장애 유발에 주도적인 요인이 아닌 것으로 드러났다.

이에 관해서는 브루크 박사 자신도 경고했듯이 추론에 근거한 이론은 정확하지 못한 것이다.

예를 들면, 자기 자녀가 섭식 장애를 갖고 있는 것을 알게 된 부모라면 자녀를 도우려는 절박한 마음에서 얼마든지 통제적인 반응을 보일 수 있는 것이다.

또한 성에 대한 공포, 때이른 사춘기, 자기 비하와 같이 널리 알려진 섭식 장애 요인에 대한 이론들 역시 별 근거가 없는 것으로 판명되었다.

그 대신, 이 유망한 연구는 부자연스럽게 야윈 것이 여성적인 아름다움의 표현이라는 망상에 사로잡힌 사회에서 성장하는 어린 소녀들에게 미치는 영향력을 모든 원인의 출발점으로 보고 있다. 사춘기가 되기도 전에 소녀들은 벌써 자신의 체중에 대해서 인식한다.

한 예를 들면, 어느 6살짜리 여자아이에게 어머니가 수영을 하러 가라고 했을 때, 그 아이는 눈물을 흘리면서 수영복을 입으면 뚱뚱해 보일 것이라고 말했다고 한다. 그 이야기를 들려준 소아과 의사에 따르면, 그 여자아이의 체중은 키에 비해 정상이었다.[39]

271명의 어린 10대 소녀들을 조사한 결과에서도 절반 가량은 자신이 뚱뚱하다고 믿고 있었지만, 그들 대부분이 정상적인 체중이었다. 그러나 이러한 뚱뚱함에 대한 강박 관념도 일부 소녀들의 지속적인 섭식의 장애에 대한 본질적인 이유는 될 수 없다고 미니애폴리스의 연구는 밝히고 있다.

지나치게 살이 찐 사람들은 무섭거나, 화가 나거나, 배고픈 것의 차이를 제대로 구분하지 못하기 때문에 이 모든 것을 배고픔을 의미하는 감각으로 총괄해 버린다. 그래서 그들은 화가 난다고 느껴지면 과식을 하게 되는 것이다.[40]

이와 유사한 상황이 뚱뚱한 여자아이들에게서도 발생한다. 어린 소녀들의 섭식 장애를 연구한 미네소타 대학의 심리학자 글로리아 레온 교수는 다음과 같이 말한다.

"이런 소녀들은 자신의 감정과 신체적 신호들을 제대로 인식하지 못한다. 또 그것이야말로 향후 2년간 섭식 장애를 악화시킬 것인지의 여부를 알 수 있는 확실한 지표가 된다.

우리는 아동기 때부터 자신의 감각 범위 내에서 싫증을 느끼는지, 화가 났는지, 우울한지, 또는 배가 고프다고 느끼는지를 구분하는 EQ학습의 기본을 배운다. 그러나 앞의 소녀들은 자신의 가장 기본적인 느낌들을 구분하는 능력에 문제를 갖고 있다.

이런 소녀들일수록 남자 친구들과의 사이에 좋지 않은 문제가 발생하면 자신이 화가 났는지, 불안해하는 것인지, 또는 우울한 것인지를 구분하지 못한다.

단지 자신의 힘으로는 효과적인 통제가 불가능한 산만한 결정적인 감정만을 경험할 뿐이다. 대신 그들은 먹어대는 것으로 스스로를 기분 좋게 만드는 법을 배운다. 때때로 그 행동은 강력하게 고착화된 감성적 습관으로 남는다."

그러나 자신을 진정시키는 이 먹어대는 습관이 날씬해지고 싶은 욕구와 상호 교차하면서 섭식 장애의 위험성이 커지게 된다. 레온 교수는 말한다.

"우선은 닥치는 대로 먹어대기 시작한다. 그러나 날씬해지려는 욕구가 뒤따르면서 과식으로 늘어난 체중을 줄이기 위해 토하기, 설사제 복용하기, 또는 격렬한 운동 등에 의존하게 된다. 이러한 감성적 혼란을 조절하기 위한 노력 중에 취할 수 있는 또 다른 방안은 전혀 먹지 않는 것이다. 이 방법은 압도적인 감정의 혼란에 대하여 최소한의 통제력을 가지고 있다고 느끼게 해준다."

친구나 부모에 의한 혼란을 겪을 때, 서투른 내적 인식과 빈약한 사교 기술을 가진 소녀들은 상호 관계나 자신의 고통을 완화시키기 위한 효과적인 행동을 취할 수가 없다. 대신 그녀들은 혼란에 의해 촉발된 이상 식욕항진증이나 신경성 식욕부진증, 또는 그저 마구 먹어대는 방법을 통한 섭식장애를 겪는다. 레온 교수는 이런 소녀들의 효과적인 치료를 위해서는 우선 그들의 부족한 EQ능력에 대한 개발 교육이 포함되어야 한다고 주장한다.

"의사가 환자에게 그의 병세와 치료 상황을 자세히 알려줌으로써 더욱 효과적인 치료가 가능해진다. 마찬가지로 섭식의 장애를 겪는 소녀들은 적절하지 못한 식사습관에 빠져들기에 앞서 자신의 감정을 정확히 파악하여 스스로를 다스리는 방법과 인간관계를 원활하게 관리하는 방법 등을 학습토록 해야 한다."

항상 외로운 아이-외톨이

이것은 초등학교에서 일어난 일이다. 친구가 별로 없는 4학년생인 벤은 제이슨이라는 친구로부터 점심 시간에 함께 놀 수가 없다는 말을 방금 들었다.

제이슨은 대신에 챠드라는 다른 소년과 놀고 싶어한다. 벤은 실의에 빠져서 머리를 숙이고 운다. 울음이 가라앉자 벤은 제이슨과 챠드가 식사를 하고 있는 식탁으로 간다.

벤이 제이슨에게 소리친다.

"나는 네가 싫어!"

"왜?"

제이슨이 묻는다.

"왜냐하면 너는 거짓말을 했으니까."

벤이 비난조로 이어서 말한다.

"너는 나하고 함께 놀겠다고 이번 주 내내 이야기했었는데, 너는 거짓말을 한거야."

그러고 나서 훌쩍이면서 자신의 텅빈 식탁으로 슬금슬금 물러난다. 제이슨과 챠드는 그에게 다가가서 말을 걸어 보려고 시도하지만, 벤은 손가락으로 자신의 귀를 틀어막고, 그들을 단호하게 무시하다가 식당을 뛰쳐나와서, 학교 쓰레기장 쪽으로 뛰어간다.

이 장면을 보았던 한 무리의 여자아이들이 화해자 역할을 하려고 벤을 찾아가 그에게 제이슨이 그와 기꺼이 놀아 줄 것이라고 말해 준다. 그러나 벤은 그 말에 따르려고 하지 않은

채 자신을 혼자 놔두라고 말한다. 그는 흐느끼면서 반항적으로 혼자 자신의 마음을 달랜다.[41]

물론, 마음에 사무치는 순간이다. 배척받았으며 친구가 없다는 외톨이란 느낌은 누구나 아동기나 사춘기에 경험해 보는 것이다. 그러나 벤의 반응에서 가장 인상적인 것은 그들의 우정을 회복시키려는 제이슨의 노력을 받아들이지 못하는 것으로 끝나는, 곤경을 계속 연장시키는 태도인 것이다. 좋은 기회를 잡는 것에 그와 같이 무능력한 것은 주변에 인기 없는 아이들에게서 나타나는 일반적인 상황이다.

우리가 제8장에서 본 것처럼, 사회적으로 배척당하는 아이들은 감성적이고 사교적인 신호들을 판독하는 일에 서투르다. 그들은 그런 신호들을 판독할 때에도 반응의 범위를 제한하려고 한다.

학교에서 탈락하는 것은 사교적으로 배척당하는 아이들에게 특별히 위험한 것이다. 자신의 동료들에게 배척당하는 아이들이 탈락하는 비율은 친구들과 잘 어울리는 아이들보다 2~8배 더 커진다.

애셔 박사와 가브리엘 박사의 공동연구에 의하면, 8%인 일반적인 탈락율과 비교해 볼 때 초등학교에서 인기가 없는 아이들의 약 25%가 고등학교를 졸업하기 전에 탈락했다.[42] 어느 누구도 자신을 좋아하지 않는 곳에서 1주일에 30시간을 보낸다고 상상해 보라. 그리고 보면, 크게 놀랄 만한 일이 아니다.

아이들은 다음과 같은 감성적 성향들로 인해 또래 집단으로부터 따돌림을 당하게 된다. 우리가 살펴본 것처럼, 그 한 가지는 툭하면 화를 내고 의도적이지 않은 상황에서 조차도 적대감을 느끼는 경향을 들 수 있다. 두 번째는 소심하고 불안해하며, 인간관계의 형성을 부끄러워하는 것이다.

그러나 이런 요인들 이외에 무엇보다도 결정적인 것은 까탈스러워서 주변 사람들을 불편하게 만드는 것이다. 결국 이들은 따돌림을 당하게 되는 것이다.

이런 아이들이 외톨이가 되는 것은 그들이 나타내는 감성적인 신호들 때문이다. 친구가 거의 없는 초등학교 학생들에게 역겨움이나 분노와 같은 감정과 그 감정을 표현하는 얼굴 표정을 짝지어보라고 했을 때 그들은 인기있는 아동들보다 훨씬 더 많은 실수를 저질렀다.

아울러 누군가와 친구가 될 수 있고, 싸우는 일을 피할 수 있는 방법을 설명해 보라고 했을 때, 자신을 소외당하게 하는 식의 대답을 하기가 일쑤였다. 예를 들면 두 어린이가 모두 같은 장난감을 원할 때 어떻게 해야 할지 물으면, "그 애를 때려야지요"라는 식으로 반응하는 것이다. 또한 어른들에게 애매모호하게 도움을 요청하는 것은 다른 아이들이 함께 놀지 않고 피하려고 하는 인기가 없는 아이들이었다.

그리고 10대 아이들에게 슬프거나, 화가 나거나, 장난스러운 것처럼 행동해 보라고 하면 주변에 인기가 없는 아이들일수록 가장 자신감이 없는 행동을 한다. 그런 아이들이 친구를 사귀는 일을 잘해 낼 수가 없다고 느끼게 되는 것은 결코 놀랄 만한 일이 아니다. 인간관계에 있어서 그들은 친구를 사귀는 새로운 방식을 익히는 대신에 그저 따돌림당하는 방식으로

계속 행동하거나, 심지어는 더욱 어처구니없는 반응을 보이는 것이다.[43]

주변 사람들로부터의 선호도가 낮은 이런 아이들은 핵심적인 EQ능력이 부족한 것이다. 이 아이들과 함께 있는 것은 재미가 없으며, 또한 이들은 다른 아이들을 기분좋게 해 주는 방법을 알지 못한다. 놀이에서 인기가 없는 아이들을 관찰해 보면, 그들은 다른 아이들보다 훨씬 더 반칙을 잘하거나, 쉽게 토라지거나, 지면 그만두거나, 이긴 것에 대해서 뽐내고 과시하려는 경향이 강하다. 물론, 대부분의 아이들은 놀이에서 이기기를 원한다.

그러나, 이기건 지건 상관없이 대부분의 아이들은 자신의 감성적인 반응을 통제할 수 있으므로 함께 놀이를 하는 친구들과의 관계를 훼손시키지 않게 된다.

인간관계에 있어서 스스로의 감정을 분별해 내거나 반응을 할 때 계속해서 문제를 일으키는 아이들은 사회적인 외톨이로 전락하게 된다.

그러나 이런 배척을 일시적인 현상일 뿐이라고 생각하는 낙관적인 아이들은 곧 곤경을 벗어나게 된다. 하지만 계속해서 배척당하고 거부되어지는 아이들은 스스로도 고통스런 의지할 곳 없는 신세가 학교 생활을 계속함에 따라 고착되어 간다.

이러한 아이들이 성인으로 커 나가면서 사회적인 외톨이로 귀결될 가능성이 상당히 커진다. 왜냐하면 아동기라는 것은 많은 친구들과 어울리고 떠들썩하게 놀면서 차후 자신의 삶을 살아가면서 필요한 인간관계의 감성적이고 사교적인 기술을

EQ능력 부족의 대가 131

연마하는 시기이기 때문인 것이다. 따라서 이런 영역의 학습을 할 기회를 상실한 아이들은 인생에서 결정적으로 불리해지는 것이다.

또래 집단에서 배척당하는 아이들은 우울하고 외로울 뿐만 아니라, 상당한 불안과 많은 걱정거리를 갖고 있는 것으로 드러난다. 실제로 초등학교 3학년 시절에 주변에 얼마나 인기가 있었느냐 하는 것이 그가 18세가 되었을 때의 정신적인 건강 문제와 교사들과 보모들의 평가, 학업 성취 그리고 IQ 및 심리학적 평가의 득점 등에 이르기까지 무엇보다 더 나은 예견 장치인 것으로 밝혀졌다.[44]

그리고 우리가 살펴본 것처럼, 인생의 후반기에 친구가 별로 없고 만성적으로 외로워하는 사람들은 의학적으로 질병에 잘 걸리고 일찍 죽을 위험성이 상당히 높다.

정신분석학자인 해리 스탁 설리번 박사가 지적하는 것처럼, 아이들은 일반적으로 동성인 동료들과 맺는 긴밀한 우정의 초기 단계에서 서로간의 차이점을 해결하거나 가장 깊은 느낌을 나누거나 하는 등으로 친밀한 관계를 형성하는 방법을 익힌다. 그러나 집단에서 배척당하는 아이들은 자신의 동료들이 초등학교라는 결정적인 시기에 가장 좋아하는 친구를 갖게 되는 것에 비해 겨우 절반 정도만 갖게 되며, 그래서 EQ능력을 개발할 중요한 기회를 놓쳐 버리는 것이다.[45]

다른 모든 친구들이 등을 돌린다고 할지라도 그리고 그 우정이 그렇게 굳건한 것이 아니라고 해도, 단 한사람의 진정한 친구란 매우 중요한 것이다.

우정훈련 프로그램

주위 동료들로부터 따돌림을 당하는 아이들의 감성적 무능력에도 불구하고 그들을 위한 희망은 있다. 일리노이 대학의 정신분석학자인 스티븐 애셔 박사는 인기 없는 아동들을 위한 일련의 '우정 가르치기' 프로그램을 성공적으로 개발했다.[46]

학급에서 가장 싫어하는 3, 4학년 학생들을 찾아낸 후에, 애새 교수는 그들에게 '다정하고, 재미있고, 친절한 관계 속에서 게임을 더욱 재미있게 하는 방법'을 가르치는 6회의 프로그램을 실시했다.

인기 없는 아이들이라는 수치심을 갖지 않도록 하기 위해서 그들에게는 어떤 종류의 행동들이 게임을 더욱 즐겁게 만들어 주는 것인가를 알아보는 '코치'를 도와주는 '조언자'로서 활동하는 것이라고 말해 주었다.

이 아이들은 인기 있는 아이들에게서 발견되는 전형적인 방식으로 행동하도록 자연스럽게 훈련받는 것이다. 예를 들면, 그들은 규칙에 이의가 있을 때에는 싸우는 것 대신에 대안이나 타협안을 생각하며, 놀 때에는 다른 아이들과 대화를 나누고, 그들에 대해 질문을 하는 것을 명심하고, 다른 아이들이 하는 방식을 알기 위해 우선 듣고 보며, 다른 사람이 잘 할 때에는 웃으면서 칭찬을 해주도록 하며, 도움이나 제안과 격려를 하도록 한다.

아이들은 또한 같은 반 친구들과 '막대기 뽑기'와 같은 놀이를 할 때 이런 인간관계의 기본적인 예절들을 실천하였으며,

나중에 그들이 얼마나 잘했는지를 평가받았다. 타인들과 어울리는 이 짧은 프로그램은 현저한 효과를 거두었다. 자신의 반에서 가장 호감을 주지 못했기 때문에 선발되었던 이 아이들이 1년간 교육받은 후에는 학급의 인기도에서 중간 정도에 서게 되었다. 가장 인기 있게 된 아이는 아무도 없었지만 어느 누구도 배척당하지 않게 된 것이다.

비슷한 결과가 에모리 대학의 심리학자인 스테픈 놀위취 교수에 의해서도 밝혀졌다.[47] 그의 프로그램은 사회적 부적응아들에게 다른 아이들의 감정을 읽고 적절하게 반응하는 능력을 연마하도록 훈련시키는 것이다. 예를 들면, 아동들이 행복이나 슬픔같은 감정을 실제로 표현하는 것을 비디오로 녹화해서 그들의 감성적인 표현을 개선하도록 지도하는 것이다. 그후에 그들은 자신이 사귀고 싶은 아이와 함께 그들이 새로 연마한 기술들을 실행에 옮기는 것이다.

이런 프로그램들은 배척당하는 아이들의 인기도를 높이는 데 50~60%의 성공률을 기록하는 것으로 밝혀졌다. 최소한 지금까지 개발된 것들 중에서 이런 프로그램들은 고학년의 아이들보다는 오히려 3~4학년생들에게 가장 큰 효과가 있으며, 공격적인 아이들보다는 사교적으로 둔감하여 따돌림을 당하는 아이들에게 더욱 도움이 된다.

아뭏든 중요한 것은 심하게 그리고 많은 친구들로부터 배척당하던 아이들이 이런 기본적인 EQ능력의 개발을 통해서 우정의 무대로 이끌려 나오게 된다는 점이다.

음주와 마약-자가 치료라는 중독증

대학생들 사이에서 '인사불성이 될 때까지 마셔대기'라고 부르는 것은 의식을 잃을 정도까지 술에 흠뻑 빠지는 것이다. 이렇게 되기 위한 한 가지 요령이 있다. 그것은 대형 깔대기에 호스를 연결시켜 맥주를 들이키는 방법으로서, 맥주 캔 하나의 분량을 약 10초 동안에 마시는 것이다.

이런 방식은 어떤 특정 지역에만 있는 별난 습관이 아니다. 연구에 따르면, 남자 대학생들의 40%는 한번 술을 마실 때 7잔 이상을 마신다고 했고, 그중 11%는 자신을 알콜중독자라고 말한다.[48] 대략 남자 대학생의 50%와 40% 가량의 여대생들은 최소한 한 달에 두 번 이상의 폭음을 한다고 밝히고 있다.[49]

미국에서 젊은 사람들 사이의 약물 남용은 1980년대를 고비로 점차 줄어들었지만, 어린 나이에 일찍 술을 마시는 경향은 계속 증가 추세에 있다. 1977년에는 10%의 여대생만이 취할 만큼 술을 마셨지만, 1993년의 한 조사에서는 35%의 여대생이 만취를 경험한 것으로 밝혀졌다. 이를 전체적으로 본다면, 세 0명 중 한 학생이 폭음을 하는 셈이다.

이런 현상은 심각한 사태를 불러오기도 한다. 대학 캠퍼스 내에서 발생한 성폭행 사건의 90%가 공격자나 희생자의 어느 한편, 또는 양쪽 모두가 술을 마셨을 때 일어났다.[50] 술과 관련된 사고는 15~24세의 젊은이들 사이에서 가장 주된 사망 원인이 되고 있다.[51]

마약과 음주가 어떤 면에서는 성인이 되기 위한 통과 의례인 것처럼 보일 수도 있지만, 그 첫 한 모금은 일부 사람들에게 평생의 파탄을 불러오기도 한다. 물론 그런 경험을 가진 사람들 중 상습 음주자나 마약 상용자로 인생을 마감하는 사람은 일부에 지나지 않지만, 실제로 상습적인 음주자나 마약 상용자들을 조사한 바에 의하면 그들 대부분은 처음 중독에 빠진 시기가 그들이 10대였던 때로 거슬러 올라간다.

고등학교를 졸업하기까지 학생들의 90%는 술을 한 번 이상씩 마시고, 그중 상습적인 음주자로 나아가는 사람은 약 14% 정도에 이른다. 코카인을 경험하는 수백만 미국인들 중에서 5%는 중독에까지 이른다.[52]

그렇다면 한 순간의 경험으로 끝나는 사람과 상습자로 발전하는 사람과의 차이는 어디에서 오는 것일까?

마약이 길모퉁이에서 태연히 팔리고, 마약 밀매업자가 그 지역에서 가장 경제적으로 성공을 거둔 사람으로 행세하는 우범 지역에서 사는 사람이라면, 마약에 중독될 위험성도 확실히 커지는 것이다. 어떤 사람들은 3류 마약 밀매업자 행세를 하다가 자신이 마약에 중독되기도 하고, 또 어떤 사람들은 쉽게 접할 수 있기 때문에, 아니면 그저 마약을 미화하는 집단 문화 때문에 중독되기도 한다.

이것은 일부 지역에서, 때로는 부유한 지역에서 마약 상용의 위험성을 높이는 강력한 요인으로 작용한다. 그러나 의문은 여전히 남는다. 그런 유혹과 압력에 노출된 사람들의 집단 중에서도 어떤 사람들이 계속 마약을 경험하게 되고, 또 어떤 사람들이 영속적인 습관에서 벗어나지 못하고 인생을 마감하게 되는 것인가?

　최근의 과학적 이론에 따르면, 그런 습관을 벗어 던지지 못하고 술과 마약에 점점 더 깊이 말려드는 사람들은 이 물질들을 불안이나 분노, 또는 우울증을 완화시키기 위한 일종의 치료제처럼 사용하기 때문인 것으로 밝혀졌다.

　이들은 일찍부터 시작된 경험을 통해 자신을 괴롭히는 불안감이나 우울한 감정이 생길 때마다 이것을 가라앉히기 위한 방법으로 화학적 조치인 마약이나 음주를 떠올리게 되는 것이다. 실제로도 7, 8학년 학생들 수백 명을 2년 동안 추적 조사한 결과, 고도의 감성적 고통을 갖고 있었던 아이들일수록 그 후 높은 수치의 마약 상용률을 기록한 것으로 보고되었다.[53]

　이 사실을 통해 볼 때 많은 젊은이들이 마약과 음주를 경험하면서도 중독까지는 이르지 않는 반면, 일부 사람들은 처음부터 그것에 의존하게 되는 이유가 무엇인지를 어느 정도 설명할 수 있게 된다. 즉, 중독 증세를 보이는 사람들 대부분은 수년간 자기를 괴롭혀 온 감정을 달래기 위한 가장 빠른 방법으로 마약과 알콜을 찾게 되는 것이다.

　피츠버그에 위치한 서부 정신의학연구소의 심리학자 랄프 타르터 박사는 말한다.

　"생리적으로 취약한 사람들은 처음 술을 마시거나 마약을 복용할 때 다른 사람들이 경험하지 못할 정도의 막강한 힘을 얻는다. 회복기에 들어선 마약 상용자들 중 상당수는 처음 마약을 복용한 순간에 비로소 자신이 정상인처럼 느껴졌다고 고백했다. 그것은 최소한 단기적으로는 그들을 생리적으로 안

정시킨다."⁵⁴

　물론 이것은 중독을 전제로 한 악마와의 거래이다. 단기적으로 좋은 기분을 느끼게 하고 그 대가로서 서서히 삶을 붕괴시키는 것이다.

　감성적 패턴에 따라 일부의 사람들은 특정 물질에서만 감정적 위안을 찾기도 한다. 예를 들어서 상습적인 음주에 이르는 경로에는 두 가지 감성 측면이 관여한다.

　그 하나는 아동기에 너무나 예민하거나 불안이 많은 사람들로부터 시작되는 것인데, 이들은 10대에 들어서면서부터 술이 불안감을 가라앉혀 준다는 사실을 깨닫는다. 이들 중 상당수는 자신의 신경을 안정시키기 위해 알콜에 의존하는 상습적인 음주자의 자녀들로서 그 대부분은 아들들이다.

　이런 유형의 사람들이 보이는 생리적인 특성 중의 하나는 불안을 조절하는 신경 전달 물질인 GABA가 너무 적게 분비된다는 사실이다. 낮은 GABA 분비는 높은 수준의 긴장을 의미하는 것이다.

　연구에 따르면, 상습적인 음주자를 아버지로 둔 아이일수록 낮은 수준의 GABA를 갖고 있으며, 불안감이 상당히 높게 나타난다. 그러나 이들이 술을 마시면 GABA 수치가 상승하고 이에 따라 불안감도 줄어든다.⁵⁵

　상습적인 음주자의 자녀들은 긴장을 완화시키기 위해서 술을 마시고, 다른 방도로는 얻을 수 없는 안식을 술에서 찾아내는 것이다. 이런 사람들은 이와 동일한 불안 완화 효과를 위해 술 외의 것으로 진정제 따위를 과다하게 복용하기도 한다.

상습적인 음주자들의 자녀 중에서 12살 때부터 충동적인 행동을 보이거나, 스트레스를 받으면 심장 박동 수가 높아진다든지 하는 불안 증세들을 보이는 아이들을 대상으로 신경 심리학적인 조사를 실시한 결과, 거의 대부분의 아이들이 전두엽 기능에 취약성이 있는 것으로 드러났다.[56] 즉, 불안감을 덜어주고 충동성을 억제해야 할 두뇌 영역이 다른 아이들에 비해서 별 다른 도움을 주지 못하는 것이다.

전두엽이란 의사 결정을 내리는 과정에서 다양한 행동 경로의 결과들을 마음 속에 남기는 능력인 활동 기억력을 관리하는 곳이다. 따라서 이곳의 결손은 음주의 장기적인 위험을 느끼지 못하게 하고, 심지어는 알콜을 통한 즉각적인 불안 경감 방법을 인지하게 함으로써 더욱 상습적인 음주 습관에 말려들게 하는 것이다.

이와 같은 불안 완화에 대한 욕구는 유전적으로 알콜에 취약한 사람들의 감성적 특징처럼 보인다. 집안에 상습 음주자가 있는 1,300개의 가계(家系)들을 대상으로 한 연구에서, 상습적 음주자인 아버지를 두고 있기 때문에 본인도 그렇게 될 위험성이 높은 자녀들은 대부분이 높은 수준의 만성적인 불안감을 갖고 있는 것으로 드러났다.

연구자들은 이런 사람들에게서는 이른바 '불안 증세에 대한 자가적 약물 치료'로써 음주 습관이 발전되는 것이라고 결론지었다.[57]

상습적인 음주에 빠져들게 하는 두 번째 감정적인 측면은 지나친 흥분, 충동성, 그리고 권태 증세이다. 이런 패턴을 지닌 사람들은 유아기에 침착성이 없고 말썽을 부리거나 돌보기가 힘든 아이인 경우가 대부분이다.

이들이 초등학교에 입학하면 안절부절못하거나 과민 증세를 보이기 때문에 종종 어려움을 겪는데, 우리가 앞에서도 살펴보았듯이, 이런 기질은 주로 비정상적인 삶을 사는 친구들을 찾아다니도록 만든다. 이는 범죄 경력을 쌓도록 유도하거나, '반사회적 성격 장애증'을 이끌게 된다. 이들은 주로 남자들이며 대표적인 감정적 질병으로써 흥분을 잘하는 성격을 갖고 있다. 이들의 주된 약점은 충동을 억제하지 못하고, 지루한 일이 닥치면 충동적으로 위험과 흥분을 추구하는 것이다.

주로 세로토닌과 MAO라는 두 가지의 신경 전달 물질의 결핍에 관련된 이런 패턴을 가진 사람들이 성인이 되면 알콜이 자신의 흥분을 달래 줄 수 있다는 사실을 알게 된다. 그리고 단조로움을 견디지 못하기 때문에 어떤 일이라도 기꺼이 시도하려고 하게 된다. 이런 시도가 그들의 전형적인 충동성과 결합되었을 때, 그들은 알콜 뿐만이 아니라 아무 약물이나 닥치는 대로 상용하게 된다.[58]

우울증은 곧잘 사람들을 음주의 길로 빠져들도록 하지만, 알콜은 잠시 기분이 나아지는 신진 대사적 영향력을 발휘하고는 이내 그 뒤를 이어서 우울증을 더욱 악화시킬 뿐이다. 감정 완화제로서의 알콜에 의지하는 사람들은 우울증 때문이라기보다는 불안감을 가라앉히기 위해서 훨씬 자주 술을 마신다.

다양한 종류의 마약들이 우울한 사람들의 기분을 최소한 일시적으로는 달래 준다. 만성적으로 불행하다고 느끼는 사람들은 우울증에 대한 직접적인 해독제인 코카인과 같은 흥분제에 중독될 위험성이 높다.

연구에 의하면, 코카인 중독으로 진료소를 찾아 온 환자들의 절반 이상이, 그 습관이 시작되기 전에 이미 심각한 우울증을 갖고 있었던 것으로 판명되었고, 우울증이 심하면 심할수록 코카인에 대한 의존도도 더욱 심한 것으로 드러났다.[59]

만성적인 분노는 또한 다른 종류의 취약성으로 발전할 수 있다. 헤로인과 모르핀에 대한 중독 증세로 치료를 받는 400명의 환자에 대한 연구에서, 이들이 보인 가장 주목할 만한 감정적인 유형은 늘 분노를 억제하지 못하거나 쉽게 광분한다는 점이다. 이런 환자들 중 상당수가 아편제를 복용하면 정상적이라는 느낌과 긴장 완화를 맛볼 수 있다고 고백하기도 했다.[60]

약물 남용에 대한 취약성은 대부분이 두뇌 관련적 성격이 강하지만, 술이나 마약을 통해서 '자가 치료'를 하도록 유도하는 감정은 이러한 물질에 의지하지 않고서도 충분히 통제할 수 있는 것이다.

이에 대해서는 '익명의 알콜 중독자 모임'과 같은 재활 프로그램이 수십 년 동안 입증해 왔다. 불안 완화, 우울증 제거, 분노 진정 등 감정을 관리하는 능력을 습득하면 마약이나 알콜에 의지하려는 충동을 처음부터 없앨 수 있다.

이러한 기본적인 EQ능력들은 주로 마약 및 알콜 남용을 위한 치료 프로그램에서 치료 과정의 하나로 가르쳐진다. 물론 나쁜 중독 습관이 뿌리내리기 이전에 그런 EQ능력들이 학습된다면 훨씬 더 좋은 효과가 있을 것이다.

전쟁은 필요없다-평범한 예방책만 필요할 뿐

지난 10여년 간 10대 임신, 학교에서의 낙오, 마약, 최근에는 폭력에 대해서 계속적인 '전쟁'이 선포되어 왔다. 그러나 그런 선포의 문제점은 출발이 너무 늦었기 때문에 이미 목표로 삼은 문제점들이 폭넓게 만연되어 청소년들의 삶에 뿌리를 내린 후라는 것이다.

이러한 위기에 대한 개입은 처음부터 예방 접종을 놓아 질병을 물리칠 생각은 하지 않고, 구조 요청자에게 계속 구급차만 보내어서 문제를 해결하려고 하는 것과 유사한 태도이다. 따라서 자꾸만 '전쟁'을 선포하는 것보다는 예방의 논리에 따라 우리의 아이들에게 삶에 맞설 수 있는 기술을 가르쳐 주어 온갖 불운을 피할 수 있는 기회를 제공해 주는 활동이 더욱 필요한 것이다.[61]

본서가 EQ능력의 결함 부분에 계속 초점을 맞춘다고 해서 그 외의 사회적 위험 요인들, 예를 들면 여러 갈래로 조각이 났거나 아동을 학대하거나 혼란스러운 가정, 또는 빈곤하고 범죄와 마약이 들끓는 지역에서 성장하는 것 등의 위험성을 부정하자는 뜻은 아니다. 가난은 그 자체로도 아이들에게 감성적인 타격을 주는 것이다.

잘 사는 아이들과는 달리 가난한 집 아이들은 5살 때부터 쉽게 두려움을 타고, 불안과 걱정을 느끼고, 빈번한 짜증과 물건을 부수는 등의 문제 행동을 보여주기 시작하여, 그 습관을 10살 때까지 유지한다. 가난으로 인한 압박은 또한 가정 생활도 좀먹는다. 이런 가정일수록 부모의 애정 표현이 드물고, 대개 혼자 살며 직업도 없는 어머니가 우울증에 걸려 있을 확률이 높고, 고함치기, 때리기, 육체적 위협 같은 심한 처벌에 의지하는 경향이 강하다.[62]

하지만 EQ능력의 개발은 가정 문제나 경제력 이상의 기능을 수행하는 것이다. EQ능력이야말로 아동이나 청소년들이 곤경에 처했을 때 타락의 길로 빠져들 것인지, 아니면 문제들을 극복할 수 있는 탄력성을 찾을 수 있는지에 대한 결정적인 역할을 하는 것이다.

빈곤 계층이거나 학대하는 가족이 있는 가정이거나, 심한 정신 질환을 앓는 부모에 의해 양육된 수백 명의 아이들을 대상으로 조사한 장기적인 연구에 따르면, 아무리 지독한 역경에 처하더라도 신속한 회복력을 보여주는 아이일수록 핵심적인 EQ능력들을 갖고 있는 것으로 밝혀졌다.[63]

이런 종류의 EQ능력으로는 다른 사람들을 자기 편으로 만드는 '더불어 사는' 사회성과 자기 확신, 실패와 좌절에 굴하지 않는 낙관적인 사고, 흥분과 분노를 조절할 수 있는 능력, 인내심 등이 포함된다.

그러나 대다수의 아이들은 이런 강점이 없는 상태에서 역경에 부딪친다. 물론 이런 능력 중 상당수는 유전적인 행운에 의해 부여된 것이다. 하지만 우리가 제 14장에서도 살펴본 것처럼, 아무리 기질적인 특징이라도 얼마든지 좋은 방향으로 변화시킬 수가 있는 것이다.

이에 개입하는 한 가지 방법은 물론 정치적, 경제적으로 이러한 문제를 야기시킨 빈곤을 타파하고 기타 문제점을 양성하는 사회적 조건들을 경감시키는 것이다. 그러나 사회적인 흐름에서 볼 때 오히려 더욱 악화만 부추기는 이런 전략들과는 무관하게, 아이들로 하여금 삶의 쇠퇴를 가져오는 역경에 맞서 싸우도록 제공할 수 있는 것들도 얼마든지 많이 있다.

대략 미국인 두 명 중 한 명 꼴로 삶의 과정에서 겪게 되는 감성 장애와 고통의 사례들을 예로 들어보자.

평범한 미국인 8,098명을 대상으로 한 표본 조사에서, 48%는 평생에 최소한 한 가지 이상의 정신적인 문제로 고통을 받는 것으로 밝혀졌다.[64] 이중 14%는 좀더 심한 악영향을 받는 경우로서, 한번에 세 가지 이상의 정신적인 문제를 겪고 있었다. 이 집단은 조사 대상 중 가장 심한 고통을 받는 것으로 드러났는데, 그중 60%는 모든 정신의학적 문제가 한 순간에 발생하였고, 90%는 특히 심각한 마비 증세까지 오는 장애를 겪고 있었다.

이들에게는 충분한 보살핌이 필요하겠지만, 가장 좋은 것은 가능한 한 이런 문제가 발생하기 이전에 초기부터 이런 문제점들을 예방하는 것이다. 물론 모든 정신 장애가 예방될 수 있는 것은 아니다. 다만 어느 정도, 그것도 상당수가 그렇게 될 수 있다는 뜻이다. 앞의 연구를 수행했던 미시간 대학의 사회학 교수 로널드 케슬러 박사는 이렇게 밝힌다.

"우리는 삶의 초기부터 개입할 필요가 있다. 6학년 때에 대인 공포증을 보이고, 자신의 사회적인 불안감을 억제하기 위해서 중학교 때에 음주를 시작한 어느 소녀를 예로 들어보자.

그녀는 20대 후반의 나이로 우리 조사에 응했을 때에도 여전한 공포 증세를 보였고, 알콜과 마약에 탐닉하고 있었으며, 자신의 인생이 엉망이 되었다는 생각으로 우울증에 빠져 있었다. 이때 중요한 것은 그 모든 악순환이 시작되기 전에 이를 원점으로 돌려놓기 위해 우리는 그녀의 인생 초기에 무엇을 해 줄 수 있었던가를 자문해 봐야 하는 것이다."

이와 같은 질문은 물론 학업 포기나 폭력, 기타 오늘날의 젊은이들이 직면하는 온갖 위험에 대해서도 마찬가지로 적용될 수 있는 것이다.

약물 남용이나 폭력과 같은 문제점들을 예방하려는 교육 프로그램들은 지난 10여년 동안 광범위한 확장세와 함께 교육시장 내에 작은 신규 산업을 창출해 내었다. 그러나 그들 중 많은 것들이 그럴듯하게 상품화되거나 폭넓게 사용되고 있지만 별다른 효과가 없는 것으로 입증되었다.

이들 중 몇 가지는 교육자들로서는 통탄스럽게도, 없애기 위한 노력이 집중되었던 문제점들, 특히 약물 남용과 10대의 성 문제가 발생할 가능성을 더욱 강화시키기까지 했다.

아는 것만으로는 충분하지 않다

이에 관해 적절한 사례는 아동에 대한 성적 학대이다. 1993년 현재 미국 내에서는 매년 20만 건 정도의 구체적인 사례가 보고되고 있는데, 그 수치는 매년 10%씩 증가하고 있다.

측정치는 여러 가지로 나올 수 있지만, 대부분의 전문가들이 동의한 바에 따르면 여아들 가운데 20~30%가, 그리고 그 수치의 절반 정도의 남자아이들이 17세가 되기 전까지 어떤 형태이든 성적 학대의 희생자가 되고 있는 것으로 밝혀졌다. 물론 수치는 성적 학대가 다른 요인들과 함께 어떤 식으로 정의될 수 있는가에 따라 낮아질 수도 있고 높아질 수도 있다.[65]

성적 학대에 취약한 아이들의 전형적인 프로필이란 없겠지만, 대부분의 아이들은 보호받지 못한 상태에서 저항도 하지 못한 채 희생되고 있으며, 자신에게 벌어진 일로 인해 심각한 단절감을 겪게 된다.

이런 위험 때문에 많은 학교에서는 성적 학대를 예방하는 프로그램을 제공하기 시작했다. 그런 대부분의 프로그램들은 주로 성적 학대에 대한 기초 정보를 제공하는 일에 초점을 맞추는데, 예를 들면, 아이들이 '좋은' 접촉과 '나쁜' 접촉의 차이를 알도록 가르치고, 위험에 대해 경각심을 가지게 하고, 불행한 일이 닥쳤을 때에는 어른에게 알리도록 가르친다.

그러나 전국적으로 2,000명을 대상으로 한 조사에 따르면, 이런 기본적인 훈련이 학교의 불량배에 의해서나 잠재적인 아동 성학대범에 의해서 희생당하는 것을 막는 문제에 있어서 있으나 마나 한 것으로, 실제로는 없느니만 못한 것으로 밝혀졌다.[66]

더욱 나쁜 것은, 기본적인 프로그램을 교육받은 뒤 나중에 성적 학대의 희생자가 되었던 아이들은, 처음부터 이런 교육 따위를 받지 않았던 아이들에 비해 거의 절반 정도만이 그런 사실을 보고한다는 점이다.

이와는 대조적으로 감성적 사회적인 능력까지 포함한 포괄적인 훈련을 받은 아이들은 희생의 위협으로부터 자신을 훌륭하게 보호하고 있었다.

그들은 위험할 때는 언제든지 가만 놔 둘 것을 요구했고, 소리지르거나 저항했고, 남에게 알리겠다고 위협했고, 실제로 나쁜 일이 발생하면 곧바로 어른들에게 알렸다. 이중 마지막 항목인 학대받은 것을 알리는 것은 상당한 예방 효과를 가져온다는 장점이 있다. 그것은 아동 성학대범들의 상당수가 수백 명의 아이들에게 동일한 범행을 저지르기 때문이다.

40대의 아동 성학대범을 대상으로 한 조사에 따르면, 이들은 청소년기 이후로 한 달에 한 명씩 피해를 주었던 것으로 밝혀졌다. 심지어 어떤 버스 운전사와 고등학교 컴퓨터 지도 교사의 범행 기록에 따르면 이들이 매년 희롱한 아이들의 수가 3백여 명에 달했다.

그러나 희생자들 중 단 한 명도 이것을 알리지 않았다. 이 끔찍한 범죄가 드러난 것은 컴퓨터 교사에 의해 성적 학대를 받았던 한 소년이 자신의 여동생에게 똑같은 성적 학대를 저지르다가 발각된 이후였다.[67]

포괄적인 프로그램으로 지도 받은 아이들은 성적 학대에 대한 기초 프로그램으로 지도를 받은 아이들보다 학대 사실을 세 배 이상 많이 알리고 있었다.

이런 효과는 어떻게 발생한 것일까? 그것은 이런 프로그램들이 일과성 주제가 아닌, 건강이나 성교육의 일부분으로서 학교 교육 전과정에 걸쳐 여러 차례 다양한 수준으로 실시되었기 때문이다.

이 프로그램에는 학교에서의 교육에 병행해서 부모들 역시 동일한 메시지를 자녀들에게 반복하게 하는 내용도 포함되어 있다. 부모가 함께 교육에 참여한 아이들은 성적 학대의 위협에 대하여 가장 우수한 저항력을 보였다.

그 외에도, 사회적 감성적 능력의 유무 역시 상당한 차이를 가져왔다. 사실 아이들이 그저 '좋고' '나쁜' 접촉에 대해서 아는 것만으로는 충분하지 않다. 아이들은 접촉이 시작되기 훨씬 전부터 상황이 잘못될 수 있다거나 고통스러워질 수 있다는 것을 파악할 수 있는 자각을 필요로 하는 것이다.

여기에는 단순한 자기 지각 뿐만이 아니라, "아무 것도 아니야"라고 하며, 아이를 안심시키려고 하는 어른에 맞서서 자신에게 닥치고 있는 위험을 깨닫고 이에 대응하는 행동을 취할 수 있는 자기 확신과 단호함이 따라야 하는 것이다.

즉, 자신에게 벌어지려는 사건을 방지할 수 있는 여러 방법들, 예컨대 도망을 친다거나 다른 사람에게 알리겠다고 위협을 주는 행동 등이 필요한 것이다.

이런 이유로 해서 훌륭한 프로그램은 아이들로 하여금 자신이 원하는 바에 따라 용감하게 저항하고, 적극적으로 자신의 권리를 주장하고, 자신이 지켜야 할 경계선이 어디인지를 알고 그것을 위해 노력하도록 가르치는 것이다.

이상을 종합해 볼 때, 가장 효과적인 프로그램은 필수적인 EQ능력의 개발에 더하여 성적 학대의 기초 정보들을 보완한 것이라고 할 수 있다.

이런 프로그램은 아이들에게 인간관계의 갈등을 보다 긍정적으로 해결하는 방법을 찾을 수 있게 해주고, 보다 많은 자기 확신을 갖게 해주며, 나쁜 일이 벌어져도 자신을 책망하지 않게 해 주고, 부모와 교사로 이루어진 보호망이 있어서 언제든지 의지할 수 있다고 느끼도록 해준다.

마지막으로 불행한 사태가 발생하더라도 언제든지 알릴 준비를 갖추게 해준다.

EQ능력의 역할

앞의 발견들은, 공정한 평가를 통해 실질적인 효과가 있는 것으로 판명된 구성 요소들을 근거로 했을 때, 최적의 예방 프로그램을 구성하는 요소들이란 어떤 것이어야 하는지를 재고하는 계기가 된다.

그랜트 재단이 후원한 5년간의 연구를 수행한 조사단은 다양한 전망을 조사한 뒤, 프로그램의 성공을 위해 실효성이 있을 것으로 보이는 여러 가지 능동적인 요소들을 추출해 내었다.[68] 이 조사단이 종합적으로 결론을 내린 핵심 능력의 목록들은 그것이 어떠한 구체적인 문제점을 예방하기 위해 계획되었던지 간에 EQ의 구성 요소와 거의 동일한 내용들로 이루어져 있다.

[자세한 내용은 부록 D에 나와 있다.][69]

EQ능력에는 자기 인식이 포함된다. 이와 더불어 자신의 감정을 파악하고, 표현하고, 조절하는 능력과 충동을 통제하고 일시적 만족을 연기시키는 능력과 스트레스와 불안을 관리하는 능력 등이 필요한 것이다.

충동 통제에서의 핵심적 능력은 느낌과 행동간의 차이를 구분하여 처음부터 행동하려는 충동을 억제한 뒤, 대안이 될 수 있는 행동을 확인하고, 그것을 행동에 옮기기에 앞서 결과를 예측하는 일련의 바람직한 감성적 결정을 내리는 과정이 필수적이다.

아울러 이러한 능력들은 인간관계적 성격을 갖는다. 이런 능력에는 사회적 감성적 단서를 이해하고, 경청하고, 부정적인 영향력을 제거하고, 역지사지(易地思之)하여 타인의 관점을 견지해 보고, 특정 상황에 어떤 행동이 수용될 수 있는가를 이해하는 능력 등이 포함된다.

이런 것들이야말로 삶을 위한 핵심적인 EQ능력이자, 본서에서 논의되었던 문제들의 전부 내지는 대부분을 치료할 수 있는 처방의 일부가 되어 준다.

이런 능력들이 예방할 수 있는 특정 문제의 수는 거의 무한하다. 예를 들어, 원하지 않는 10대의 임신이나 10대의 자살에 대처하는 등의 문제에서 EQ능력의 역할이 필요한 여러 유사한 사례들을 우리는 얼마든지 가정할 수 있다.

물론 이 모든 문제점들의 원인은 서로 복잡하게 얽혀 있다. 그 중에는 다양한 생리적인 기질, 가정사, 빈곤에 대한 정책, 거리의 문화 등이 마구 혼합되어 있다. 따라서 한 가지 감성을 목표로 한 단일 개입 정책만으로는 절대로 전체적인 과업을 수행할 수 없는 것이다.

그러나 감성적 결손이 아이들의 위기를 더욱 악화시키고 있는 만큼-실제로 그 결손이 위험성을 상당히 높이는 것을 우리는 계속 목격해 왔다-우선적으로 모든 주의력이 그들의 EQ능력 개발에 집중되어야 할 것이다. 그것도 다른 해결책을 배제한 상태에서가 아니라, 함께 어울리는 과정에서 이루어져야 한다. 다음 마지막 장에서는 EQ 교육에 관한 전반적인 사항들을 다룰 것이다.

제16장

학교에서의 EQ교육

국가의 최대의 희망은 젊은 세대를 올바르게 교육하는 것에 달려 있다.

에라스무스

마루 바닥에 인디언 대형으로 앉아 있는 15명의 5학년 학생들을 대상으로 한 색다른 출석 부르기가 있다. 교사가 이름을 부르면 학생들은 학교에서 표준처럼 되어 있는 공허한 "네"라는 대답 대신에, 자신의 기분에 숫자를 덧붙여 대답한다.

1은 침울한 기분을 의미하고, 10은 높은 활력을 의미한다. 오늘은 모두들 활기가 있다.

"제시카."

"10. 신이 납니다. 금요일이니까요!"

"패트릭."

"9. 즐거워요. 신경은 좀 예민하지만요."

"니콜."

"10. 즐겁고 행복해요."

이것은 샌프란시스코에서 가장 큰 은행을 설립한 크로커 가문의 대형 목사관(牧師館)을 개조해 만든 뉘에바학습센터에서 진행되는 자아 과학 시간의 수업 모습이다.

샌프란시스코 오페라 하우스를 축소한 모습과도 흡사한 이 건물에서는 EQ교육의 모형 개발을 위한 실험적인 사립 학교가 운영되고 있다.

자아 과학의 주제는 감정이다. 감정에는 자기 자신의 감정과 인간관계에서 분출되는 감정이 포함된다. 따라서 각각의 화제들도 그 속성상 어린이의 생활을 이루고 있는 감성적 조직망에 교사와 학생이 함께 집중할 것을 요구한다.

현재 미국내 대부분의 학교에서 무시되고 있는 현상이다. 이에 관련된 수업 전략으로써는 아이들이 실생활에서 느끼는 긴장이나 충격들을 그날의 소재로서 이용하는 방법 등이 포함된다. 수업 중에 교사는 따돌림당함으로써 겪는 상처, 시기심, 교내 싸움으로 번질 수도 있는 불화와 같은 실제적인 문제들을 주로 다룬다. 자아 과학 커리큘럼의 개발자인 뉘에바의 카렌 스톤 매카운 교장은 말한다.

"이곳의 학습은 아이들의 감정과 별도로 이루어지지 않는다. 학습에서의 EQ능력이란 수학이나 국어 수업 만큼이나 중요하기 때문이다."[1]

자아 과학은 현재 미국 전역에 번져 가고 있는 신개념이자, 선구적인 이론이다. 이를 다루고 있는 강좌 명칭들도 '사회성 개발'이나 '삶의 기술', 또는 '사회성과 감성의 학습' 등으로 다양하게 불리워지고 있다.

그런가 하면 일부 학자들은 하버드 대학의 하워드 가드너 박사의 '다중 지능'이란 개념을 원용하여 '인격 지능'이란 용어를 쓰기도 한다.

명칭이야 어찌 되었던지 간에 이들 모두의 공통적인 목표는 아이들에게 정규 교육 과정을 통하여 EQ능력 수준을 향상시키는 데에 있다. 이것은 위기에 처해 있거나 '문제아'로 분류되는 아이들에게만 실시되는 치료 차원의 지도를 넘어서 모든 어린이들이 개발하여야 하는 필수적인 기술과 이해의 총체인 것이다.

EQ능력 개발의 교육 과정은 어느 정도 1960년대의 정서적 교육 운동에 뿌리를 두고 있다. 그 당시 이 운동의 기본적인 사고는, 심리적이고 동기 부여적인 교육은 관념적으로 가르쳐지는 내용에 즉각적인 경험을 병행시킬 때 심오하게 이루어질 수 있다는 것이었다.

이에 비해 EQ능력의 교육은 정서적 교육이란 용어를 거꾸로 생각하고 있다. 즉, 교육을 위해 정서를 이용하는 것이 아니라, 정서 자체를 교육시키자는 것이다.

최근에 와서 이러한 종류의 교육 과정과 이의 확대를 뒷받침하는 추진력이 일련의 학교 단위 예방 프로그램에서 두드러지게 되었다. 즉, 이러한 프로그램들은 10대 흡연, 약물 남용, 임신, 퇴학, 최근 특히 빈번해진 폭력에 이르기까지의 특별한 문제들을 주요 대상으로 하고 있다.

제 15장에서도 일부 살펴보았듯이, 그랜트 박사가 중심이

된 예방 프로그램협회에서 밝힌 바에 따르면, 충동 억제, 분노 관리, 사회적 곤경의 창조적 해결책 모색 등과 같은 EQ능력의 핵심 내용을 함께 가르칠 때 학교 교육은 광범위한 효과를 보는 것으로 나타난다.

현재 이러한 원리에 바탕을 두어야 하는 새로운 개입의 세대가 출현하고 있다.

제 15장에서 살펴보았듯이, 공격성과 우울증 같은 문제를 야기하는 EQ능력의 결함을 타개하기 위해 설계된 개입 활동은 아동들을 위한 충격 완화제로서의 효과가 충분히 입증된 바 있다.

그러나 이렇게 훌륭하게 설계된 개입들이 아직까지는 연구실의 심리학자들을 중심으로 한 실험으로 추진되고 있을 뿐이다. 이제 취해야 할 단계는 이렇게 고도로 집중화된 프로그램에서 얻어진 교육 내용을 일선 교사를 중심으로 예방 수단 차원에서 학교의 전 학생들에게 가르칠 수 있도록 일반화하는 일인 것이다.

예방 차원에서의 보다 정교하고 효과적인 접근 방식으로는 AIDS나 마약 등의 문제점에 대한 정보를 청소년들이 처음으로 이런 문제점에 노출되는 시점부터 제공하는 방법도 포함된다. 그러나 가장 중요하고도 실행적인 주제는 앞의 문제점들에 관련하여 항상 명심하고 있어야 할 핵심적인 능력인데, 그것이 바로 감성지능EQ인 것이다.

학교 교육에 EQ능력을 포함시키는 새로운 운동은 감성적 사회적 삶 자체를 주제로 삼는 것이기 때문에 아이들의 삶에 급박한 국면이 드러나더라도 이를 부적절한 침투 현상으로 간주하지 않고, 설령 이 국면들이 폭발 단계에 이르더라도 지도 교사나 교장실을 통한 임시적인 훈육에 의존하지 않는 것이 필요하다.

이 프로그램에 의한 교육 과정은 언뜻 보기에는 너무도 평범하여 그것이 다루는 급박한 현안들을 제대로 해결할 것 같지 않게 보이기도 한다. 그러나 그렇게 비쳐지는 이유는 그 교육 과정이 마치 집에서 시행되는 훌륭한 육아 방법처럼, 수년 간에 걸쳐서 정기적으로 꾸준히 이루어지면서 소규모의 의미 있는 효과만을 거두기 때문일 것이다.

그러나 그런 것이 진정한 EQ교육이 뿌리 내리는 방식이다. 경험이 반복되면 우리의 두뇌는 강화된 경로로서 또는 어려움, 좌절, 상처를 겪을 때 이에 반응하는 신경적 습관으로서, 이것들을 투영하게 된다.

그래서 하루하루의 EQ학습이 비록 세속적인 것처럼 보일지라도, 그런 과정을 통해서 우리의 미래에 없어서는 안될 출력물인 성실한 인간이 만들어지게 되는 것이다.

협동학습의 교훈

여기서 자아 과학의 수업 시간과 우리가 기억하는 일반적인 수업 장면을 비교해 보자.

5학년 학생들이 협동 사각형 게임을 하고 있다. 이것은 학생들이 팀을 이루어 여러 개의 사각형이 되도록 퍼즐 조각 맞추기 게임을 하는 것인데, 이때 모든 단체 행동에는 어떠한 말도, 어떠한 제스처도 없이 이루어져야 한다는 규칙이 있다.

담당 교사인 바가 선생님은 학급을 세 집단으로 나누고, 각 집단에 하나씩의 책상을 배정한다. 다음 게임에 익숙한 3명의 관찰자들을 선발하여 이들에게 조직성이 우수한 사람은 누구이고, 장난꾸러기는 누구이고, 훼방자는 누구인가를 기록하는 평가표를 한 장씩 나누어 준다.

학생들은 퍼즐 조각들을 책상 위에 쏟아 놓고 게임을 시작한다. 1분 정도면 특히 우수한 팀이 드러난다. 이들은 몇 분 안에 게임을 끝낸다. 4명으로 구성된 그룹들 가운데 두 번째 팀은 개별적으로 작업하는 스타일로서, 서로 자신의 문제만을 해결하려는 평행적인 노력만 반복하기 때문에 아무 것도 완성하지 못한다. 그러다가 서서히 집단 작업 체제에 들어가면서부터 첫번째 사각형을 만들게 된다. 그리고는 한 공동체로서 손발을 맞춰 가며 모든 작업을 완성한다.

그 동안 세 번째 그룹은 온갖 노력을 기울이고 있지만, 겨우 하나가 완성되었을 뿐이다. 그나마도 사각형이라기보다는 사다리꼴에 가깝다. 숀, 페얼리, 라만의 세 아동은 아직도 다른 두 팀이 보여준 조화로운 협력 체제를 구성하지 못하고 있다. 그들은 실망스러운 표정을 감추지 못하며 아무 퍼즐 조각이나 닥치는 대로 갖다 맞춰 대면서 여러 가지 가능성을 찾아내려고 하지만, 일부만 완성될 뿐 항상 무엇인가가 빠져 있는 상태에서 멈추게 된다.

이들 사이에 번져 있던 긴장감은 라만이 2개의 조각을 집어 눈을 가려 배트맨 흉내를 낼 때 동료들이 낄낄거리면서부터 조금씩 풀린다. 이때가 하루의 학습에서 가장 중요한 순간일 수 있다.

바가 선생님이 격려를 한다.

"여러분 중에 끝마친 사람은 아직 못 마친 사람에게 한 가지씩 힌트를 주어도 좋아요."

다간이 아직도 분투 중인 그룹 주위를 슬며시 배회하더니 사각형에서 삐져 나온 두 조각을 가리키며 다음을 암시한다.

"이 두 조각을 다른 데로 옮겨 맞추면 되잖아."

집중하느라고 이마에 주름을 짓고 있던 라만이 갑자기 새로운 형태를 이해했다는 듯이 조각을 집어서 맞추면 각 조각들은 첫 번째 사각형, 그 다음 사각형 순으로 정확히 들어맞는다. 세 번째 팀의 마지막 사각형이 맞춰지면 자연스럽게 박수가 터져나온다.

논쟁의 핵심

그러나 수업이 계속되면서 그들이 학습한 팀웍을 주제로 한 검토 작업에 들어가면, 보다 격렬한 논쟁이 진행된다. 키가 크고 스포츠형의 검은 머리를 부시시하게 기르고 있는 라만은 자기팀의 관찰자인 터커와 제스쳐 금지의 규칙을 놓고 한바탕 논쟁을 벌인다. 이마 위의 곤추선 머리칼 한 올을 제외하고는 단정하게 금발 머리를 빗어 넘긴 터커는 헐렁헐렁한 푸른 색 T셔츠를 입고 있는데, 그 가운데 쓰인 '책임감을 갖자'라는 글귀는 마치 그의 공식적인 역할을 강조하는 듯 하다.

"너도 퍼즐 조각을 건네줄 수 있었잖아. 그것은 제스쳐가 아니야."

터커가 라만에게 단호하고도 논쟁적인 어조로 말한다.

"하지만 그랬다가는 제스쳐를 썼다고 했을걸!" 라만이 강력하게 주장한다.

바가 선생님은 이들의 의견 교환이 커지는 목소리와 공격적인 소리지르기로 발전하기 전에 그들의 책상으로 다가선다. 이것은 중요한 시점으로서, 격한 감정들이 마음대로 교환되는 순간이다.

이 순간이야말로 미리 가르쳤던 학습 내용이 힘을 발휘하는 순간이자, 새롭게 적절한 학습이 제공될 수 있는 때이다. 그리고 모든 훌륭한 교사들이라면 알고 있듯이, 이때 적용되는 교훈들은 학생들의 기억 속에 언제까지라도 깊이 새겨지게 된다.

"지금 너희들 서로 헐뜯는 것은 아니겠지? 여태까지 훌륭하게 협력했으니까. 하지만 터커, 이왕이면 네 의견이 좀더 비난적으로 들리지 않도록 말한다면 더욱 좋겠구나!"

선생님이 이렇게 지도한다.

터커가 목소리를 가라앉혀서 다시 라만에게 말한다.

"너는 퍼즐 조각이 제대로 있어야 할 곳에 그것을 옮겨 놓을 수도 있었고, 제스쳐를 쓰지 않고도 다른 애들이 필요로 하는 것을 줄 수도 있었어. 제스쳐를 사용하지 않고, 단순히 건네주는 것만으로 말이야."

라만은 화가 풀리지 않은 어투로 대꾸한다.

"만일 내가 이렇게 했더라도,"
그리고는 순진함을 보이는 아이처럼 머리를 긁적이며 이렇게 말한다.
"너는 '제스쳐는 안돼!'라고 소리쳤을걸!"
어떤 것을 제스쳐로 볼 수 있는가에 대한 논쟁 이외에 라만의 분노에는 다른 무엇인가가 숨어 있는 듯 하다. 그의 시선은 끊임없이 터커가 작성한 평가표로 향한다. 아직 공식적으로 언급되지는 않았지만, 그 평가표야말로 라만과 터커 사이의 긴장을 야기했음에 틀림없다. 평가표에서 터커는 라만의 이름 밑에 '훼방자'라고 적어 놓고 있었던 것이다.
라만이 평가표를 보고 화가 난 것을 알아채고 선생님은 터커에게 말한다.
"라만이 자기에게 훼방자라는 부정적인 단어를 사용했다고 해서 불쾌하게 느끼고 있는 것 같은데, 너는 무슨 뜻으로 그것을 사용했지?"
"그것은 나쁜 뜻으로 적은 것이 아니예요."
터커는 이제 화해적 태도가 되어서 말한다.
라만은 그것을 납득하기는 어렵지만, 목소리는 한층 진정되어 있다.
"쟤 말 좀 들어보세요. 순 오리발이예요."
선생님은 긍정적인 측면으로 볼 것을 강조한다.
"터커가 그렇게 적은 것은 훼방으로 보이는 행동이라도 힘든 시간에는 기분 전환을 위한 행동이 될 수 있음을 말한 것이었을 거야."

"하지만"

이제 라만의 음성은 훨씬 중립적으로 변하였다.

"훼방자라는 말은 우리 모두가 노력하는데 혼자 이런 행동을 (그는 눈을 부라리고 뺨을 부풀려서 우스꽝스러운 코메디언 흉내를 낸다.) 취할 때나 붙이는 말이잖아요."

바가 선생님은 터커에게 감성적인 지도를 시작한다.

"너는 게임 진행을 도울려고 그랬지 결코 나쁜 의미로 훼방자라는 말을 쓴 것은 아니야. 하지만 그것을 전하는 방식에 잘못이 있었던 것 같아. 라만은 네가 자기의 말을 들어주고 자기의 느낌을 받아 줄 것을 바라고 있어. 또 라만은 훼방자와 같은 부정적인 말은 공평하지 않다고 느끼고 있어. 그렇게 불리는 것을 좋아하지 않는 거지."

그리고는 라만에게도 한마디 한다.

"네가 터커에게 말할 때 의견을 뚜렷이 밝히면서도 공격적이지 않은 것은 훌륭했어. 물론 너한테 훼방자라는 딱지가 붙는 것은 그리 즐거운 일이 아닐 거야. 네가 퍼즐 조각을 눈에 대고 장난칠 때, 너는 답답한 분위기에서 뭐 좀 재미있는 일이 없을까 하고 찾는 것 같았어. 하지만 터커는 그런 네 마음을 이해할 수 없었기 때문에 훼방자라고 적었을 거야. 그렇지 않니?"

두 소년 모두가 납득의 표시로서 고개를 끄덕이자 다른 학생들은 퍼즐 조각을 정리하기 시작했다. 교실의 작은 드라마도 이제 끝이 나고 있다.

"이제 기분이 좀 좋아졌니? 아니면 아직도 찜찜하니?"

선생님이 묻는다.
"예, 좋아요."
자신의 의견이 받아들여지고 이해되었음을 느낀 라만이 부드러운 목소리로 대답한다. 터커도 웃으면서 고개를 끄덕인다. 두 소년은 다른 아이들이 모두 다음 수업을 위해 다른 교실로 가버린 것을 알고는 함께 밖으로 뛰어나간다.

사후분석 : 분출되지 않았던 싸움

새로운 그룹이 교실로 들어오는 동안, 바가 선생님은 앞의 사건을 분석한다. 두 아이가 격앙된 감정을 교환하고 그것을 가라앉히는 과정은 그들로 하여금 갈등 해결 방법을 학습하는 계기가 되었다.

바가 선생님의 판단에 의하면 논쟁이 갈등으로 확대되는 것은 대부분이 커뮤니케이션 부재에서 제멋대로 추측하고, 결론으로 비약하고, '거칠게' 의견을 표현하여 다른 사람들이 듣기에 거북하게 만들기 때문에 발생하는 것이다.

자아 과학 교육 과정에서 학생들은 갈등을 회피하는 것이 아니라 처절한 싸움으로 악화되기 이전에 불화와 분노를 해결하는 방법을 배우게 된다. 터커와 라만이 분쟁을 초기에 해결하는 모습은 이런 학습이 가져오는 효과를 잘 보여주는 것이다. 이를테면 두 사람 모두 갈등을 확대시키지 않는 쪽으로 자신들의 견해를 표현하려고 노력하였다.

공격성이나 수동성과 구분되는 그러한 주장 설파 능력은

뉴에바 학습센터에서 보통 3학년 때부터 시작된다. 여기서는 자기의 감정을 솔직하게 표현하되, 그것이 공격으로 비화하지 않도록 가르친다. 두 아이가 처음 논쟁을 시작할 때는 어느 누구도 상대를 쳐다보지 않았지만 논쟁이 진행되면서부터는 서로 대면하고 시선 접촉을 시도하고, 서로의 의견이 받아들여지고 있다는 암시를 자기 의견 속에 포함시키는 이른바 '적극적 경청'의 모습을 보이기 시작했다.

이러한 수단을 실천하면서 여기에 적절한 지도가 뒷받침되면 이 아이들의 '주장 설파 능력'과 '적극적 경청'은 퀴즈 문제에나 나올법한 공허한 용어 이상의 의미를 갖게 된다. 즉, 긴급하게 필요할 때면 언제든지 사용할 수 있는 하나의 반응 양식이 되는 것이다.

EQ 영역의 정복이 특히 어려운 이유는 사람들의 새로운 정보 습득 능력과 새로운 반응 습관의 학습 능력이 가장 뒤떨어지는 혼란스러울 때에 이런 기술들을 익혀야 하기 때문이다. 이런 때 바로 지도가 필요한 것이다. 바가 선생님은 말한다.

"성인이든, 5학년 학생이든 혼란을 겪을 때 진정한 '자아 관찰자'가 되려면 타인의 적절한 도움이 필요하다. 그래서 가슴이 뛰고, 손에 땀이 나고, 신경 과민인 상태이더라도 자기 자신을 컨트롤하여 끝까지 비명을 지르거나, 비난을 하거나, 방어적인 입장에서 입을 다물거나 하지 않고, 상대의 이야기를 들어줄 수 있어야 한다."

초등학교 5학년 학생들의 악동 기질을 잘 아는 사람이라면 누구나 터커와 라만이 비난, 욕설, 고함지르기가 없이 자신의 의견을 밝혔다는 사실에 주목해야 할 것이다. 그리고 이들의 감정은 경멸적인 쌍소리나 주먹질이나 상대를 무시하고 밖으로 나가 버리는 사태에 이를 만큼 격화되지도 않았다. 전면적인 전투의 씨앗이 될 수 있었던 상황이 오히려 소년들로 하여금 갈등 해결의 실마리를 찾는 가능성을 높여 주었던 것이다. 이러한 과정을 통해 우리의 삶은 원만한 성숙으로 채워질 수 있는 것이다. 이것이 만약 다른 상황이었다면 어떠한 차이를 가져왔을까? 지금도 젊은이들은 길거리에서 아무 것도 아닌 하찮은 일을 가지고 매일같이 감정을 폭발시키고 있는 것이다.

그날의 관심사

자아 과학 수업의 출석 부르기를 위한 인디언 대형에서, 학생들이 대답하는 숫자가 항상 높은 것만은 아니다. 숫자가 아주 낮아서 1이나 2처럼 최악의 기분을 나타낼 때에는 "왜 그렇게 기분이 나쁜지 이야기해 줄 수 있겠니?"와 같은 질문으로 수업이 시작된다.

만약 학생이 스스로 자신의 생각을 밝힌다면(누구든지 자신이 원하지 않는 것을 말하도록 압력을 받지 않는다), 그것은 당사자로서 곤혹스러운 생각을 털어 버릴 기회이자, 문제점을 해결할 창조적인 방안을 고찰하는 기회가 되는 것이다.

여기에서 드러나는 문제점들은 학년에 따라 다르게 나타난다. 저학년의 전형적 관심사는 괴롭힘 당하기, 외톨이라는 느낌, 공포증 등이다. 6학년부터는 새로운 유형들이 나타나는데,

이를테면 이성 친구의 데이트 거절이나 따돌림을 당해 받는 상처, 미숙한 친구들, 청소년들에게 공통적으로 나타나는 곤경 (예를 들면 "큰애가 나를 괴롭혀요.", "친구가 담배를 피우는데 나한테도 피우라고 해요.") 따위이다.

이 모두가 아이들의 생활에서 주의를 끄는 사건들로서, 학교를 중심으로 한 주변 환경인 점심 시간, 통학 버스, 친구의 집 등에서 심심치 않게 목격되는 것들이다. 아이들은 많은 경우에 이런 이야기를 혼자만 간직한 채, 밤이면 잠 못 이루며 고민하고, 누구와도 같이 나누지 못하는 것이 십상이다. 자아 과학에서는 이러한 것들이 그날의 주제가 되는 것이다.

각각의 토론들은 자아 과학이 뚜렷이 지향하는 목표의 일부를 이루며 자아 의식과 타인들과의 관계에 대한 의식을 밝히는 계기가 된다.

비록 이 교육 과정은 정해진 학습 계획표에 따라 진행되지만 라만과 터커의 갈등과 같은 순간이 발생할 때는 이를 적절히 이용하는 탄력성을 갖기도 한다. 따라서 학생들이 가져오는 문제들은 모두가 생생한 견본이 되어, 예의 두 소년 사이의 격앙된 감정을 가라앉혔던 갈등 해결 방법처럼, 학습한 기술을 학생과 교사가 함께 적용하는 기회가 된다.

감성지능EQ 의 ABC

근 20년 이상 사용되는 동안, 자아 과학 커리큘럼은 EQ교육의 표본처럼 받아들여지고 있다. 뉴에바학습센터 매카운 교장에 따르면, 이곳의 수업 내용은 때로는 놀라우리만치 정교할 때도 있다고 한다.

"우리가 아이들에게 분노에 대해 가르칠 때는 그것이 거의 대부분 2차적인 반응이므로 그 이면에 무엇이 있는지, 예를 들어 상처를 받았는가? 아니면 질투하는가? 등을 살펴보아야 한다는 점을 이해시킨다. 우리 학생들은 감성에 대응하는 방법에는 항상 여러 가지가 있다는 것을 배우고, 아울러 그 방법을 많이 알면 알수록 삶이 더욱 풍요로워진다는 사실을 배운다."

자아 과학의 교육 내용은 EQ의 구성 요소들과 정확한 대응 관계를 이루고 있으며, 게다가 아이들을 위협하는 위험 분야들에 대한 기본적인 예방책으로서의 핵심적인 능력들이 포함되어 있다.

[자세한 항목은 부록 E를 참고하시오.][2]

여기서 가르치는 주제들로서는 감정을 인식하고 그에 어울리는 어휘를 부여하여 사고와 감정과 반응 사이의 연계성을 찾아낼 수 있는 능력으로서의 자기 인식, 다시 말해서 사고와 감정 중 어떤 것이 의사 결정을 지배하는지를 판단하는 것이다. 그리고 대안책이 가져올 결과를 예상하고, 이러한 통찰력을 마약, 흡연, 성문제 등의 의사 결정에 적용시키는 과정 등이 있다.

자기 인식은 또한 자신의 강점과 약점을 깨닫고 스스로를 긍정적이면서도 현실적인 조명 하에서 바라볼 수 있게 해주기도 한다. 그럼으로써 자존심의 존중만 강조하는 사고방식에 빠지기 쉬운 실수를 피할 수가 있게 된다.

또 하나의 포인트는 감정을 컨트롤하는 능력이다. 예를 들면 분노를 유발하는 마음의 상처와 같이 감정 뒤에 숨어 있는 것을 인식하고 불안, 분노, 슬픔을 다루는 방법을 학습하는 것이다. 그 외에 의사 결정과 행동에 책임을 지고, 한번 하기 시작했으면 끝까지 해내려는 동기유발적 태도도 역시 자아 과학이 주력하여 가르치는 항목이다.

가장 중요한 사회적 능력은 감정이입 능력이라고 할 수 있다. 다시 말해서 타인의 감정을 이해하고, 그들의 관점을 수용하며, 사람마다 느끼는 방식이 다른 점을 이해하는 능력이다.

이중 가장 집중하는 포인트는 상호 작용으로서, 여기에는 훌륭한 경청자와 질문자가 되는 방법의 학습, 즉 타인의 말과 행동 간의 차이나 자신의 반응과 판단의 차이를 구분하는 방법, 공격이나 수동적인 자세에서 벗어나 단호하게 자기의 주장을 펼치는 방법, 협력과 갈등 해결의 기술을 익히고 타협을 유도하는 방법의 학습 등이 포함된다.

자아 과학에는 성적이 따로 없다. 인생 자체가 마지막 시험의 장이 되는 것이다. 다만 8학년 말에 고교 진학을 위해 학생들이 뉘에바를 떠날 무렵에 소크라테스 방식의 구두 시험이 한 차례 치러진다.

최근 이런 유형의 질문으로는, "친구가 마약을 강요하는 사람, 또는 자주 괴롭히는 또 다른 친구로 갈등을 겪고 있을 때 이를 해결해 줄 수 있는 적절한 대응 방식은 무엇인가?" 또는, "스트레스, 분노, 공포를 다룰 수 있는 건전한 방식으로는 무엇이 있는가?" 등이 제시된다.

EQ능력 개발에 지대한 관심을 보였던 아리스토텔레스가 오늘날까지 살아 있다면 아마 그도 이러한 방식에 틀림없이 동의를 표했을 것이다.

저소득층 지역에서의 EQ교육

회의론자라면 자아 과학과 같은 교육 과정이 혜택받지 못한 환경에서도 가능할 것인가, 아니면 뉴에바와 같이 어느 정도의 혜택을 누리는 부유한 아이들이 다니는 소규모 사립 학교에서나 가능한 것인지에 대하여 당연히 의문이 생길 것이다. 즉, EQ능력의 개발은 정작 그것을 가장 필요로 하는 저소득층 거주 지역의 수많은 혼돈 상태에서도 교육될 수 있는 것인가?

그에 대한 대답은 뉴 헤이븐 시에 있는 오귀스타 루이스 트룹 중학교의 사례에서 찾아볼 수 있을 것이다. 이 도시는 뉴에바학습센터에 비하면 지리적 거리 만큼이나 사회적 경제적인 격차가 있는 곳이다.

물론, 배우려는 분위기에서는 트룹 중학교도 충분한 열성이 있는 곳이다. 이 학교는 트룹 과학 영재 아카데미로 유명하며, 뉴 헤이븐 시 전역에서 5~8학년 사이의 학생들을 뽑아 심화 과학 교육을 실시하려고 설립된 두 개의 학교 중의 하나이다.

이곳의 학생들은 위성 안테나를 이용한 전자 접속으로 휴스턴의 우주 비행사들에게 천체 물리학에 대하여 질문을 하거나 컴퓨터 프로그램을 이용하여 음악을 연주할 수도 있다.

그러나 이러한 학문적 분위기에도 불구하고 다른 많은 도시들이 그렇듯이, 백인들의 교외 이주나 사립 학교로의 전학 때문에 트룹 중학교에는 흑인과 히스패닉계가 전체 학생의 95%를 차지하고 있다.

또 다른 별천지인 예일 대학에서 불과 몇 블록 떨어지지 않은 트룹 중학교 주변은 쇠락하는 노동자 거주지역이지만, 50년대만 해도 올린 사와 윈체스터 사 등의 공장에서 2만명의 노동자들이 일하던 곳이다. 그러나 오늘날에는 고용 수준이 3천명 이하로 줄어들었으며, 그와 함께 이곳에 사는 가정들의 경제 수준도 위축되었다. 뉴잉글랜드 주의 다른 많은 공업 도시들이 그러하듯이 뉴 헤이븐 시도 빈곤과 마약, 폭력의 도시로 전락한 것이다.

이와 같은 도시의 위기 상황에 긴급 대응하여 1980년대에 예일 대학의 심리학자와 교육자들은 뉴에바학습센터의 자아 과학 커리큘럼과 아주 흡사한 분야들을 취급하기 위한 '사회성 강화 프로그램'을 계획하였다.

그러나 트룹 중학교에서 주제에 접근하는 방식은 좀더 직접적이고 실제적이다. 8학년 성교육 시간에 AIDS와 같은 질병을 피하기 위한 개인적인 의사 결정의 방법을 배우고 있는 것을 보더라도, 이곳에서 실시되는 과정을 단순한 학문적인 과정으로만 간주하기는 어렵다.

사실 뉴 헤이븐 시는 미국내에서 AIDS에 감염된 여성의 비율이 가장 높은 지역이다. 트룹 중학교에 아이를 보내는 어머니들의 상당수가 AIDS에 감염되어 있고, 일부 학생들도 피해를 입고 있다.

우수한 교육 커리큘럼에도 불구하고 트룹 중학교의 학생들은 하층민 거주 지역이 안고 있는 온갖 문제와 투쟁해야 한다. 최악의 상황은 아니더라도 여러 가지 혼란스런 가정 문제들로 인해서 며칠씩 학교에 못 나오는 학생들도 부지기수다.

뉴 헤이븐 시의 모든 학교들이 그러하듯이 이곳 트룹 중학교에도 교통 표지판과 흡사한 노란색 다이아몬드 모양의 표지판이 방문객을 맞이하게 되는데, 거기에는 '마약 금지 구역'이라는 경고문이 쓰여 있다.

건물 안에 들어서면 학습 과정 상담자이면서, 현안 문제들을 돌보는 전천후 관리인이자 사회성 강화 커리큘럼에 관해 교사들을 도와주기도 하는, 메리 엘렌 콜린스 여사가 기다리고 있다. 만약 어떤 교사가 어떤 식으로 학습을 진행할지 자신이 없다면 그녀가 직접 수업에 들어가 교수 방법을 시범하기도 한다.

"저는 이 학교에서만 20년을 가르쳤습니다."

콜린 여사는 이렇게 말하며, 이어서 말한다.

"우리 주변을 보십시오. 지금과 같은 엄청난 문제들을 안고 살아가는 아이들에게 학문적 지식만을 가르치는 것은 아무런 의미가 없답니다. 예를 들어 자신이, 또는 가족이 AIDS 문제로 고통을 겪는 아이들을 생각해 봅시다. 이들에게 AIDS를 주제로 한 토론 시간에 자신의 문제를 털어놓으라고 한다는 것은 무리겠지요. 하지만 교사가 학문적 주제를 떠나 그들의 감성적 문제점을 경청하려는 태도를 갖고 있다는 것을 학생들이 알게 되면 그 다음부터 대화의 길이 열리게 됩니다."

오래된 벽돌 건축물인 이 학교 3층에서는 앤드류 선생님이 5학년 학생들을 대상으로 일주일에 3번씩 받도록 되어 있는 사회성 강화 수업을 진행한다. 그녀는 5학년을 맡은 교사들과 함께 교수법을 배우기 위해 여름 강좌에 나가면서도, 자신의 젊음을 무기로 하여 사회성 강화에 관련된 여러 주제들을 적극적으로 도출하기도 한다.

오늘 수업은 감정의 확인에 관한 것이다. 이는 각각의 감정에 명칭을 부여하여 서로간의 차이를 구분하는 방법으로서, EQ능력의 핵심을 이루는 부분이다.

오늘 숙제는 잡지 등에서 사람의 얼굴을 오려온 뒤, 그 표정이 어떤 감정을 나타내는지를 명명하고, 그런 감정을 가졌다는 것을 어떻게 판단하는지를 설명하는 내용이다. 모든 숙제물을 모은 뒤, 앤드류 선생님은 칠판 위에 슬픔, 불안, 흥분, 행복 등 여러 감정 표현들을 적는다. 그리고는 그날 학교에 나온 18명의 학생들과 빠른 속도로 재치 문답 시간을 갖는다. 네 그룹으로 나뉜 학생들은 열심히 손을 들어서 선생님의 시선을 끌어 답변을 제시할 수 있도록 노력한다.

선생님은 칠판에 '좌절한'을 적으며 묻는다.

"한 번이라도 좌절감을 느껴본 사람이 있나요?"

모든 아이들의 손이 올라간다.

"좌절감을 느낄 때 어떤 기분이 들지요?"

대답이 쏟아져 나온다.

"피곤해요."

"혼란스러워요."

"제대로 생각할 수 없어요."
"불안해요."
칠판 목록에 '분노한'이란 말을 추가하면서 선생님이 다시 묻는다.
"이것은 내가 잘 알고 있는 단어이지요. 선생님은 언제 크게 화가 날까요?"
"모두가 떠들 때요."
한 소녀가 웃으면서 대답한다.
그 순간을 놓치지 않고 선생님은 프린트물을 나누어준다. 한 쪽 줄에는 소년 소녀들의 얼굴이 있는데, 각각은 6가지의 기본 감정인 행복, 슬픔, 분노, 놀라움, 두려움, 혐오 등을 나타내고 있고, 그 밑에는 각 감정에 대한 얼굴 근육 활동이 서술되어 있다. 예를 들면,

두려움 :
- 입이 벌어지고 뒤로 찡그려진다.
- 눈이 커지고 눈동자 가장자리가 위로 올라간다.
- 눈썹이 올라가고 양쪽 모두 일그러진다.
- 미간에 주름살이 잡힌다.[3]

사진을 흉내내며 각 감정들의 근육 움직임 방식을 따르는 동안에 아이들 얼굴에는 어느덧 공포, 분노, 놀라움, 혐오 등의 표정들이 떠오른다.
이런 방식의 수업은 사실 폴 에크만 박사의 얼굴 표정에

관한 연구에서 그대로 빌려온 것으로서 그 자체가 대부분의 대학 심리학 입문 과정에서 가르쳐지고 있으며, 드물게는 초등학교에서 가르쳐지기도 한다.

어찌 보면 감정에 이름을 붙이거나, 감정과 어울리는 얼굴 표정을 찾아보는 이러한 초보적인 수업은 너무나 뻔한 것이어서 가르칠 필요조차 없는 것처럼 보일 수도 있다. 그럼에도 불구하고 이 방식은 EQ능력 개발에 있어서 놀랄 만큼 일반화된 결함들을 교정하기 위한 수단으로서의 효과를 가지고 있다.

명심할 것은 학교 사회의 불량 아동들이 분노를 터뜨리는 것은 중립적인 의사 전달이나 표현을 적대적인 것으로 잘못 받아들이기 때문이고, 여자 아이들이 음식 섭취에서 장애를 겪는 것은 배고픔으로부터 비롯된 불안감과 분노를 구분하지 못하기 때문이라는 점이다.

별도 노력이 필요없는 자연스러운 EQ교육

새로운 주제와 일정들로 포화 상태에 이른 커리큘럼 속에서 과중한 업무에 시달리는 교사들이라면 당연히 별도의 시간을 내어 기초 과목과 관계없는 새로운 과정을 맡기를 꺼려 한다.

그래서 EQ교육의 새로운 전략에서는 신규 과정을 만들어내지 않고 이미 가르쳐진 다른 주제들에 맞춰서 감성 및 인간관계의 수업들을 혼합시키는 방법이 쓰이기도 한다.

이때 EQ학습 내용들은 자연스럽게 독서와 작문, 건강, 과학, 사회, 기타 표준 과목 등에 혼합되어진다.

뉴 헤이븐 시 지역의 학교에서는 '삶의 기술'이란 독립된 과목이 일부 학년에서 분리된 주제로 다루어지기도 하고, 다른 학년에서는 '사회성 개발 커리큘럼'이 설계되어 독서나 건강과 같은 과목에 섞여 들어가기도 한다. 심지어 주의가 산만한 시간을 줄이는 방법이나, 공부에 관심을 가지는 방법, 충동을 통제하여 학습에 전념하는 방법과 같은 기초적인 학습 기술 등이 수학 시간에 포함되기도 한다.

EQ능력 개발에 관한 이러한 프로그램들을 독립된 주제로 교과 과정을 편성하지 않고 학교 생활의 다양한 혼재 속에 그 내용을 반영시키는 것이다. 본질적으로 무형적인 감성 및 사회성 강화 과정이라고 부를 수 있는 이러한 접근 방식의 한 가지 유형으로서는 심리학자 에릭 쉡스 박사가 이끄는 팀에 의해 개발된 아동 개발 프로그램을 들 수 있다.

이 계획은 처음 캘리포니아 주 오클랜드 시에서 시작되었다가 지금은 뉴 헤이븐 시 슬럼가와 유사한 문제들을 안고 있는 미국 전역의 여러 학교들에서도 실시되고 있다.[4]

이 계획은 기존의 교육 과정에 적용시킬 수 있는 일련의 사전 준비된 자료들로부터 출발한다. 이를테면 1학년 학생들은 독서 시간에 '개구리와 두꺼비는 친구'라는 제목의 동화를 읽게 되는데, 이 글에서 개구리는 겨울잠을 자고 있는 친구 두꺼비와 놀고 싶어서 한 가지 장난을 쳐서 그를 깨운다. 이 동화는 다시 우정에 관한 토론 수업이나 누군가가 자신에게 장난을 칠 때 사람들이 느끼는 감정에 관한 주제로 활용된다. 그런가 하면 일련의 모험담들이 제시되어 자아 의식, 친구의 욕구에 대한 인식, 괴롭힘을 당할 때의 느낌, 친구에 대한 감정이입 등과 같은 주제들에 활용되기도 한다. 여기서 그치지 않고, 아이들이 초등학교에서 중학교로 진학할 무렵에는 점진적으로 복잡해지는 이야기가 정해진 커리큘럼에 따라 계속 제공되므로 교사들로 하여금 감정이입, 시각의 변화, 보살핌과 같은 다양한 주제들을 언제나 토의할 수 있게 해준다.

기존의 학교 생활 속에 감성적 교훈을 주입하는 또 다른 방법은 품행이 좋지 못한 학생들을 훈육할 때의 방식을 재고하는 것이다. 아동 개발 프로그램에서는 이런 순간이야말로 충동 억제, 감정의 확인, 갈등 해소 등 부족한 EQ능력들을 가르칠 수 있는 좋은 기회이므로 강압을 통한 방식보다 더욱 좋은 훈육 방법을 사용하도록 적극 권장한다.

예를 들어 점심 식사 시간에 식당 제일 앞에 서기 위해 돌진하는 3명의 학생들을 목격한 교사라면, 그들 각자에게 숫자 맞추기 퀴즈와 같은 것을 내어서 승리자에게 첫 번째 자리를 주는 것이다. 이때의 학습 내용은 사소한 분쟁을 해결하기 위한 공정하고 공평한 방식은 얼마든지 있다는 것이고, 좀더 심오한 교수법이라면 분쟁을 협상 대상으로 삼을 수도 있다는 메시지를 전달하기도 하는 것이다.

이러한 접근 방식은 아이들이 다른 유사한 논쟁을 해결할 때도 쓸 수 있는 방법이기 때문에, "그만두지 못해"와 같이 권위적이고 아무데서나 함부로 쓰이는 방법보다는 훨씬 긍정적인 메시지를 전해 줄 수 있는 것이다. 생활 전반에 걸쳐서 그렇지는 않더라도 '내가 먼저' 성향을 여러 장면에서 드러내는 저학년생들에게 있어서 이런 방식의 효력은 대단한 것이다.

EQ의 발달주기

"내 친구 앨리스와 린이 나와 함께 놀려고 하지 않아요."
 이것은 시애틀 시에 있는 존 뮈어 초등학교의 3학년 소녀에게서 나온 한탄이다. 이 익명의 여학생은 이러한 내용을 글로 적어 자기 학급에 있는 색칠된 박스인 '우편함'에 넣었는데, 이 우편함은 누구든지 불만이나 문제점이 있는 사람은 편지로 적어 넣어서 학급 전체가 그것에 대해 토론하고 함께 해결할 방법을 강구하도록 고안된 것이다.
 토론은 관련된 사람의 이름을 언급하지 않은 채 이루어진다. 교사는 모든 학생들이 때때로 이런 문제들을 함께 공유하고 처리하는 방법을 배워야 한다고 지적한다. 급우들끼리 외톨이가 될 때의 느낌과 참여하기 위해 취할 방도들을 함께 이야기하는 동안에 이들은 곤경에 대한 새로운 해결책을 도출하게 되는 것이다. 이러한 토론은 불화에 대한 유일한 해결책은 갈등 뿐이라는 경직된 사고에 대한 해독제가 될 수 있는 것이다.
 우편함은 학급의 주제가 되는 논의거리를 상당히 융통성있게 제공하는 기능을 한다. 왜냐하면 너무 딱딱한 안건은 아동기의 유동적인 현실 감각과 어긋나기 때문이다. 아이들이 변화하고 성장하면서 그들의 주요 관심사들도 함께 변하게 된다.
 EQ교육을 효과적으로 진행하기 위해서는 아이들의 발단 단계를 고려해야 하고, 연령에 따라 변화하는 그들의 이해력과 상황에 적절한 방법으로 실시하여야 한다.

한 가지 중요한 질문은 언제 시작하느냐이다. 이에 대해 일부 사람들은 출생 후 2, 3년도 결코 빠른 것이 아니라고 한다. 하버드 대학 병원의 소아과 의사인 브라젤톤 박사는 많은 부모들을 그들 자녀의 'EQ 스승'이 되도록 지도하는 가정 방문 프로그램 같은 것에서 효과를 얻을 수 있다고 주장한다.

물론 '두뇌 개발 준비과정'과 같은 취학전 프로그램에서처럼 체계적인 감성 및 사회성 강화 교육이 필요하다는 주장에 대해서는 논란이 있을 수 있다.

제 12장에서도 검토했듯이, 어린이들의 학습에 대한 준비도는 기본적인 EQ능력의 개발에 크게 좌우되기 때문이다. 학령기 이전은 기본적인 능력을 형성하는 데 결정적인 시기이다. 그리고 두뇌 개발 준비과정이 제대로 이행만 된다면 장기적인 감성적 사회적 효과 즉, 성년기에 이르기까지 영향을 미친다는 증거들이 있다.

이러한 과정을 거친 아이들은 마약 문제에 연루되거나 체포되는 경우가 적고 더 훌륭한 결혼생활을 하며 경제적으로 돈도 더 많이 번다는 것이다.[5]

이러한 개입 활동은 EQ의 발달 주기표에 따라 추진될 때 더욱 효과가 커지게 된다.[6]

신생아들은 울음소리에서도 드러나듯이 태어나는 순간부터 강렬한 감정을 가진다. 그러나 신생아의 두뇌는 성숙과는 거리가 멀다.

제 15장에서도 검토한 것처럼, 신경 체계가 최종적인 발달

즉, 내부의 생물학적 시계에 따라 유년기를 지나 청년기 초기에 도달하는 과정에 이르면서 아이의 EQ는 성숙해지는 것이다. 따라서 신생아들의 감성 목록은 5세 아이들의 감성에 비교할 때 아주 원초적일 수밖에 없으며, 반대로 5세 아이들의 감성을 10대와 비교해 보면 여러모로 부족한 점이 많은 것이다.

사람들은 아이들이란 성장해가면서 각 단계에 걸맞는 감성을 갖게 된다는 사실을 종종 잊어버리곤 한다. 따라서 아이들에게 자신의 연령을 뛰어넘는 성숙성을 보여 줄 것을 기대하는 과잉 오류에 자주 빠지는 것이다.

예컨대, 겸손함에 관련되는 자기 인식은 5세가 지나야 생기는 것임에도 불구하고 4살 짜리가 허풍치는 것을 과민 반응하여 질책을 퍼붓는 어리석음을 저지르는 것이다.

EQ의 발달 주기는 한편으로는 인지 능력의 발달 단계에 관련되고, 또 다른 한편으로는 두뇌를 포함한 생물학적 성숙 단계와도 밀접히 관련되어 있다.

이미 살펴 본 것처럼, 감정이입과 감성적 자기 통제의 능력 등은 유아기부터 형성된다. 유치원 시기는 불안과 겸손, 질투와 시기, 자부심과 자긍심 같은 '사회적 감성'들이 최고조에 달하는 때인데, 이 모든 감성들은 타인과 자신을 비교하는 능력을 전제 조건으로 한다. 5세가 되어 학교라는 더 넓은 세계에 들어가는 것은 다른 의미로는 사회적 비교의 세계로 들어가는 것이다.

이러한 비교의 도출에는 외부적인 변화 뿐만 아니라 인기도든 매력이든 또는 스케이트 보드를 타는 것이든 특정 자질에 대해 나와 남을 비교하는 인지적 능력이 작용하는 것이다. 이 시기는 예를 들어, 언니가 전과목 A를 받으면 동생은 언니와 비교하여 자신을 '멍청하다'고 생각하기 시작하는 나이이다.

선구적인 EQ교육 프로그램들의 가치를 평가해 온 카네기 재단의 회장이자 정신과 의사인 데이빗 햄버그 박사는 초등학교와 중학교에 들어가는 변화의 시기야말로 그들의 적응을 위한 결정적인 두 가지 시점이라고 다음과 같이 말한다.[7]

"6세부터 11세까지의 아동들에게 있어서 학교라는 곳은 그들의 사춘기와 그 이후에 이르기까지 중대한 영향을 미칠 수 있는 가혹하고도 결정적인 시련의 시기이다. 아이들의 자아 가치감은 학교에서의 성취 능력에 의해 대부분 결정되기 때문에 학교에서 실패한 학생은 자기 패배적인 태도를 보이기 시작하면서 향후의 삶 전체에 어두운 그림자를 드리우게 된다."

아울러 햄버그 박사는 학교에서 배워야 할 핵심 사항으로서, 눈앞의 이익에 급급해 하지 않고 만족을 지연시키는 것, 적절한 방식으로 사회적 책임을 지는 것, 자신의 감정에 대한 통제력을 유지하는 것, 낙관적인 관점을 가지는 것 등 한마디로 감성지능EQ를 지적하고 있다.[8]

사춘기는 신체, 사고 능력, 두뇌 기능에 거대한 변화가 이루어지는 때이기 때문에 이 또한 EQ능력을 강화할 수 있는 중요한 시기이다. 10대에 대해서 햄버그 박사가 지적한 바에 의하면, 대부분의 청소년들이 10세에서 15세 사이에 성 문제, 알콜, 마약, 흡연 또는 기타 유혹에 노출된다고 한다.[9]

중학교로의 진학은 아동기의 종결을 의미하면서 동시에 자체적으로 엄청난 감성적 변화를 겪는 기간이다. 여러 가지 문제점들이 있지만 무엇보다도 이 시기의 아이들은 새로운 학교 체제로 들어감에 따라서 자기 확신의 격동과 자아 인식의 급전을 경험하게 된다. 즉, 자신에 대한 개념이 심각한 혼란을 겪는 것이다.

그 중 가장 큰 충격은 '사회적 자아 존중감' 즉, 친구를 만들고 우정을 유지할 수 있다는 학생으로서의 자신감을 중심으로 일어난다. 바로 이 순간이 가까운 인간관계를 키우는 능력과 친구 관계에서의 위기를 헤쳐 나가고 자신감을 기를 수 있는 중요한 시기라고 햄버그 박사는 지적한다.

학생들이 중학교에 들어갈 무렵부터 사춘기가 병행하는데, 이때 EQ능력을 학습한 아이들에게서는 뚜렷한 차이가 드러난다고 햄버그 박사는 밝히고 있다.

이런 학생들은 다른 아이들에 비해 동료와의 관계와 학업 성취도 상승에 따른 억압감이나 흡연 및 마약 복용에 대한 유혹으로부터 잘 견디어 낸다. 그들은 EQ능력을 충분히 습득했기 때문에 적어도 단기적으로는 새로 직면하게 될 혼란이나 압력에 대해 강한 저항력을 갖게 되는 것이다.

타이밍이 중요하다

발달 심리학자들은 감성의 성장 단계를 전체적으로 그려보면서, 감성지능EQ 전개의 각 지점에서 아이들이 학습해야 하는 내용은 무엇이고, 해당 시점에서 적절한 능력을 체득하지 못한 아이들이 겪을 수 있는 항구적인 결함은 무엇인가, 또한 어떠한 치유적 경험이 있을 때 부족한 부분이 보완될 수 있는지를 전문적으로 연구하게 되었다.

그에 따라 뉴 헤이븐 시 학교들의 프로그램에서는 저학년 어린이들에게 자기 인식, 상호 관계, 의사 결정 등에서의 기초적인 내용들을 가르친다. 1학년의 경우, 학생들은 빙 둘러 앉아 각 면에 '슬프다', '흥미롭다'와 같은 단어가 쓰인 '감정 주사위'를 굴린다.

그래서 자기 순서가 되면 각자는 그런 감정을 가졌던 시기를 서술하는데, 이 연습을 통해 자신의 감정을 단어에 확실하게 연계시킬 수 있고, 남들이 자신과 똑같은 감정을 표현하는 것을 들음으로써 감정이입을 배우는 기회도 갖게 되는 것이다.

친구와의 관계가 그들의 삶에 큰 중요성을 띠는 4, 5학년부터는 서로의 우정이 감정이입, 충동 억제, 분노 관리와 같은 문제에서 효과를 발휘하도록 하는 수업을 받는다. 예를 들어, '삶의 기술'이라는 과목에서 트룹 학교의 5학년 학생들은 다른 사람의 얼굴 표정에서 감정을 읽어내는 수업을 받는데, 이는 특히 감정이입 훈련을 위한 것이다.

충동 통제에 관해서는 6단계의 '정지 신호등' 포스터를 눈에 잘 띄는 곳에 게시하는 방법을 쓴다.

붉은 신호등 : 1. 정지하라, 진정하라, 그리고 행동하기 전에 생각하라.
노란 신호등 : 2. 문제점과 자신이 느끼는 감정을 말하라.

3. 긍정적인 목표를 설정하라.
4. 여러 가지 해결책을 생각해 보라.
5. 결과에 대해 미리 생각해 보라.
초록 신호등 : 6. 계속 노력하여 최선책을 실천하라.

 이상의 정지 신호등 개념은 아이들이 분노를 터뜨리려고 하거나, 사소한 모욕에 발끈하거나, 괴롭힘으로 눈물을 흘릴 때마다 규칙적으로 상기되어서 힘든 순간을 신중한 방법으로 처리할 수 있는 구체적인 수단이 되어 준다.
 이 개념은 단순한 감정 관리 수준을 넘어서 보다 효과적인 행동 방침을 제시하기 위한 것이다. 아울러 이 개념은 다루기 힘든 감정 충동을 관리하기 위한 습관적 방식 즉, 감정에 따라 행동하기에 앞서 생각하기로써 청소년기와 그 이후의 위험성을 관리하는 기본 전략으로 발전하기도 한다.
 6학년에서의 학습 내용들은 주로 아이들의 생활에 침투하기 시작하는 성 문제, 마약, 음주 등에 대한 유혹 및 압력 등에 직접적으로 관련되어 있다. 9학년 무렵부터는 10대라면 누구나 부딪치게 되는 모호한 사회 현실에 대해 보다 훌륭하게 대응할 수 있도록 다중적인 관점 즉, 내 자신의 관점과 다른 사람의 관점을 함께 취하는 능력이 강조된다.
 뉴 헤이븐 시의 중학교 교사는 이렇게 말한다.
 "우리 학교에서는 만약 자기 여자 친구가 다른 남자 아이와 이야기하는 것을 보고 화가 치밀더라도, 바로 그 아이와의 대치 국면에 들어가기에 앞서 당사자들의 관점으로 상황을 바라보도록 지도한다."

비행을 예방하는 EQ교육

EQ능력 개발에 관련된 많은 프로그램들 중에는 특수한 문제들, 특히 폭력과 같은 문제에 대한 대응책으로 개발된 것들이 있다. 이런 예방 중심의 EQ학습 과정 중 가장 빠르게 발전하고 있는 것은 '창의적 갈등 해소 프로그램'으로서, 현재 뉴욕시 소재 공립 학교와 전국의 수백 개의 학교들에서 실시되고 있다. 이 갈등 해결 학습 과정은 주로 심각한 사고로 발전할 수도 있는 교내 학생들 간의 말다툼을 해결하는 일에 집중하고 있다. 그와 같은 극단적인 예로서는, 제퍼슨 고등학교에서 학급 친구들에 의해 복도에서 총격을 당한 아이언 무어와 타이런 싱클러의 경우가 있다.

창의적 갈등 해소 프로그램의 창설자이며, 이 새로운 접근법을 연구하기 위해 설립된 맨해턴 전국 센터의 소장인 린다 랜티어리 박사는 이 프로그램이 단순한 충돌을 예방하는 것 이상의 임무를 띠고 있다고 주장한다.

그녀는 다음과 같이 말한다.

"이 프로그램은 학생들에게 수동적인 태도와 공격성 외에도 갈등을 해결하는 방법이 얼마든지 있다는 것을 가르치기 위해 개발되었다. 우리는 학생들에게 폭력의 허망함을 일깨우고 이를 구체적 기술로 대체하는 방법을 가르친다. 아이들은 폭력에 호소하지 않고 권리를 주장하는 방법을 배운다. 이것은 폭력적 성향을 보이는 학생들 뿐만이 아니라, 우리 모두를 위한 평생 기술이다."[10]

이 프로그램의 실습 유형 한 가지를 예로 들면, 학생들에게 과거에 자신의 갈등을 해결해 주었던 실제적인 방법을 사소한 것까지 기억하게 하는 것이다.

또 다른 유형을 보면, 숙제를 하려는 언니가 동생의 카세트에서 들리는 시끄러운 랩 음악에 진저리를 내는 장면을 학생들에게 연기해 보도록 하는 것이다. 화가 난 언니는 동생의 항의에도 아랑곳하지 않고 카세트를 꺼버린다.

그렇다면 두 자매를 모두 만족시킬 만한 방법은 없겠는지를 학급 전체가 머리를 모아 생각해 보는 것이다.

갈등 해소 프로그램의 성공에 필수적인 사항은 실천의 장을 교실에만 한정하지 말고 분노가 폭발할 가능성이 더욱 큰 장소인 운동장이나 학교 식당에까지 확대해야 한다는 점이다.

이를 위해서 초등학교 고학년들을 선정하여 조정자로서의 훈련을 받게 한다. 분쟁이 일어나면 학생들은 자신들의 문제를 해결해 줄 조정자를 불러서 도움을 받을 수 있다. 학생 조정자들은 싸움, 조롱과 위협, 인종 간의 문제, 기타 교내에 소요를 가져올 수 있는 여러 사항들을 다루는 방법을 학습한다.

조정자는 분쟁 당사자 모두가 공평하게 대하고 있다는 것을 믿을 수 있도록 자신의 의견을 말하는 방법을 익힌다. 이러한 전략으로는 분쟁 당사자들과 함께 앉아서 상대방이 말하는 내용을 일체의 간섭이나 모욕없이 경청하는 기술이 포함된다.

조정자는 양쪽을 진정시키고 각자의 주장을 밝히도록 한

다음, 그들이 했던 이야기를 요약해서 다시 말해줌으로써 그들 모두 자기의 주장이 제대로 전해졌다는 느낌을 갖도록 한다. 그리고는 양쪽 모두가 용납할 수 있는 해결책을 함께 강구한다. 당사자간에 합의된 내용은 종종 기록으로 남기기도 한다.

이 프로그램의 효과는 단순히 주어진 논쟁을 조정하는 차원을 넘어서 학생들로 하여금 불화 그 자체에 대해 다른 각도에서 생각해 보도록 지도하는 데에 있다. 초등학교에서 조정자 훈련을 받았던 엔젤 페레즈 군은 이렇게 말한다.

"덕분에 저는 생각이 바뀌었어요. 그전까지는 누군가가 까불거나 시비를 걸면, 그와 한바탕 싸움을 붙여서 뭔가를 보여주어야 한다고 생각했어요. 그러나 이 프로그램에 참여하고부터는 긍정적으로 생각하게 되었습니다. 이제는 누가 나에게 부정적인 행동을 하더라도 똑같은 식으로 앙갚음하지 않고 문제점부터 해결하려고 노력하게 되었지요."

지금 그는 자신이 살고 있는 지역 사회에도 그 접근법을 적극적으로 확대시키고 있다.

창의적 갈등 해소 프로그램이 주로 폭력 예방에 집중되어 있다고는 하지만, 랜티어리 박사는 그 이상의 의미를 이 프로그램에 부여한다.

그녀의 관점은 폭력을 방지하기 위해 필요한 기술은 EQ능력 스펙트럼의 전 범위와 분리해서 생각할 수 없다는 사실로부터 출발한다. 예를 들어, 우리가 폭력을 예방하는 차원에서 지금 느끼고 있는 감정을 깨닫거나 충동이나 슬픔을 다루는 법을 아는 것은 분노를 적절히 관리하는 것 만큼이나 중요한 것이다. 그래서 훈련의 많은 내용들은 광범위한 감정들을 인식하고, 그것들에 이름을 붙이거나 감정이입하는 등의 EQ 기본 능력에 많은 강조가 주어진다.

랜티어리 박사는 자신의 프로그램의 효과를 평가하는 자리에서 '아이들끼리의 상호보살핌'이 증가하면서부터 싸움, 말다툼, 욕설의 현격한 감소가 이루어졌다고 자랑스럽게 밝혔다.

범죄와 폭력의 세계에 들어서려는 청소년들을 돕기 위해 모인 일련의 심리학자들에게서도 EQ능력 개발에 관해 이와 유사한 의견이 나왔다.

제 15장에서도 살펴보았던 것처럼, 이러한 유형의 아이들에 대한 수많은 자료들을 종합해 보면 이들 대부분이 밟는 궤적이 잘 드러나고 있다.

이들은 대개 초등학교 저학년 때부터 쉽게 충동이나 분노를 느끼는 것에서부터 시작하여, 초등학교가 끝날 무렵이면 사회성에 문제가 있는 아이로 낙인 찍히게 되고, 그때부터 자기와 비슷한 아이들이 있는 집단과 접촉하면서 중학생의 신분에 이미 범죄의 맛에 익숙해 지기 시작하는 것이다. 그리고 성인이 될 때 쯤부터 이들 대부분은 범죄자 리스트에 오르며, 아무 곳에서나 폭력을 행사하게 된다.

이런 아이들을 범죄 및 폭력의 구렁텅이에서 구출하기 위해 다양한 개입들을 계획한 결과, 또 다른 EQ능력 개발 프로그램들의 개발이 이루어졌다.[11]

여기서 만들어진 프로그램 중의 하나가 워싱턴 대학 마크 그린버그 교수가 주도하는 PATHS(Parents and Teachers

Helping Students: 학생들을 지도하는 학부모 및 교사) 커리큘럼이다. 현재 이 프로그램은 범죄와 폭력으로 향할 위험성이 큰 학생들이 가장 필요로 하고 있지만, 어느 특정 그룹에 말썽꾸러기라는 오명을 씌우지 않기 위해 학급 내의 다른 모든 학생들에게도 실시되고 있다.

 실제로도 이 교육 내용은 누구에게나 유익한 것이다. 여기에는 예를 들면, 학교 생활 초기부터 자신의 충동을 억제하는 능력을 익히는 따위가 포함된다. 이 능력이 부족한 어린이들은 학습에 주의력을 집중하지 못하기 때문에, 그로 인해 학업 성적도 뒤떨어지게 된다. 또 다른 교육 내용으로는 아이들에게 자신의 감정을 인식하게 하는 것이 있다.

 PATHS 커리큘럼에는 감정 별로 50개 과목을 설정해 두어서 가장 어린 아이들에게는 행복이나 분노와 같은 기본적인 감정들을 교육하고, 점차로 질투, 자존심, 죄의식 같은 복잡한 감정들을 가르친다. 감정 인식 시간에는 자신과 주변 사람들이 느끼는 것을 감지하는 방법과 적대감의 속성이 실제로는 자기 자신에게서 나온다는 점을 감안하면서 실제로 적대감을 갖는 때를 인식하는 방법 등을 배우게 된다. 이는 특히 툭하면 공격적인 성향을 보이는 사람들에게 중요하다.

 이중 가장 중요한 교육 내용은 당연히 분노의 컨트롤 방법을 가르치는 수업이다. 다른 감정들도 마찬가지겠지만 아이들이 분노에 대해 학습할 때 바탕을 이루는 기본적인 전제는 '감정 자체를 갖는 것은 괜찮지만' 이에 따른 반응은 좋은 것이 있는 반면, 그렇지 않은 것도 있다는 사실이다.

여기서 자기 통제 교육 방법의 하나로서, 앞서 뉴 헤이븐 시 소재 학교들의 과정에서 사용되었던 것과 똑같은 '정지 신호등' 연습을 하기도 한다. 그외의 학습 내용들로서는 아이들을 비행으로 이끄는 사회로부터의 소외에 대항하기 위한 하나의 방법으로써 우정을 가르치기도 한다.

교사의 EQ교육-새롭게 태어나는 학교

많은 아이들에게 있어서 가정이 삶의 굳건한 터전이 되어주지 못하는 현실에서 지역 사회가 아이들의 EQ능력의 결함을 보완할 수 있는 유일한 장소로 의지할 곳은 학교 뿐이다.

그렇다고 요즘처럼 대부분의 단체들이 도덕적 붕괴에 직면하는 현실에서 학교만은 굳건히 견딜 수 있을 것이라는 말은 아니다.

다만, 모든 아이들이 학교에 가기 때문에(최소한 출발은 이곳에서 시작하기에) 이곳은 아이들이 다른 곳에서 접할 수 없는 삶의 기본적인 교훈들을 제공하는 훌륭한 장소가 되어야 한다는 뜻이다.

EQ능력의 개발은 학교가 시급히 떠맡아야 할 확대된 임무 중의 하나로서 그 가운데에는 아이를 사회적 인간으로 만드는 것에 실패한 가정을 대신해서 기강을 바로잡는 일이 포함된다.

이 긴급한 임무에는 두 가지의 중요한 변화가 요구된다. 그 하나는 교사들이 전통적 임무 이상을 담당해야 하는 것이고, 다른 하나는 지역 사회가 학교와 긴밀한 관계를 맺어야 한다는 점이다.

우리는 여기서 실제로 EQ교육에 헌신하는 학교가 있는가의 문제보다는 이를 다루는 과정이 어떤 방식으로 운영되는가를 살펴보는 것이 훨씬 더 중요할 것이다. 그렇다면 이곳에서 만큼 교사의 자질이 중요한 주제가 되는 곳도 없을 것이다.

왜냐 하면 교사가 학급을 운영하는 방법 자체가 하나의 모범이면서, EQ능력의 유무에 대한 실제적인 사례가 되기 때문이다. 학생 한 명 한 명에게 대응하는 교사의 태도는 언제나 반 전체의 20~30명의 다른 학생들로부터 학습 교재로써 주목을 받게 되는 것이다.

모든 교사들이 EQ교육에 적합한 자질이 있는 것은 아닐 것이므로 이런 교육 내용에 적합한 교사의 선별에는 신중한 선택이 있어야 할 것이다.

우선 EQ 교사들은 학생들이 자신의 감정들을 자유롭게 토론할 수 있도록 해야 하는데, 많은 교사들은 이에 익숙하지 않거나 그런 방식을 원하지도 않는다. 더욱이 표준적인 교사 양성 교육에는 이런 종류의 교수법을 준비하도록 해 주는 내용이 거의 포함되어 있지 않다.

이런 이유로 해서 EQ교육 프로그램에는 유능한 교사들을 상대로 새로운 접근 방식에 의한 수주 간의 트레이닝을 집중하는 것이 포함되어져야 한다.

많은 교사들이 처음에는 자신의 트레이닝이나 일상 업무에서 생소한 주제를 다루기를 꺼리다가도, 일단 시도해 보려는 의지만 있으면 대부분이 의욕 상실보다는 만족감을 느끼는 쪽으로 기울어진다.

　뉴 헤이븐 시 소재 학교들에서 교사들이 새로운 EQ능력 과정을 가르치기 위한 트레이닝을 받을 것이라는 사실을 알고서는 31%가 불만족을 표했으나, 그 교육 과정을 학생들에게 1년간 가르친 뒤에는 90% 이상이 그에 대해 만족감을 표했고, 다음 해에도 역시 다시 가르칠 것이라고 대답했다.

EQ교육의 확대-학교와 지역사회의 연계

　EQ교육은 단순한 교사 트레이닝을 뛰어 넘어 학교의 임무에 대한 우리의 관점을 더욱 확장시켜서 이곳을 아이들의 삶을 위한 필수적인 교훈들을 학습할 수 있는 사회적 대리기관으로 인식하는 것을 요구한다. 즉, 교육의 고전적인 역할로의 회귀를 의미하는 것이다.

　이 거대한 설계에는 커리큘럼 명세서를 밝히는 것과는 다른, 교실 내외에서 벌어지는 기회들을 이용하여 개인적인 위기의 순간들을 EQ능력의 교육 내용으로 돌리는 기술을 필요로 한다. 이 기술은 또한 학교에서의 학습 내용들이 아이의 가정에서 벌어지는 사건들과 조화를 이루며 진행될 때 특히 효과가 있다. EQ능력 개발에 관한 많은 프로그램들은 부모들을 위한 특별 교실을 마련하여 아이들이 학습하는 것을 부모들에게도 가르치는데, 이는 학교에서 가르치는 것에 보충적인 효과를 가져올 뿐만 아니라, 부모들로 하여금 아이들의 감성 생활에 효율적으로 대처할 필요성을 느끼도록 하는 계기가 되기도 한다.

　이런 방식으로 아이들은 그들 생활의 모든 면에서 EQ능력에 관련된 끊임없는 메시지를 받게 되는 것이다. '사회적 능력 프로그램'의 개발자인 팀 쉬라이버 박사는 다음 같이 말한다.

　"만약 아이들이 식당에서 충돌을 겪을 때, 이들은 동료 조정자에게 보내진다. 그러면 조정자는 그들과 함께 앉아서 학급에서 배운 '남의 입장에서 생각하기' 기술을 써서 그 갈등을 함께 해결한다. 때로는 코치가 운동장에서의 갈등을 다루기 위해 이러한 기술을 사용하기도 한다. 우리는 부모들이 집에서 이러한 기술들을 사용할 수 있게 부모들을 위한 강좌도 개설하고 있다."

　이와 같이 EQ학습은 양측면적 강화 즉, 교실만이 아니라 운동장에서도, 학교만이 아니라 가정에서도 함께 이루어질 때 최적의 효과를 기대할 수 있는 것이다. 이는 다른 말로 학교, 부모, 지역 사회가 더욱 단단히 결속되어야 함을 의미하는 것이다. 이것이 이루어질 때 어린이들이 교실에서 배운 EQ능력이 학교로만 한정되지 않고 실제적인 생활 전반에서 검증되고, 실천되고, 첨예화될 가능성이 높아지는 것이다.

　이런 목적 하에 학교를 개혁할 때 사용할 수 있는 또 다른 방법은 학생들이 존중되고, 보살펴지고, 학급 친구나 선생님이나 학교 자체에 귀속되어 있다는 느낌을 가질 수 있도록 학교 문화를 '보살핌의 공동체'가 되도록 하는 것이다.[12]

　예를 들어, 가정 파괴가 심각한 뉴 헤이븐 시와 같은 지역에서는 학교가 중심이 되어 가정 생활이 불안정한 아이들을 돌볼 수 있는 봉사자들을 양성하기 위한 광범위한 프로그램을 제공하고 있다.

뉴 헤이븐 시 소재 학교들에서, 분별력 있는 성인들은 가정 생활에서 안정적으로 돌보아주는 부모가 없어서 비틀거리는 학생들을 위하여 자진하여 개인 상담자가 되거나 정식 친구가 되어준다.

간단히 말해서, EQ교육 프로그램을 위한 최적의 방안은 조기에 시작하고, 나이에 걸맞게 추진되고, 학교 생활의 전반에 걸쳐서 운영되고, 학교와 가정과 사회가 함께 노력하는 것이라고 할 수 있다.

비록 많은 부분들이 기존의 학교 생활과 조화를 이룬다고는 해도, EQ교육 프로그램의 도입은 커리큘럼 상의 중대한 변화를 가져온다. 또 새로운 프로그램을 학교에 도입하는데 아무런 장애가 없을 것이라고 믿는 것도 너무 안일한 생각인 것이다.

많은 부모들은 이러한 주제들이 학교가 다루기에는 너무나 개인적인 영역이기 때문에 그에 관련된 일들도 당연히 부모 자신들 몫으로 남겨야 한다고 믿는 경향이 강하다.

그러나 이런 주장은 부모가 실질적으로 그 주제들을 다룬다면 신뢰성을 얻을 수 있지만, 그렇지 못할 때는 설득력이 떨어진다. 교사들로서도 기초 학문과는 별 관계가 없어 보이는 주제에 하루 수업의 상당 부분을 할당하는 데에 주저할 수도 있다. 심지어 상당수의 교사들은 이러한 주제에 대해 익숙하지 못하기 때문에 학생들을 제대로 가르치지 못할 수도 있다.

이를 위해서는 모든 교사들을 상대로 한 트레이닝이 필요한 것이다. 아이들에 따라서는 이러한 수업이 자신들의 실제적인 관심사에 합치되지 않거나 사생활에 대한 침해라고 느낄 때 저항을 할 수도 있는 것이다.

마지막으로 높은 질적 수준을 유지해야 한다는 딜레머도 있다. 교활한 '교육 장사꾼'들이 터무니없게 설계된 EQ 프로그램을 퍼뜨려서 마약이나 10대 임신 문제와 같은 불행한 사태를 더욱 악화시키는 일이 없도록 해야 하는 것이다.

사실 또 이러한 어려움이 있기 때문에 EQ교육을 제대로 시도해 볼 가치가 있는 것이 아닐까?

EQ교육이 보장하는 인생의 성공

그것은 악몽과도 같은 사건이었다. 어느 날 팀 쉬라이버 선생님이 지방 신문을 펼쳤을 때, 그가 아끼던 중학교 졸업생이었던 레이몬트 군이 뉴 헤이븐 시의 거리에서 아홉 발의 총을 맞고 중태에 빠졌다는 기사가 실려 있었다.

쉬라이버 선생님은 나중에 다음과 같이 증언하였다.

"레이몬트는 185cm의 거대한 체구에 우리 학교 축구팀의 인기 있는 라인백으로서, 항상 미소를 잊지 않는 학생이었다."

그리고 이어서 말한다.

"그는 내가 이끌던 리더십 클럽에서도 적극적으로 활동하였다. 그 모임에서 우리는 'SOCS'라는 이름의 문제 해결 모형에 관련된 여러 가지 의견들을 주고 받았다."

SOCS란 상황(*Situation*), 선택(*Options*), 결과(*Consequ*-

ence), 해결(*Solutions*)의 약자로 이루어진 문제 해결의 4단계 방안을 말한다. 이는 현재의 상황과 그것에 대해 내가 느끼는 점을 밝히는 것으로부터 시작한다.

다음에는 문제 해결을 위해 어떤 선택을 취할 것인가를 생각하면서 그 결과를 추정해 본다. 마지막으로 한 가지 해결책을 선택한 뒤에 그것을 실행하는 것이다. 이 방안은 '정지 신호등' 방식이 좀더 발전된 형태라고 할 수 있다.

쉬라이버 선생님은 다음과 같이 회상했다.

"그때 레이몬트 군은 친구들과 함께 학교에서 압박감을 주는 문제들 예를 들어서, 여자 친구와의 갈등이나 동료와의 싸움을 피하는 문제 등을 처리하기 위한 이상적이면서도 효과적인 방안들을 강구하는 브레인스토밍을 매우 좋아했다."

그러나 그 정도의 빈약한 학습으로는 고등학교 졸업 후의 그의 삶을 구제하지 못했다. 거듭된 가난, 마약, 총기 사고의 구렁텅이 속에서 거리를 방황하던 레이몬트는 26세에 여기저기 총탄 구멍이 뚫린 몸을 붕대로 칭칭 감고 병원 침대 신세를 지게 된 것이다.

쉬라이버 선생님이 병원에 도착했을 때, 레이몬트는 말을 잇기 조차 힘든 상태였고, 그의 어머니와 여자 친구는 어쩔 줄을 모르고 있었다. 옛 스승을 본 레이몬트는 침대 쪽으로 다가오라는 몸짓을 하더니, 몸을 기울인 쉬라이버 선생님의 귀에 대고 이렇게 속삭였다.

"선생님, 내가 여기서 나가게 되면 앞으로는 꼭 SOCS 방법을 사용할 것입니다."

레이몬트는 중학교를 졸업한 뒤 힐하우스 고교를 다녔는데, 그곳에서는 아직 사회성 개발 교육 과정이 시행되지 않고 있었다. 그가 만약, 지금의 뉴 헤이븐 시 소재 모든 공립 학교 아이들이 그러하듯이 고등학교 때까지 일관되게 그런 교육 과정의 혜택을 받았더라면 그의 운명은 달라질 수 있었을까? 그 누구도 자신있게 '그렇다'고 할 수는 없겠지만, 여러 가지 징후들을 살펴보면 아무래도 긍정적인 쪽으로 기울어진다.

쉬라이버 선생님은 말한다.

"한 가지는 확실하다. 사회적 인간관계 문제의 해결 방식이 검증되는 곳은 교실 뿐만이 아니라 식당, 길거리, 가정도 포함된다는 사실이다."

뉴 헤이븐 시의 프로그램에 관해 교사들이 증언한 내용을 참고해 보도록 하자. 한 교사는 아직 결혼하지 않은 옛날 제자가 찾아와, '사회성 개발 수업을 통해 권리를 주장하는 방법을 배우지 않았더라면 지금쯤 자기는 미혼모가 되어 있을 것'이라고 말했다고 한다.[13]

다른 교사는 어머니와의 사이가 너무나 나빠서 대화만 시작되었다 하면 항상 비명을 지르는 것으로 끝나던 어느 여학생의 예를 들었다.

그 아이는 분노를 진정하기와 행동하기에 앞서 사고하는 방법을 배운 후로는 극한 상황에 이르지 않고도 대화로 충분히 해결하게 되었다고 그녀의 어머니가 직접 밝혔다고 한다. 트룹 중학교의 어떤 3학년 학생은 사회성 개발 수업 담당 선생님에게 쪽지를 건네 주었는데, 그 쪽지에는 그녀의 가장 친한 친구가 임신하였고, 어떻게 해야 할 것인가에 대해 상담할 사람이 아무도 없는 현실에서 자살을 계획하고 있다는 내용이 적혀 있었다. 그나마 그 학생은 이 선생님이라면 돌봐 줄 것임을 알고 있던 것이다.

다음은 뉴 헤이븐 시의 어떤 학교에서 저자가 사회성 개발 수업을 참관하던 중에 목격한 내용이다. 그 당시 교사는 학생들에게 다음과 같은 질문을 던지고 있었다.

"최근에 좋게 끝나기는 했지만 하마터면 싸움이 될 수도 있었던 사건을 겪은 사람 누구 없나요?"

통통한 12살 소녀가 손을 번쩍 들었다.

"저로서는 친구라고 생각해 왔던 한 여자애가 다른 아이들이 말하기를 저랑 싸우고 싶어한다는 거였어요. 그애들 이야기로는 이 여자애가 방과후에 학교 뒤편에서 만나자고 했다는 거예요."

그러나 그 여학생은 분노 속에서 상대에게 대항하는 방식 대신에 수업 시간에 권장된 접근 방법 즉, 성급한 결론을 내리기 전에 무슨 일이 있었는지를 정확하게 파악하는 기술을 사용하였다.

"그래서 저는 그 애한테 가서 왜 그런 소리를 했느냐고 물었어요. 그녀는 결코 그런 말을 한 적이 없다고 했어요. 우리는 당연히 싸우지 않았답니다."

이 이야기는 언뜻 보면 아무 것도 아닌 이야기처럼 보인다. 그러나 이런 이야기를 한 그 소녀는 이미 다른 학교에서 싸움 때문에 퇴학을 당한 경험이 있었다. 과거의 그녀였다면 먼저 공격을 한 뒤, 질문을 던지든가 아예 질문 자체를 하지 않았을 것이다. 그런 그녀가 가상의 적대자를 상대로 즉각적인 분노에 말려들지 않고 건설적인 방법으로 나설 수 있었던 것은 작지만 진실한 승리라고 할 수 있는 것이다.

아마도 EQ능력 개발의 수업에 의한 영향력의 징후 중 가장 뚜렷한 것은 이 학교의 교장 선생님이 나에게 보여준 통계자료 가운데 들어 있는 내용에서 찾을 수 있을 것이다.

이 학교에서 절대적으로 지켜지는 규칙 가운데 하나는 교내폭력에 말려든 학생은 정학을 당한다는 것이다. 그러나 EQ능력 개발 수업이 여러 해에 걸쳐 시행되는 동안 정학 횟수가 급격히 감소하였다.

"작년에 106건의 정학 처분이 있었지만, 올해는 3월 현재에 이르기까지 26건 뿐이다"

교장 선생님은 밝힌 말이다. (미국은 6월 경에 한 학기가 끝남: 역주).

EQ능력 개발이 가져오는 성과는 확실하다. 그러나 이러한 생생한 일화들과는 별개로, EQ능력 개발 과정을 거친 아이들에게 그것이 얼마만큼의 변화를 가져오는가 하는 경험적 의문이 생길 수도 있을 것이다. 자료에 따르면, 이런 과정이 하루 아침에 사람을 변화시키지는 못하지만, 학생들의 학년이 높아감에 따라서 그들의 태도와 EQ 수준에서의 뚜렷한 개선이 나타나는 것으로 밝혀지고 있다.

이것을 객관적으로 평가하는 방법은 여러 가지가 있겠지만, 그 중에 최상의 것은 학생들의 행동을 평가하는 제3의 관찰자를 두고, 이러한 과정을 받은 학생과 그렇지 않은 학생을 비교해 보는 것이다.

다른 방법으로는 한 학생이 그 과정을 수료하는 전후 시점을 추적 조사하여 교내 폭력이나 정학 횟수와 같은 객관적인 기준에서 어떤 행동 변화가 있었는가를 살펴보는 것이다.

이러한 평가를 종합해 볼 때, 아이들의 감성적 사회적 능력이나 교실 내외에서의 행동에 대해, 또는 학습 능력 등에 대해 EQ능력 개발 과정은 다음과 같은 광범위한 효과를 보이고 있음이 입증된다.

[부록 F를 참고할 것.]

감성적 자아인식
· 자신의 감정을 인식하고 구분해 내는데 있어서의 향상
· 감정의 원인을 이해할 수 있는 능력의 향상
· 감정과 행동 사이의 차이점 인식하기

감정 관리하기
· 좌절감을 잘 견디고 분노를 처리하는 자제력의 향상
· 말다툼, 싸움, 교실에서의 말썽의 감소
· 싸우지 않고도 분노를 적절하게 표현하는 능력의 향상
· 정학과 퇴학 횟수의 감소
· 공격적이고 자기 파괴적인 행동을 억제하기
· 자신, 학교, 가족에 대한 긍정적인 감정의 증가
· 스트레스 조절력의 향상

- 고립감과 사회적 불안감의 감소

감성의 건설적 활용
- 책임감의 강화
- 과업에 대한 집중력과 **주의력**의 향상
- 충동의 감소와 자기 통제의 강화
- 학업 성적의 향상

감정이입: 감정 읽어내기
- 타인의 관점에 대한 수용력의 강화
- 감정이입 능력의 향상과 타인의 감정에 대한 감수성의 증가
- 타인 의견에 대한 적극적 경청

인간관계의 혁신
- 인간관계를 분석하고 이해하는 능력의 증가
- 갈등 해소 능력과 협상을 통한 불화 타개 능력의 신장
- 인간관계에서의 문제 해결 능력 향상
- 커뮤니케이션에서 향상된 자기 주장과 화술(話術)
- 사회성의 향상과 사교성의 강화: 동료들과의 우정 및 참여 의식의 향상
- 동료들에게서 환영을 받으며 인기가 높아지기
- 배려심과 사려 깊음의 향상
- 사회에 대해서 긍정적이고 집단의 조화를 잘 이룸

· 공유, 협조, 원조 능력의 증가
· 다른 사람들과의 접촉에서 민주적인 성향을 보이기

 이 리스트에서는 특히 한 항목이 주의를 끈다. 그것은 EQ능력 개발 프로그램이 학생들의 학업 성취도와 행동 발달 상황의 개선을 가져온다는 점이다.
 이것은 다른 것들과 고립된 단일한 발견이 아니라, 연구를 통해 꾸준하게 되풀이된 발견이다. 따라서 많은 아이들이 자신의 혼란을 제대로 다루지 못하거나 경청력과 집중력이 떨어질 때, 또는 충동 억제와 과업에 대한 책임감과 학업에 대한 관심이 부족할 때, 이러한 능력을 지탱하는 EQ교육이 학습 성과의 면에서 커다란 향상을 가져오는 것이다.
 이런 의미에서 EQ능력의 개발은 학습 능력을 향상시키는 것이다. 요즘같이 '기본 원칙'들이 중시되고 정부 예산의 삭감이 강화되는 시기에도 이러한 프로그램들은 교육의 쇠퇴를 막고 학교가 주요 사명을 완수할 수 있도록 해 주므로 투자할 만한 가치가 충분히 있는 것이다.
 이러한 교육적 이익과는 별도로 EQ 프로그램은 아이들의 삶에서의 역할 수행을 돕고, 향후 더 나은 친구, 학생 또는 아들 딸이 되게 해 주며 미래에 훌륭한 남편과 아내로서, 근로자나 기업가로서, 부모로서, 시민으로서 자기의 역할을 확실하게 완수하는데 필요한 기초를 만들어 준다.
 모든 소년 소녀들이 EQ능력을 충분히 개발할 수는 없는 것이 지금의 슬픈 현실이지만, 그들이 거두는 성과에 따라 우리도 보다 나은 미래를 보장받을 수 있게 되는 것이다. 쉬라이버 선생님은 이렇게 말한다.

"도도히 밀려오는 파도는 모든 배를 물 위로 띄운다. EQ능력의 개발로 혜택을 받는 사람들은 문제아들만이 아니다. 모든 아이들이 함께 이익을 볼 수 있다. 이것은 인생 전체를 위한 예방 접종과도 같은 것이다."

민주주의의 묘미와 감성지능EQ

감성지능EQ가 의미하는 중추적 실체를 과거에는 '인성'이라는 용어로써 표현했다. '인성이란 도덕적 행동이 요구하는 심리적 근육'이라고 조지 워싱턴 대학의 사회학자 에치오니 교수는 정의하고 있다.[14]

그리고 시카고 학파의 창시자이자 실험주의 교육의 태두인 존 듀이 박사는 도덕 교육이란 추상적인 교훈이 아니라 실제적인 사건의 과정 즉, EQ교육의 형태로 학생들에게 교육될 때 효과를 거둔다고 했다.[15]

인성의 도야가 민주 사회의 기본이라고 가정할 때, 감성지능 EQ를 통해 이 기초를 보강할 수 있는 방안은 어떤 것일까를 생각해 보자. 인성의 바탕은 자기 수양이다.

아리스토텔레스 이후의 철학자들이 주장해 온 도덕적 삶은 모두 자기 관리에 근거한다. 그에 관련된 성품의 요체도 공부를 하는 것이든, 일을 끝마치는 것이든, 아침에 일찍 일어나는 것이든, 결국에는 자기 자신에게 동기를 부여하고 자신을 통제하는 것이 요구된다.

그리고 우리가 살펴보았듯이, 눈앞의 만족을 미루고 성급한 행동을 자제하는 행동 역시 중요한 EQ능력으로서 한때는 '의지'라고도 불리웠다.

"우리는 모든 일을 올바르게 하기 위해서 우선 우리 자신의 욕망, 격정 등을 통제할 필요가 있다."

토머스 리코나 박사는 인성 교육에 관한 자신의 저서에서 주장하고 있다.[16]

"감성을 이성의 통제 하에 두기 위해서는 의지가 필요하다."

자기 중심적인 관점이나 충동을 피하는 능력은 사회적인 이익도 가져다준다. 그것은 감정이입, 진정한 경청, 타인의 관점을 이해하는 역지사지(易地思之)로 향한 길을 열어 준다.

앞에서도 보았듯이 감정이입은 배려심, 애타주의, 동정심을 이끌어 낸다. 타인의 관점으로 사물을 볼 때, 우리는 편견에 의한 선입관을 깨우치고 고정 관념을 깨뜨리며, 서로의 차이에 대한 관용과 수용을 발전시킬 수 있다.

이러한 능력은 점점 더 다원화되어 가는 사회에서 더욱 요청되는 것으로서, 사람들이 서로 존중하면서 사는 것과 건설적이고 생산적으로 공개적인 의견 교환을 가능하게 해준다. 이러한 것들이 바로 민주주의의 기본적인 묘미(妙味)인 것이다.[17]

학교는 아이들에게 자기 수련과 감정이입을 심어 주어서 올바른 성품을 배양시키는 중심적인 역할을 수행하고, 그들이 진실된 시민적 도덕 가치에 공헌하도록 만들 의무를 가지고 있다고 에치오니 박사는 지적한다.[18]

이를 위해서 아이들에게 가치관을 강의하는 것만으로는 불충분하다. 학생들의 기본적인 EQ능력을 개발하기 위해서는 동시에 그것을 실천해야만 하는 것이다. 이런 의미에서 EQ교육은 인성 및 도덕성 그리고 시민의식의 깨달음과 실천에 초점을 맞추어야 하는 것이다.

맺음말

내가 이 책을 끝내려고 하고 있는 현재도 여러 심란한 신문기사 제목들이 시선을 끌고 있다.

첫 번째 기사에서는 미국에서 총기 사고가 사망 원인의 1위로서 드디어 교통 사고 사망률을 앞질렀다고 보도한다.

두 번째 기사는 작년의 살인사건 증가율이 3%였다고 한다.[19]

특히 아찔한 것은 두 번째 기사에서 한 범죄학자가 우리는 앞으로 10년 이내에 다가올 '범죄 태풍'의 전야에 놓여 있다고 전망한 것이다. 그가 그 근거로서 현재 14~15세의 10대에 의한 살인이 계속 증가하고 있는데 이 연령 집단은 바로 '미니 베이비 붐 세대'의 정점을 이루고 있다는 것을 들고 있다.

다음 10년 동안 이들이 18세에서 24세가 되면서부터 이 연령들의 폭력은 범죄 경력 중 절정에 이르게 될 것이다. 그런 징조는 이미 가시화되고 있다. 세 번째 기사의 내용을 보면, 1988년부터 1992년까지의 4년 간을 대상으로 한 법무부 통계에서 살인, 가중 폭행, 강도, 강간 등으로 기소된 청소년의 수가 68%나 증가했고, 그중 가중 폭행범으로 기소된 비율만 80%나 증가했

다고 한다.[20]

 이 10대들의 부모가 손쉽게 마약에 접근했던 세대라고 한다면, 이들은 단순한 총기 뿐만이 아니라 자동 소총에도 쉽게 접근할 수 있는 첫 세대라고 할 수 있다. 10대들의 총기 소지가 증가한다는 사실은 이전에 주먹 싸움으로 진행되던 불화가 이제는 총기 발사로 이어질 수 있다는 것을 의미하는 것이다. 지금의 10대들은 분쟁을 피하는 데 익숙하지 못한 세대이다.
 이들이 기본적인 삶의 기술에 그렇게도 미숙한 한 가지 이유는 같은 사회에서 살고 있는 우리들이 아이들에게 분노를 관리하고 갈등을 긍정적으로 해결할 수 있는 기본적인 능력들을 가르치지 않았을 뿐만 아니라, 감정이입, 충동 억제 등 기본적인 EQ능력들을 교육하지 않았다는 점에도 일부 기인한다.
 아이들이 배워야 할 감성적 교훈들을 우연에 맡기면서부터, 우리는 아이들의 완만한 두뇌 발육 과정에 맞춰서 필수적으로 이루어지는 EQ능력 개발의 기회를 헛되이 낭비하고 있는 것이다.
 교육 전문가들 사이에 EQ능력 개발에 대해 많은 관심이 집중되고 있음에도 불구하고, 이 과정이 실천되기까지 이르는 길은 아직도 요원하다고 할 수 있다.
 우선 대부분의 교사, 교장, 부모들이 그런 것이 존재하는지 조차도 모른다. 또 아주 훌륭한 교육 모형들도 교육계의 주류에서 벗어나 있어서 손가락으로 꼽을 만큼의 사립 학교와 수백 군데의 공립 학교에서 실행되고 있을 뿐이다. 물론 모든 문제에 대하여 무(無)대책이 하나의 대책이 될 수도 있다.

그러나 우리 자신이 알 수 있고 우리의 아이들이 직면하는 위기와 EQ교육 과정이 제공하는 희망을 생각해 볼 때, 우리는 우리 자신에게 냉철하게 질문해 보아야만 한다. 모든 어린이들에게 인생에서 가장 기본이 되는 EQ능력 요소들을 과연 우리들은 지금 이 순간에 교육하지 않아도 되는 것인가?

만일 지금이 그 때가 아니라면 도대체 언제란 말인가?

부록 *Appendix*

부록 A

감성이란 무엇인가?

　저자가 본서의 표제어로 붙인 '감성'이란 용어는 역사상의 오랜 시간 동안에 수많은 기존의 심리학자와 교육학자, 철학자들이 나름대로의 의미를 부여해온 어휘이다.
　옥스포드 영어 사전에서는 '감성'의 정확한 의미로서 "마음과 감정 그리고 격정의 동요나 혼란 즉, 격렬하거나 흥분된 정신 상태"라고 정의하고 있다.
　본서에서는 감성의 의미를 "하나의 감정과 그에 부수적으로 따르는 뚜렷한 사고 및 심리적 생리적 상태와 일련의 행동 경향"으로 규정하고 있다. 세상에는 수많은 감성들이 있고, 이의 혼합물, 변환된 양식, 미묘한 뉘앙스까지 따지면 그 수는 도저히 헤아릴 수 없을 정도이다.
　실제로도 우리는 말로 표현하기 힘든 미묘한 감성적 양태들을 경험하며 살고 있는 것이다.
　예로부터 수많은 학자들이 감성에서 어떤 것을 기본 요인으로 다룰 것인가 즉, 감성을 삼원색의 혼합물로 간주한다면 청색과 적색과 황색 중 어떤 것이 우선적인가라는 문제와 함께 그러한 감성의 기본이란 것이 존재라도 하는지를 끊임없이 자문해왔다.

그 결과, 모든 사람들이 동의한 것은 아니지만 다수의 학자들에 의해서 감성에 일정한 기본적 범주가 있음이 밝혀지게 되었다. 이 범주에 포함되는 기본적인 요소와 부차적인 요소들은 다음과 같다.

· **분노:** 격분, 광분, 분개, 격노, 안달, 원통함, 악의, 짜증스러운 마음, 번잡스러운 마음, 적대감 등. 심각한 경우에는 병적인 증오와 폭력 성향까지 포함됨.

· **슬픔:** 비탄, 비애, 쓸쓸함, 울적함, 우울, 자기 연민, 외로움, 낙담, 실의 등. 심각한 경우에는 병적인 우울증도 포함됨.

· **공포:** 근심, 불안, 무서움, 염려, 걱정, 우려, 당황, 안절부절못함, 두려움, 공포, 경악 등. 병리적으로는 공포증과 공황 발작증이 있음.

· **기쁨:** 행복, 쾌락, 안심, 충족감, 환희, 재미, 자부심, 성적 쾌락, 스릴, 황홀감, 희열, 만족감, 도취감, 들뜬 기분, 무아경 등. 심한 경우에는 조병(躁病: Mania)에 이름.

· **사랑:** 수용감, 친근감, 믿음, 친절함, 애호, 헌신, 동경, 심취 등. 종교적 사랑(Agape)도 포함됨.

· **놀라움:** 충격, 경악, 대경실색, 경이감 등.

· **혐오:** 멸시, 질시, 경멸, 증오, 싫음, 염증, 불쾌감 등.

· **수치:** 죄책감, 황당함, 유감스러움, 모욕감, 부끄러움, 후회, 치욕, 창피함, 뉘우침 등.

물론 이상의 목록이 감성의 범주화에 따르는 모든 문제들까지 해결해주는 것은 아니다. 이를테면, 슬픔과 공포의 복합체이자 분노의 한 변형물로 간주되는 질투는 어떻게 다루어야 할 것인가, 또는 희망과 신념, 용기와 관용, 확신과 평정 등의 덕목들은 어떻게 취급되어야 하는가, 전형적인 악덕으로 간주되는 감정들, 예를 들어 의심, 자만, 태만, 무기력, 권태 등은 어떻게 다룰 것인가 하는 문제점들이 여전히 남는다.

이에 대한 확실한 정답은 없다. 감성의 분류를 위한 과학적 논쟁이란 언제까지고 계속될 뿐인 것이다.

샌프란시스코 시에 소재한 캘리포니아 대학 교수인 폴 에크만 박사는 인간의 핵심적 감성은 몇 가지에 지나지 않는다고 처음으로 주장한 사람들 중의 한 사람이다.

그는 심지어 영화나 TV 같은 문명의 이기 조차도 접하지 못한 선사 시대의 사람들을 포함하여, 세계의 모든 문화권의 사람들에게는 보편적으로 네가지의 기본적인 감성 즉, 공포, 분노, 슬픔, 기쁨이 있음을 밝히고 있다. 그는 정교한 사진 기법을 이용하여 다양한 표정들을 찍은 사진들을 뉴기니아 원주민이나 고산 지대에서 고립되어 사는 시대의 부족들을 비롯한 다양한 종족들에게 보여주었다.

그 결과, 거의 모든 인종들이 유사한 기본적인 감성적 반응을 보인다는 사실을 발견해 내었다. 그러나 이러한 얼굴 표정의 보편성에 처음으로 주목했던 사람은 다름 아닌 진화론의 창시자인 찰스 다윈 박사*로서, 그는 일찍이 진화의 영향력이 인간의 중추신경계에 이러한 징후들을 만들어 놓았다고 보았다. 본서에서 저자는 기본적인 원칙의 선택을 위해 감성에 대한 고찰 방법으로서, 에크만 박사와 기타 학자들이 취한 범주 및 차원에 따른 구분 방식을 취하였다.

그 주요한 범주로는 앞에 언급한 분노, 슬픔, 공포, 기쁨, 사랑, 수치 등이며, 이를 인간의 감성 생활에서 끝없이 반복되는 미묘한 뉘앙스에 적용될 수 있는 사례들을 취하였다. 이 범주들 각각의 핵심 부분에는 감성적 중축이 자리잡고서 그에 관련된 부차적인 감성들이 파장의 형태를 띠며 폭넓게 퍼져나가는 모양을 취하고 있다.

이러한 감성 외부에는 기분이라고 하는 또 다른 외부적 파장이 있는데, 이는 기술적인 표현을 빌리면, 감성보다는 훨씬 약하지만 그 지속성은 훨씬 강한 변형된 감성으로 볼 수 있는 것이다. 예를 들어, 하루 종일 분노를 표출하는 사람은 없다. 대신에 이러한 분노가 촉발되기 위한 전 단계로서 하루 종일 심술이 나거나 짜증스러운 기분에 젖어 있을 수는 있다.

기분 보다도 더 바깥에는 '기질'이 있는데, 이는 우울하거나 온화하거나 쾌활하게 만드는 식으로 감성과 기분을 불러일으키는 것을 말한다. 그리고 이러한 감성적인 성향보다 더 바깥에는 임상적 우울증과 만성적 불안증과 같은 '감성 장애'들이 있는데, 이것들은 경우에 따라서 영속적인 중독 상태를 유도하기도 한다.

★ 다윈(Charles Robert D. Darwin: 1809~1882)

영국의 생물 학자. 대학에서 의학·신학(神學)을 배웠으나 마음에 차지 않아, 1831~1836년에 남반구를 항해하면서 지질·동식물에 대한 자료를 수집·연구하여, 유명한 진화론(進化論)을 제창하였음. 유물론에 근거를 둔 학설이라고 처음에는 교회의 비난을 받았으나, 죽은 후에는 웨스트민스터 사원에 안장(安葬)됨. 저서에는 『비이글 호 항해기』 『사육(飼育)·재배 동식물의 변이』 『종(種)의 기원』 등이 있음.

부록 B

감성적 정신의 여러 특징들

 우리의 행동 방식이 얼마 만큼의 감성적 편향성을 갖는가 즉, 어떤 때는 합리적인 듯이 보이다가도 곧잘 불합리함에 말려드는 성향이 얼마만큼 강한가 하는 점과 감성에도 나름대로의 원인과 논리성이 있다는 점이 감성적 정신의 과학적 모형을 통해 밝혀진 것은 아주 최근의 일이다.
 그중 가장 우수한 감성 정신의 평가 방법 두 가지는 캘리포니아 대학의 인간관계연구소 소장인 에크만 박사와 매사추세츠 대학의 임상 심리학 교수 엡스타인 박사가 제시한 것이다.[1]
 비록 두 사람이 중점을 두고 있는 과학적 증거들은 다르지만, 정신적 삶에서 감성을 구분해낼 수 있는 기본적인 특질들을 제시한다는 면에서는 일치하고 있다.[2]

신속하지만 깊이 없는 반응
 감성적 정신은 지성적 정신에 비해 훨씬 신속하기 때문에, 자신이 무슨 일을 하고 있는지를 파악할 겨를도 없이 행동으로 옮기고부터 보는 경우가 많다.

그러한 성급함에서 생각하는 마음의 특징으로 간주되는 신중하고도 분석적인 고찰 등은 일찌감치 배제된다. 이러한 성급함은 진화 과정을 거치는 동안에 가장 기초적인 의사 결정이나 주의를 기울여야 할 것, 또는 경계를 늦출 수 없었던 순간들, 예를 들자면 다른 동물과 대치하는 동안에 '먹을 것인가 먹힐 것인가?' 등과 같이 촌각을 다투는 의사 결정들을 중심으로 발전해왔다.

이러한 해답들을 생각해내는 것에 대해서 지나치게 많은 시간을 소비하는 생물들은 그들의 느린 행동 유전자를 물려받는 자손들을 제대로 번식시키지 못하게 되는 것이다.

감성적 정신에 의해 발현되는 행동에는 특히 강력한 확신이 따르는데, 이는 지성적 정신을 전적으로 혼동시킬 수 있는 사물을 능률적으로 단순화시켜서 파악하는 방식의 파생물이다. 흥분이 가라 앉은 뒤나 반응하는 중간에 우리들은 종종 이런 생각을 하고는 한다.

"내가 왜 이러고 있지?"

이것은 지성적 정신이 서서히 눈을 뜨기 시작했다는 징후이다. 그러나 감성적인 정신이 보이는 신속성에는 미치지 못한다. 감성의 자극과 그것의 분출에 이르는 과정은 대단히 순간적이어서, 인지된 사실을 평가하는 메카니즘에 걸리는 시간은 수천 분의 1초도 되지 않는다.

이와 같이 행동의 필요성에 대한 평가는 워낙 자동적이고 신속한 것이기 때문에 의식적인 인지 체계로는 미처 떠올릴 수가 없는 것이다.[3]

이러한 감성적 반응의 간편주의식 다양성은 우리가 현 상황을 제대로 파악하기도 전에 우리의 정신을 압도해버린다.

신속한 지각 체계는 첫인상이나 전체적 그림, 또는 눈에 띄는 현상을 중심으로 작용하게 된다. 그러나 그러한 속도 만큼의 정확성을 갖지는 못한다. 행동으로 나아갈 때에 사려 깊은 분석이 배제된 채 한꺼번에 순간적으로 반응해버리기 때문인 것이다. 생생한 요소가 전체의 인상을 규정하고 신중한 세부 사항의 측정 따위는 무시되는 것이다.

이러한 행동 양식의 가장 큰 장점은 감성적 현실('그가 나한테 화가 나 있다.' '저 여자는 거짓말을 하고 있다.' '이렇게 하면 그 사람이 슬퍼할 것이다')을 즉시 파악할 수 있기 때문에 누구를 조심해야 하고, 누구는 믿어도 되고, 누가 곤경을 겪는지 등을 본능적으로 판단할 수 있게 되는 것이다.

감성적 정신이란 위험을 탐지하는 레이더와도 같다. 따라서 만약 우리가(또는 진화를 거듭한 뒤의 먼 후손들이라도) 판단을 내리기 위해서 지성적 정신을 기다리다가는 그 결과가 단순한 판단 미스로 끝나지 않고 죽음까지 부르는 경우도 있을 수 있는 것이다. 감성적 정신의 단점은 그러한 인상이나 본능적 판단이 불시에 이루어지기 때문에 종종 오류나 착각으로 직결된다는 점이다.

에크만 박사는 우리가 미처 전후 상황을 깨닫기도 전에 감성이 뒤따라 앞지르는 현상이야말로 높은 적응력의 발휘를 위해 필수적인 조건이라고 주장한다. 즉, 그러한 신속성이 있기 때문에 긴급 상황을 만나더라도 우리는 반응할 것인가 말 것인가, 또는 어떤 식으로 대응할 것인가에 대해 생각하는 시간을 소비하지 않고 즉각적인 대응 태세를 갖출 수 있게 되는 것이다. 또한 그는 얼굴 표정의 미묘한 변화에서 감성을 측정하기 위한 시스템을 개발하여 2분의 1초도 안되는 순간에 얼굴을 스치고 지나가는 미세한 감성들을 추적하였다.

그와 그의 동료들의 연구에 따르면 특정 감성의 표현이 얼굴 근육의 변화라는 방식을 통해 등장하는 것이 그 감성적 반응을 유발하는 사건이 벌어진 뒤 단 수천분의 1초도 되기 전에 일어나는 것이다. 이때 특정한 감성에 따르는 전형적인 신체적 변화들 예컨대, 혈관 내의 맥박 확장, 증가하는 심장 박동 등도 단 몇 분의 1초 만에 이루어지는 것이다. 이러한 신속성은 갑작스러운 위협에 대한 공포와 같은 격렬한 감성에서 더욱 뚜렷이 드러난다.

에크만 박사의 기술적 표현을 빌리면 감성의 최고조란 아주 짧은 순간이기 때문에 며칠이나 몇 시간이 아닌, 단 몇 초 이내에 사라지는 것이 보통이라고 한다.

이러한 그의 이론은 하나의 감성이 환경 및 상황의 변화에도 불구하고 오랫 동안 신체와 두뇌를 장악하는 것은 적응성을 위해 바람직하지 않다는 사실에 근거를 두고 있는 것이다.

만약 하나의 사건에 의해 촉발되었던 감성이 그 사건이 해소된 뒤에도 주변 상황에 아랑곳하지 않고 계속 우리를 지배하게 된다면, 결국 감성은 부실한 행동 안내자로 전락할 수밖에 없는 것이다. 감성이 오랫동안 유지되기 위해서는 사랑하는 사람을 잃은 뒤에 계속 슬퍼하게 되는 경우처럼, 끊임없이 감성을 일깨우는 유인이 있어야만 한다.

그러나 이런 경우에도 몇 시간 동안 지속되는 감정은 감성의 일종이라기보다는 훨씬 순화된 형태인 기분으로 봐야 할 것이다. 기분도 물론 감성적 색채를 갖고는 있지만, 최고조의 감성처럼 우리의 인식과 행동 양식을 강력하게 형상화하지는 못하는 것이다.

우선 느끼고 그 다음에 생각

지성적 정신이 상황을 입력하고 이에 반응하기까지는 감성적 정신보다 많은 시간을 요하므로 감성적 상황에서 우선적으로 나타나는 충동은 머리에 앞서 가슴으로부터 먼저 발발한다. 반면에 신속성은 떨어지지만, 감정으로 발전하기 전에 일단 우리의 사고 내에서 기회를 엿보며 대기 상태로 있는 또 다른 유형의 감성적 반응도 있다.

이 두번째 감성 촉발의 경로는 대체로 신중한 형태를 띠기 때문에, 인식 가능한 일련의 사고들에 의해 인도되는 것이 보통이다. 이와 같은 감성적 반응에는 좀더 확장된 평가 방식이 자리잡는다.

그래서 어떤 감성이 야기되는가 하는 문제는 우리의 사고와 인식이 중요한 역할을 차지하게 되는 것이다. 따라서 하나의 평가-'저 택시 운전사가 요금을 속이고 있군' 또는 '이 아이는 참으로 사랑스럽네'-가 내려지면 이에 적합한 감성적 반응이 뒤따르는 것이다.

이와 같은 완만한 진행 순서에서는 뚜렷한 사고들이 감정에 앞서게 된다. 대체로 복잡한 방식의 감성들, 예를 들면 다가오는 시험에 대한 걱정이나 당혹감과 같은 것들은 대개 완전한 분출까지 수 초 내지 수 분을 소비하며 이러한 완만한 진행 순서를 따른다. 이것들이야말로 사고의 뒤를 잇는 감성들이라고 할 수 있다.

이와는 대조적으로 신속한 대응 방식의 감정들은 사고에 앞서거나 사고와 동시에 다발적으로 전개된다. 이러한 재빠른 감성적 반응은 생존 확보와 같은 긴급 상황에서 특히 부각된다. 그러한 신속한 의사 결정이 갖는 위력은 위급 상황으로 직결되는 순간에 우리의 행동을 인도한다는 점이다.

우리의 격렬한 감정들은 대부분 이러한 무의식적 반응의 형식을 보이기 때문에 그것이 언제 분출될지 모르는 것이 일반적이다.

"사랑은 의지와는 상관없이 나타났다가 사라지는 열병과도 같다."

일찍이 스탕달이 규정한 말이다. (Stendhal: 프랑스의 소설가·문예비평가·외교관. 현실적인 행동을 내포한 정밀한 심리 소설을 썼다. 리얼리즘의 선구자이자 근대 소설의 아버지로 불림<1783~1842>: 역주).

사랑 뿐만 아니라 분노, 두려움 등도 순식간에 정신을 지배하며 우리의 선택과는 무관하게 발생한다. 이런 이유 때문에 신속 대응 방식의 감정에는 변명이 뒤따른다.

에크만 박사는 말한다.

"자신의 감성에 대해 아무런 선택권이 없다는 사실 때문에 종종 사람들은 자신의 행위와 상반되는 설명을 할 때 감성의 포로가 되어 있었기 때문에 어쩔 수 없었다라는 핑계를 대는 것이다."[4]

　감성에 신속한 방식과 완만한 방식-전자는 즉각적 인식에 따라서 발생하고 후자는 일정한 고찰 뒤에 발생-이 있듯이, 감성에 따라서는 의도적으로 유도되는 것들도 있다.

　그 예로서는 극적인 효과를 위해서 자신이 겪은 과거의 슬픈 기억들을 떠올려서 눈물을 지어내는 전형적인 배우의 연기를 들 수 있다. 사실 사고를 통한 감정 유발이라는 이차적 경로의 의도적 활용은 배우보다 미숙하다는 점만 제외하고는 우리 누구에게나 보편적으로 일어나는 현상이다. 우리는 하나의 사고가 유발하는 특정 감성들까지 바꿀 수는 없지만, 무엇을 생각할 것인가 하는 것은 얼마든지 선택 가능하고 실제로도 자주 그렇게 한다. 성적인 환상은 성적 감정을 이끌어내고, 행복한 기억은 즐거운 기분에 젖게 하고, 우울한 생각은 회상에 잠기게 한다.

　그러나 지성적인 정신을 갖는다고 해서 어떤 감성을 갖게 될 것인가에 대한 결정권까지 장악하지는 못하는 것이다. 우리의 감정은 그저 하나의 기정 사실처럼 발생하기 때문이다.

　지성적인 정신이 통제할 수 있는 것은 그러한 마음의 진행 과정일 뿐이다. 특별한 경우를 제외하고는 우리는 언제 흥분하거나 슬퍼할 것인가를 결정하지는 못하는 것이다.

상징적 유아적 현실화

　감성적 정신의 논리는 다분히 연상(聯想)적이다. 그것은 현실화를 위한 방법으로서 현실을 형상화하거나 그것의 기억을 유발해내는 요소들을 갖는다. 이것이 바로 예술 즉, 소설, 영화, 시, 노래, 연극, 오페라 등의 경우에서처럼 은유, 직유, 또는 이미지가 감성적 정신에 직접적으로 호소할 수 있는 이유이다.

부처나 예수와 같은 인류의 위대한 정신적인 스승들은 감성적 언어를 이용한 비유법과 우화, 설화 등을 통한 교육으로 제자들의 마음을 사로잡았다. 사실 종교적 상징과 의식(儀式)이란 지성적인 눈으로 보면 대단히 비상식적인 것이다. 하지만 그것은 마음의 언어를 통해 우리의 정신 속에 파고들게 된다.

가슴의 논리인 감성적 정신은 프로이트에 의해 '원초적 절차'라는 개념으로 묘사되었다. 가슴의 논리란 종교와 시의 논리이고, 정신 이상자와 아동의 논리이며, 꿈과 신화의 논리다.

캠벨은 이를 두고 "꿈은 사적인 신화이며 신화는 공유된 꿈"이라고 말하였다.

원초적 절차는 제임스 조이스의 소설 『율리시즈』를 해석하는 열쇠이기도 하다. 원초적 절차에서 이야기의 흐름을 정하는 것은 자유로운 연상이다. 따라서 하나의 객체는 다른 객체를 상징하고, 하나의 감정은 다른 감정을 대체하며, 전체들은 부분들로 응축된다. 그곳에 시간이나 법칙, 인과 관계란 존재하지 않는다. 일차적 과정에서는 "No"란 단어가 없기 때문에 어떤 것도 가능하다. 정신 분석학은 결국 어떤 의미에서는 이러한 치환(置換)의 의미를 해독하고 파헤치는 작업이라고 할 수 있는 것이다.

감성적 정신이 이러한 논리와 법칙을 따르고 하나의 요소가 다른 것으로 치환되는 상황에서 사물을 객관적 정체성(正體性)에 의해 정의하기란 불가능하다. 중요한 것은 그것들이 인식되는 방식이자, 현재 보이는 상태인 것이다.

우리의 머리에 떠오르는 것은 때때로 실체보다 더욱 중요할 수 있다. 감성적 삶에서의 정체성은 한 부분이 전체를 일깨운다는 면에서 볼 때 홀로그램과도 비슷한 것이다.

엡스타인 박사도 지적하듯이, 지성적인 정신은 원인과 결과의 연계를 꾀하는 데 집중한다고 할 때, 감성적 정신은 어떤 사물이든 그것과 유사한 특징을 보이기만 하면 무차별적으로 상호 연계시키려는 특징을 갖는다.[5]

감성적 정신이 유아적이라는 것은 여러 가지 방식에서 드러난다. 또 그러면 그럴수록 더욱 강력해지기도 한다. 그런 방식의 한 가지로서는 모든 것을 흑과 백으로 나누고 회색은 인정하지 않는 '범주적 사고'가 대표적인 것이다. 따라서 어쩌다 하나의 실언을 내뱉고서도 '나는 왜 항상 엉뚱한 소리를 하지'와 같은 생각을 하는 것이다.

또 다른 유아적 방식에는 '자기 중심적 사고'가 있는데, 이는 교통 사고를 낸 뒤에 "공중 전화 기둥이 나한테 넘어졌기 때문"이라고 우기는 운전 기사의 경우처럼, 모든 것을 자기 중심적으로 편향해서 사물을 인식하는 태도를 말한다.

유아적 방식은 '자기 확신적 사고'이기도 해서 자신의 신념을 해치는 기억이나 사실은 억누르거나 무시하고, 오직 위안적인 기억과 사실에만 의존하는 것이다. 지성적 정신에서의 신념은 가설적인 것이기 때문에 새로운 증거가 나타나면 기존의 것을 언제든지 거부하거나 객관적 증거에 의해 추론된 새로운 개념으로 대체할 수 있다. 이에 반해 감성적 사고는 자신의 신념만을 절대적 진실로 믿기 때문에 이에 반대되는 증거들은 모두 평가 절하해 버리는 것이다. 우리가 감성적으로 흥분한 사람과의 논의가 불가능한 것은 바로 이런 이유에서이다.

합리적인 관점에서 자신의 주장이 아무리 견고하더라도 그것이 그 순간의 상대방의 감성적 확신성을 보장해주지 못할 때에는 아무런 설득력을 갖지 못하게 되는 것이다. 감성이란 나름대로의 인식 체계와 자체적 방어막을 갖고 있는 자기 합리화 정신인 것이다.

현재에 부과된 과거

어떤 사건의 특징들이 과거의 사건들로부터 비롯된 감성적 기억들과 유사할 경우에 우리의 감성적 정신은 과거의 사건들과 함께 사라졌던 감정들을 재자극함으로써 이에 반응하게 된다. 즉, 현재의 사건에 대한 감성적 정신의 반응이 마치 지금이 과거인듯이 이루어지는 것이다.[6]

이때의 문제점은 그 평가가 신속하고도 자동적으로 발생하는 경우에 한때는 진실이었지만 이제는 더 이상 그렇지 않다는 사실을 인식하지 못한 채로 진행될 수 있다는 점이다. 즉, 어릴 때 심한 구타 속에서 성장하는 과정에 남의 꾸중을 들으면 격렬한 두려움이나 혐오의 반응을 보이게 된 사람은 그러한 꾸중이 더 이상의 위협이 되지 않는 성인이 된 이후에도 그러한 반응을 상당 기간 동안 지속하게 되는 것이다.

감정이 강렬할 경우에 그로 인해 유발되는 반응 역시 명확한 모습을 띤다. 그러나 감정이 모호하거나 미묘하다면, 우리는 우리의 감성이 그 순간에 보이는 대응에 미묘한 변화를 가져오더라도 우리가 어떤 감성적 반응을 보이는지를 분명히 인식하지 못할 수 있다. 이때의 사고와 반응은 비록 그 순간의 상황에 기인하는 것처럼 보이기는 해도, 사실은 일련의 '채색화' 과정을 겪은 변질된 사고와 반응인 것이다.

동시에 우리의 감성적 정신은 지성적 정신을 재정비시켜서 자신의 목적에 봉사할 수 있도록 하고, 그럼으로써 우리는 감성적 기억의 영향 때문이라는 사실을 인식하지 못한 채 현 순간이라는 조건 하에서 자신을 정당화하는 감정과 반응 즉, 합리화의 설명꺼리들을 도출해내게 된다.

이런 의미에서, 우리는 현재의 상황을 정확히 알고 있다고 확신하면서도 실제로 무슨 일이 진행되는지 전혀 모르고 있을 수 있는 것이다. 이때야말로 우리의 지성적 정신은 감성적 정신에 끌려다니면서 그의 임의의 지시에 따라서 움직이게 되는 것이다.

상황 중심적 현실

감성적 정신의 작용은 다분히 특정 순간에 우위를 차지했던 특정 감정에 의해 지배되는 것이 보통이다. 따라서 우리가 낭만적인 기분일 때의 사고와 행동은 분노하거나 낙담할 때의 사고나 행동과는 크게 다른 것이다.

감성의 메카니즘 내에서 각각의 감정들은 독특한 사고, 반응, 기억이란 목록을 갖는다. 이러한 상황 중심적 목록은 격렬한 감성이 발생할 때 특히 두드러진다.

그러한 목록이 작동하고 있을 때 이를 구분할 수 있는 하나의 증거는 우리의 선별적 기억력을 통해서이다.

감성적 상황에 따른 정신의 반응은 과거의 기억과 선별적 행동들을 검토한 뒤에 가장 적합한 것이 기억 계층의 제일 윗부분에 자리잡도록 함으로써 언제든지 활성화될 수 있도록 하는 작업이 포함된다.

그리고 앞에서 이미 살펴 보았듯이, 각각의 주요 감성들은 특징적인 생리적 신호 체계를 갖게 되는데, 이는 특정의 감성에게 지배권을 부여해서 신체 전체를 장악하게 하는 전면적 변화의 패턴이자, 그것의 장악 하에 들어간 신체가 자동적으로 일련의 특이한 단서들을 발산하게 하는 패턴인 것이다.[7]

부록 C

공포에 관한 신경회로

편도는 공포의 중추이다. 신경 과학자들이 "S.M" (새디즘과 매저키즘의 성향을 모두 가진 사람: 역주)으로 부르는 환자들이 겪는 드문 두뇌 질환은 편도가 파괴되어서 공포가 그들의 정신 목록에서 사라지게 하는 질병이다.

이 경우 환자들은 공포의 표정을 짓지 못하는 것은 물론, 다른 사람들의 공포도 인식하지 못하게 된다. 신경 과학자들은 다음과 같이 말한다.

"이런 환자들의 머리에 총을 들이댈 경우에 그들은 무서워해야 한다는 것을 알고는 있으면서도 실제로 그런 감정을 느끼지는 못한다."

비록 지금의 연구 수준에서 완전히 파악된 감성의 회로는 없지만, 어쨌든 신경 과학자들은 최근 비교적 상세한 부분까지 공포의 신경 회로를 도식화하는데 성공하였다.

공포는 감성의 신경 역학을 이해하기 위한 가장 좋은 케이스이다. 공포는 진화 과정에서 특수한 현상을 보여왔으며, 이는 공포야말로 생존 측면에서 다른 어느 감성보다도 중요한 것이기 때문이다.

　물론 현대에 와서는 어긋난 공포로 말미암아 일상적인 해악들, 예를 들면 초조, 근심, 그리고 온갖 걱정들, 심한 경우에는 공황 발작증, 공포증, 강박 관념 장애 등에 이르기까지의 고통을 가져다주기도 한다.

　예를 들어, 당신이 집에서 책을 읽고 있는 어느 날 밤에 집안 어딘가에서 무엇인가 충돌하는 소리가 들렸다고 하자. 그 순간 당신의 머리 속에서 발생하는 현상을 살펴보면, 공포의 신경회로가 어떤 식으로 작동하고, 경계 시스템으로서의 편도는 어떤 역할을 수행하는지를 알 수 있는 것이다.

　우선, 관련된 두뇌 회로는 그 소리를 물리적 파장으로 흡수한 뒤에 이를 두뇌언어로 변형시켜서 놀라움에 대한 태세를 갖추도록 한다. 이 회로는 귀에서 뇌간, 뇌간에서 시상으로 이어져 있다. 시상에서는 다시 두 갈래의 분지가 뻗어나가는데, 그 하나는 편도와 그 옆의 해마로 향하는 작은 투사체들로 이루어져 있고, 또 다른 하나는 측두엽내의 청각피질로 향하는 비교적 큰 경로로서, 이곳에서는 소리가 분류되고 파악된다.

　기억들이 저장되는 주요 장소인 해마에서는 그 '충돌' 소리를 그전에 들어보았던 소리와 비교해서 친숙한 소리인가를 즉, 그 충돌 소리가 즉각적으로 인식 가능한 것인가를 판단하게 된다. 그 동안에 청각 피질은 보다 복잡한 분석을 통해서 그 소리의 근원이 고양이인가, 바람에 덧문이 닫히는 소리인가, 도둑인가? 등을 파악하고자 한다.

　청각 피질은 여러 가지 가설들 예컨대, 고양이가 책상 위의 전등을 떨어뜨린 것일 수도 있고, 도둑이 침입한 것일 수도 있다 등을 도출해낸 뒤에 그 메시지를 편도와 해마에게로 보내 신속하게 과거의 기억들과 비교하게 한다.

만약 그 결론이 바람만 불면 덜컹거리는 덧문이 닫히는 소리처럼 안심할 수 있는 것이라면 전반적인 경계 체계는 다음 단계로 발전하지 않는다. 그러나 안심이 되지 않는 경우라면 편도, 해마, 전두엽 사이에서 굴절되는 또 다른 회로 고리가 그 불확실성을 강조하고, 당신으로 하여금 주의력을 집중시켜서 보다 조심스럽게 그 소리의 근원을 확인하도록 한다.

이러한 예리한 분석으로도 만족스러운 해답이 제기되지 않을 때에는 편도가 경계 경보를 발령하고 편도의 중심부는 해마와 뇌간과 자율 신경계를 활성화시킨다.

편도가 보여주는 두뇌를 위한 경계 체계 본부로서의 훌륭한 구조는 이러한 불안과 잠재 의식적 근심의 순간에 뚜렷이 나타난다. 편도 내의 일부 신경 세포 집단들은 그 각각이 여러 가지 신경 전달 물질들에게 강력하게 반응하는 수용기들을 갖추고 일련의 투사물들에게 반응하게 되는 것이다.

이는 마치 가정의 안전 시스템이 경보를 울리기만 하면 언제든지 소방서, 파출소, 이웃 등에게 지원을 요청할 태세를 갖춘 오퍼레이터들이 근무하는 안전 경보 시스템 회사와도 흡사한 것이다.

편도의 각 부분들은 서로 다른 정보들을 취급한다. 편도의 '측핵'으로는 시상과 시청각 피질로부터의 투사물들이 받아들여진다. 후각을 통해 들어온 냄새들은 편도의 '내측 피질 영역'

으로 진행하고, 맛 또는 내장으로부터 전달된 메시지는 편도의 '중앙' 영역으로 향한다.

이렇게 입수되는 신호들을 통해 편도는 모든 감각적 경험들을 세밀히 조사하는 지속적인 파수꾼의 역할을 수행한다.

편도로부터는 다른 투사물들이 우리 뇌의 각 부위들로 뻗어 나간다. 편도의 중앙 및 주변 영역에서 펼쳐지는 일련의 분지들은 해마까지 이어지면서 부신 피질 자극 호르몬(CRH)과 같은 신체의 긴급 대응 물질들이 분비되도록 하는데, 이것은 다른 수많은 호르몬들을 통해서 싸움 또는 도피의 반응이 결정되도록 한다.

또한 편도의 '기저 영역'에서도 분지가 뻗어나와 움직임을 담당하는 두뇌 체계와 연계된다. 그런가 하면 또 다른 신호들이 편도에서 출발, 근처의 중핵을 거쳐서 척수를 지난 뒤 자율 신경계에 도달하여 심장 혈관계, 근육, 복부 등의 광범위한 반응들을 활성화시킨다.

편도의 '기저 측 영역'에서도 몇 개의 분지가 발생하여 일부는 대상(帶狀) 피질로 향하고, 일부는 우리의 두개골 근육을 조절하는 섬유 세포인 '중앙 회색 지역'으로 진행한다. 자기 영역을 침범한 동물에게 위협을 주기 위해서 개가 으르렁 거리고 고양이가 등을 둥그렇게 휘는 일을 바로 이 세포가 맡고 있는 것이다. 인간의 경우라면 앞의 회로들이 성대 근육을 긴장시켜서 공포의 외마디 소리를 지르게 하기도 한다.

그런가 하면 또 다른 경로가 편도로부터 뇌간에 위치한 '청반'으로 진행하여 흔히 '노르아드레날린'이라고 불리는 부신 수질 호르몬을 만들어낸 뒤 두뇌 전역에 퍼지도록 한다. 부신 수질 호르몬이 하는 역할은 두뇌의 전체적인 반응성을 높여서 감각 회로가 보다 민감해지도록 만드는 일이다.

이 호르몬은 피질과 뇌간과 대뇌 변연계 등으로 침투하면서 두뇌 전체를 예민하게 한다. 그리하여 집에서 들리는 아주 평범한 "삐걱" 소리 하나에도 공포의 전율이 당신의 등줄기를 타고 흐르게 하는 것이다.

이러한 변화들은 의식 외부에서 벌어지기 때문에 당신으로서는 공포를 느끼고 있다는 사실 조차 깨닫지 못할 수도 있는 것이다.

그러나 당신이 실제적인 공포를 느끼는 순간 다시 말해서, 무의식 속에 잠겨 있던 불안이 갑자기 의식을 뚫고 부각되는 순간에 편도는 연이어 광범위한 반응 방법들을 지시하게 된다.

그것은 우선 뇌간의 세포에 신호를 보내어 당신의 얼굴에 공포의 표정이 떠오르게 하고, 신체가 예민해지거나 쉽게 놀라게 하고, 그때까지 진행되던 근육 활동들 중 관련성이 적은 것을 중단시키고, 심장 박동수를 늘리고, 혈압을 높이고, 호흡이 아주 완만하게 유지되도록 만든다.

처음 공포를 느낄 때 우리는 보통 숨을 죽이게 되는데, 이는 공포의 대상이 무엇인지를 알고자 귀를 기울이는 경우에 특히 그러하다. 그러나 이런 반응들도 비상 체제에 들어선 두뇌의 통제를 위해 편도와 이에 관련된 영역들이 보이는 협조 체제 하에 광범위하고도 주의깊게 진행되는 일련의 변화와 비교한다면 일부에 지나지 않는 것이다.

그 동안 해마에 연결되어 있는 편도는 뇌 세포에 중요한 신경 전달 물질들을 보낼 것을 명령하는데, 그중 도파민 같은 호르몬은 공포의 근원 즉, 이상한 소리에 당신의 주의가 집중되게 하고, 당신의 근육으로 하여금 유사시에 즉시라도 반응할 수 있는 준비를 갖추게 한다.

이와 동시에 편도는 시각과 주의력을 담당하는 영역에 신호를 보내어 두 눈으로 하여금 현재의 긴장 상태에 관련성을 갖는 것이라면 무엇이든 놓치지 않고 파악하도록 한다. 이에 병행하여 피질 내의 기억 시스템에서는 검토 과정이 진행되면서 수많은 개인적 지식과 기억들 중에서 당면한 감성적인 긴급 상황에 가장 잘 어울리는 내용들이 다른 부적절한 사고의 흐름에 앞서 먼저 상기될 수 있도록 한다.

일단 이러한 신호들이 발송되면 당신은 완전한 공포에 말려들게 된다. 뱃 속에는 특이한 팽만감이 생기고, 심장은 두근거리고, 어깨와 목 주변의 근육이 뻣뻣해지고, 팔다리가 떨리는 것을 느끼게 된다. 그러면서 또 다른 소리가 들리지 않나 주의를 집중하려고 긴장하는 것에 맞춰 신체도 함께 굳어진다.

동시에 마음 속에는 온갖 잠재적 위험들과 이에 대한 대응책들이 떠오른다. 이 모든 진행 과정-놀라움에서 시작해서 불확실함으로, 불안감으로, 두려움으로 이어지는-은 단 1초라는 짧은 시간 내에서도 얼마든지 이루어지는 것이다. 보다 자세한 정보를 원하면 *Galen's Prophecy*, 제롬 케이건 저, (New York: Basic Books, 1994년)을 보도록 하라.

부록 D

W. T 그랜트 재단 : 예방 프로그램의 구성요소들

효과적인 프로그램의 필수적인 요소들로는 다음과 같은 내용들이 포함된다.

감성적 능력
- 감정의 확인과 이름 붙이기
- 감정을 표현하기
- 감정의 강렬함을 평가하기
- 감정을 조절하기
- 즉시적 만족을 지연하기
- 충동 통제하기
- 스트레스 감소시키기
- 감정과 행동의 차이를 구분하기

인지적 능력
- **자기대화**-특정 주제에 대한 대처, 자신의 행동에 대한 도전 및 강화를 위해서 '자기 자신과 내적인 대화'를

행하는 것
- **사회적 단서를 읽고 해석하기** – 어떤 하나의 행동에 관련되는 여러 가지 사회적 영향력을 인식하고, 보다 넓은 공동체의 관점에서 자신을 바라보는 것
- **문제해결과 의사결정을 위한 단계의 활용** – 그 중 한 가지로는 충동 통제, 목표 설정, 대안 확인, 결과 예측의 4단계 방식이 있다
- **다른 사람들의 관점을 이해하기**
- **행동규범을 이해하기** – 수용 가능한 행동은 어떤 것이고 그렇지 못한 행동은 어떤 것인가
- **삶에 대한 적극적이고 긍정적인 태도**
- **자기인식** – 자신에 대한 현실적 기대치를 발전시켜가는 것

행동적 능력
- **비언어적 능력** – 눈맞춤, 얼굴 표정, 음정, 몸짓 등을 이용한 커뮤니케이션
- **언어적 능력** – 요구 내용을 분명하게 밝히기, 비판에 대한 효과적인 반응, 부정적인 영향력에 대한 저항, 적극적 경청, 다른 사람을 도와주기, 긍정적인 또래 집단의 활동에 참여하기

출처: W. T. Grant 재단의 "School-Based Promotion of Social Competence" 프로젝트의 일환인 J. David Hawkins 외 다수 공저 *Communities That Care* (San Francisco: Jossey Bass, 1992년)의 "약물 및 알콜 남용 예방 프로그램" 중에서.

부록 E

자아과학 커리큘럼

주요 구성요소들:

• **자기인식** : 자신을 관찰하고 자신의 감정을 인식하는 능력, 감정에 대한 어휘 부여 능력, 사고와 감정과 반응 사이의 관련성 파악 능력

• **개인적 의사결정** : 자신의 행동을 검토하고 그 결과를 인식하기, 결정을 지배하는 것이 사고인지 감정인지를 판단하고 여기에서 얻어진 통찰력을 성이나 알콜 문제와 같은 주제에 적용하기

• **감정을 조절하기** : 내면적 비난 등과 같은 부정적인 메시지를 간파하기 위한 '자기 대화'를 활용하기, 분노 뒤에 숨겨진 상처받은 마음과 같은 감정 뒤에 숨겨진 것을 인식하기, 공포·불안·분노·슬픔 등을 처리할 수 있는 능력

• **스트레스 다루기** : 건강을 위한 운동, 전문가를 통한 심상 훈련, 긴장 완화 요법 등의 가치 인식하기

• **감정이입** : 타인의 감정과 관심사를 이해하고 그들의 관점을 견지하기, 사물에 대해 사람들이 느끼는 방식의 차이를

이해하기
 • ***커뮤니케이션****:* 감정의 효과적인 표현, 훌륭한 경청자 및 질문자가 되는 방법, 누군가가 행동하고 말하는 것과 이에 대해 자신이 보이는 반응과 판단 간에는 어떤 차이가 있는지를 인식하기, 비난 대신에 '나(I)의 메시지'를 사용하기*
 • ***자기개방****:* 개방성과 상호 신뢰 관계의 구축이 갖는 가치를 인식하기, 자신의 개인적 감정에 대해 이야기해도 좋은 타이밍의 파악 능력
 • ***통찰력****:* 자신의 감성 생활과 반응의 패턴을 확인하기, 다른 사람들에게서도 보이는 유사한 패턴을 확인하기
 • ***자기수용성****:* 자신에 대한 자부심과 긍정적인 인식하기, 자신의 강점과 약점을 파악하기, 자신에 대해 웃을 수 있는 여유를 갖기
 • ***개인적 책임감****:* 책임 의식, 자신의 결정과 행동에 따른 결과를 인정하기, 자신의 감정과 기분을 수용하기, 예를 들면 공부하기와 같은 자신이 관여하고 있는 일에 몰입하여 끝까지 최선을 다하고 마무리짓기
 • ***적극적인 의사표현****:* 분노나 수동적인 태도 없이 자신의 관심사나 감정을 진솔하게 진술하기
 • ***집단역학****:* 협조(協調), 타인을 지도해야 할 때와 방법 및 타인을 따를 때를 인식하기
 • ***갈등해결****:* 다른 아이들, 부모, 교사와 공정하게 다투는 방법, 협상을 통해 화해를 이끌어내는 공동 우승(Win/Win) 모델 만들기

출처 : Karen F. Stone과 Harold Q. Dillehunt 공저 *Self Science: The Subject Is Me* (Santa Monica: Goodyear Publishing, 1978년).

"기적의 I-Message"

상대방과 관련되어 있는 문제를 해결하기 위해 대화를 시작할 때는 I-Message를 사용하는 것이 효과적이다. You-Message와 비교하여 I-Message의 특징을 살펴보면 다음과 같다.

	I-Message		You-Message	
정의	'나'를 주어로 하여 상대방의 행동에 대한 자신의 생각이나 감정을 구체적으로 표현하는 대화방식		'너'를 주어로 하여 상대방의 행동을 뭉뚱그려서 평가적 일반화를 표현하는 대화방식	
예	상황: 일이 늦어지고 있음			
	상사	부하직원	상사	부하직원
	상사: "작업량이 많은데 일이 자꾸만 늦어져 걱정이구만. 뭐 좋은 방안이 있을까?"	'작업이 늦어져 걱정하시는구나'	"자네는 왜 일하는 게 그 모양이야. 마냥 꾸물거리거나 하고… 어이구…"	'상사가 나를 무능력하다고 생각하는군'
	상황: 어머니가 아끼는 꽃병을 자녀가 깨뜨림			
	어머니	자녀	어머니	자녀
	"어떻게 하다가 깨뜨렸니? 네가 다치지나 않았는지 엄마는 놀랐단다."	'꽃병이 깨진 아쉬움 보다도 나를 더 사랑하시는구나… 모든 면에 좀 더 조심하고 열심히 해야지…'	"너는 매사가 왜 그 모양이니? 이게 얼마짜리인지 알기나 해…"	'틈만 나면 꾸중만 퍼부어대니… 나는 쓸모없는 사람인가봐…… 그까짓 것 내 저금통 털어서 물어내면 될 것 아냐…'
결과	① 상대방에게 자신의 입장과 감정을 전달함으로써 상호 이해를 도울 수 있다. ② 상대방에게 개방적이고 솔직하다는 느낌을 전달하게 된다. ③ 상대방은 나의 느낌을 수용하고 자발적으로 자신의 문제를 해결하고자 하는 의도를 지니게 된다.		① 상대방에게 문제가 있다고 표현함으로써 상호 관계를 파괴하게 된다. ② 상대방에게 일방적으로 강요, 공격, 비난하는 느낌을 전달하게 된다. ③ 상대방은 변명하려 하거나 반감, 저항, 공격성을 보이게 된다.	

* EQ센터 황태호 회장의 「휴먼 터치 리더십」 프로그램 중에서.

부록 F

사회적 그리고 감성적인 학습 : 결과보고서

아동개발 프로젝트

Eric Schaps, 캘리포니아 주 오클랜드 시 아동개발연구소. 북부 캘리포니아 소재 유치원-초등학교 6학년 대상, 개별 관찰자 방식으로 평정하고 통제 집단과 비교함.

학습결과 다음에서 우수성을 보임
- 책임의식
- 적극적인 자기주장의 표현능력
- 인기와 사교성
- 친(親)사회적이며, 남을 도우려는 의지
- 타인에 대한 이해
- 사려깊음, 염려해주는 마음
- 인간관계의 문제해결에서 친(親)사회적인 전략사용
- 조화를 이루기
- 민주적인 성격

· 갈등해결의 능력

출처 : E. Schaps와 V. Battistich 공동 집필 "Promoting Health Development Through School-Based Prevention: New Approaches," (미국 보건국 산하 약물남용 예방연구소 간행 *OSAP Prevention Monograph* 8호: *Preventing Adolescent Drug Use: From Theory to Practice,* Eric Gopelrud 편저 1991년).

Effective and Responsible Teaching: The New Synthesis F. K. Oser, A. Dick, J. L. Patry 공저 (San Francisco: Jossey-Bass, 1992년) 중 D. Solomon, M. Watson, V. Battistich, E. Schaps, K. Delucchi 공동집필 "Creating a Caring Community: Educational Practices That Promote Children's Prosocial Development" 중에서.

오솔길(Paths)

Mark Greenberg, 워싱턴 대학의 패스트 트랙 프로젝트.
시애틀 시 소재 초등학교 1~5학년 학생들 대상: 교사들에 의해 1) 정규 학생, 2) 청각장애 학생, 3) 특수교육이 필요한 학생들로 분류하여 각각의 통제집단 학생들과 비교함.

결과
- 사회적 인식능력의 개선
- 감성, 인식, 이해력의 개선
- 자아통제력의 개선
- 인지적 과업의 해결을 위한 우수한 계획 수립
- 행동에 앞서 사고하는 경향으로의 개선
- 효과적인 갈등해결 능력
- 보다 긍정적인 학급 분위기를 형성하기

특수 학생들 :
다음 항목들에서 학급 전체의 행동개선이 있었음
- 좌절에 대한 인내
- 자기주장을 표현하는 사회적 능력
- 과제에 대한 적응력
- 또래 간 어울리기
- 공유
- 붙임성
- 자기통제

향상된 감성의 이해능력
- 인정하기
- 감성에 이름붙이기
- 슬픔과 우울에 대한 자기보고의 감소
- 불안과 의기소침의 감소

자료 : *Development and Psychopathology* 4호(1992년)에 실린 행동 문제 연구그룹의 논문 "A Developmental and Clinical Model for the Prevention of Conduct Disorder: The Fast Track Program."

M. T. Greenberg, C. A. Kusche 공저 *Promoting Social and Emotional Development in Deaf Children: the PATHS Project* (Seattle: 워싱턴 대학 출판부, 1993년).

M. T. Greenberg, C. A. Kusche, E. T. Cook, J. P. Quamma 공동 집필 "Promoting Emotional Competence in School-Aged Children: The Effects of the PATHS Curriculum," *Development and Psychopathology* 7호 (1995년).

시애틀 사회성개발 프로젝트

J. D. Hawkins, 워싱턴 대학 사회성개발연구그룹.

시애틀 시 소재 초등학교, 중학교에 대한 독자적 테스트와 객관적 기준에 의한 평가, 프로그램을 시행하지 않은 학교와 비교함.

결과 : 다음 항목들에서의 개선이 이루어짐
- 가정과 학교에 대한 긍정적인 애착감
- 소년들의 공격성 감소와 소녀들의 자살률 감소
- 성적이 낮은 학생들이라도 정학, 퇴학이 별로 없음
- 약물남용에 빠져드는 기회의 감소
- 비행의 감소
- 표준 성취도 테스트에서의 향상된 점수

출처 : E. Schaps와 V. Battistich 공동 집필 "Promoting Health Development Through School-Based Prevention: New Approaches," 미국 보건국 산하 약물남용예방연구소 간행 *OSAP Prevention Monograph* 8호: *Preventing Adolescent Drug Use: From Theory to Practice,* Eric Gopelrud 편저 (1991년).

J. D. Hawkins 외 다수 공동집필 "The Seattle Social Development Projet," J. McCord, R. Tremblay 공저 *The Prevention of Antisocial Behavior in Children* (New York: Guilford, 1992년).

J. D. Hawkins, E. Von Cleve, R. F. Catalano 공동집필

"Reducing Early Childhood Aggression: Results of a Primary Prevention Program," *Journal of the American Academy of Child and Adolescent Psychiatry* 30호 2장 (1991년) 208-17pp.
J. A. O'Donnell, J. D. Hawkins, R. F. Catalano, R. D. Abbott, L. E. Day 공저 "Preventing School Failure, Drug Use, and Delinquency Among Low-Income Children: Effects of a Long-Term Prevention Project in Elementary Schools," *American Journal of Orthopsychiatry* 65호(1994년)에서.

예일-뉴 헤이븐 사회적 능력증진 프로그램

Roger Weissberg, 시카고 시 일리노이 대학.

뉴 헤이븐 공립 초등학교 5학년부터 중학교 2학년 학생까지를 대상으로 함. 학생과 교사들의 보고서를 통한 통제집단과의 비교 관찰.

결과 : 다음 항목들에서의 개선이 이루어짐
- 문제해결의 능력
- 또래 집단에의 참여
- 충동통제의 능력
- 향상된 행동
- 인간관계에서의 효율성과 인기
- 강화된 적응능력
- 인간관계에서의 문제해결의 능력
- 불안에 대한 대처능력
- 비행의 감소
- 갈등해결 능력

출처 : M. J. Elias, R. P. Weissberg 공동집필 "School-Based Social Competence Promotion as a Primary Prevention Strategy: A Tale of Two Projects," *Prevention in Human Services* 7호 1장 (1990년) 177-200pp.

M. Caplan, R. P. Weissberg, J. S. Grober, P. J. Sivo, K. Grady, C. Jacoby 공동집필 "Social Competence Promotion with Inner-City and Suburban Young Adolescents:

Effects of Social Adjustment and Alcohol Use," *Journal of Consulting and Clinical Psychology* 60호 1장 (1992년) 56-63pp.

창의적 갈등해결 프로그램

Linda Lantieri, 국립 창의적 갈등해결 프로그램 센터(창의적인 사회적 책임감 교수법).

뉴욕 시내 소재 유치원부터 12학년생들을 대상으로 교사들에 의한 프로그램 실시 전후의 평가에 따름.

결과
- 교실에서의 폭력행동 감소
- 교실에서의 언어적 폭력의 감소
- 서로 보살펴주는 분위기 형성
- 적극적인 협조 분위기의 형성
- 감정이입 능력의 향상
- 커뮤니케이션 능력의 개선

출처 : Metis Associates 사, *The Resolving Conflict Creatively Program: 1988-1989, Summary of Significant Findings of RCCP New York Site* (New York: Metis Associates 출판사, 1990년 5월).

사회적 인식 및 사회적 문제 해결 프로젝트

Maurice Elias, 루터스 대학.

뉴 저지 주의 유치원부터 초등학교 6학년 학생 대상, 교사 평정, 또래 평정, 학교 기록부 등을 통해 프로그램 비참여자와 비교함.

다음과 같은 항목들의 향상이 있었음

- 타인의 감정에 대한 민감성
- 자신의 행동이 가져올 결과에 대한 이해력
- 인간관계 상황을 더욱 잘 평가하며 적절한 행동계획을 세우는 능력
- 자기존중심
- 친(親)사회적 행동의 강화
- 또래들의 도움 요청 받아주기
- 중학교 진학할 때 발생하는 문제점의 처리와 적응능력
- 고등학교 진학 후에도 계속해서 반(反)사회성, 자살, 사회적 장애 행동 등을 보이지 않음
- 학습기술의 향상
- 학급 내외에서 자기통제, 자아인식, 사회적 의사결정 능력의 향상

출처: M. J. Elias, M. A. Gara, T. F. Schuyler, L. R. Branden-Muller, M. A. Sayette 공동집필 "The Promotion of Social Competence: Longitudinal Study of a Preventive School-Based Program," *American Journal of Orthopsychiatry* 61

호 (1991년) 409–17pp.

M. J. Elias, J. Clabby 공저 *Building Social Problem Solving Skills: Guidelines From a School-Based Program* (San Francisco: Jossey–Bass, 1992년).

후주(後註) Notes

제1장 *Notes*

1. Associated Press, 1993년 9월 15일.

2. 이와 같이 시공을 초월한 자기희생의 사랑과 같은 주제들은 인류의 마음 속에 신화와 같은 침투력을 가지며 끊임없이 반복되고 있다. 예를 들어, 아시아권에서는 부처님의 고행을 다룬 이야기가 여러가지 비유를 통해 꾸준히 회자되고 있다.

3. 이타주의적 사랑과 인간의 생존: 이타주의의 놀라운 적응력을 다룬 이 혁신적 이론은 M. Slavin과 Daniel Kriegman의 *The Adaptive Design of the Human Psyche*(New York: Guilford Press, 1992년)에 나와 있다.

4. 이런 논의의 상당 부분은 *Cognition and Emotion* (1992년) 6호 중 P. Ekman의 논문 "An Argument for Basic Emotions"(169-200pp.)에 근거한 것이다. 유사한 주장은 동지(同誌)의 P. N. Johnson-Laird와 K. Oatley의 논문에서도 살펴볼 수 있다.

5. 마틸다 크랩트리 총격사건: *The New York Times* 1994년 11월 11일자.

6. 샌프란시스코 캘리포니아 대학의 Ekman의 관찰에 따르면 오직 성인들의 경우에만 그러하다.

7. 인간의 신체는 감성과 진화적 동기에 의해 변화한다: 이러한 변화에 관련된 글은 Psychophysiology 27호(1990년)에 W.

Levenson, P. Ekman, V. Friesen 등의 논문 "*Voluntary Facial Action Generates Emotion-Specific Autonomous Nervous System Activity*"에 실려 있다. 본서에 등장하는 목록도 이 논문과 기타 관련자료들을 통해서 얻어진 것이다. 하지만 이 분류방법은 아직 유동적이다. 이는 각각의 감성에 따른 정확한 생리학적 신호에 관한 과학적 토론이 아직 진행 중이고, 연구자에 따라서는 감성 간의 차이를 명확히 구분지을 수 없을 정도로 중복된 면이 많다고 주장하는 사람도 있고, 현 시점에서 감성의 생리학적 상호관련성을 측정하기는 너무 이르기 때문에 신뢰할 만한 구분이 불가능하다고 주장하는 사람도 있기 때문이다. 이에 관련된 논쟁은 P. Ekman과 R. Davidson 공저 *Fundamental Questions About Emotions*(New York: Oxford 대학 출판부, 1994년)에 실려 있다.

8. Ekman은 이렇게 적고 있다. "분노는 모든 감성 중 가장 위험하다. 오늘날 사회를 파국으로 몰고 가는 주요한 문제점들 대부분에는 고비 풀린 분노가 관련되어 있다. 분노는 우리를 움직여 싸움으로 이끈다는 면에서 볼 때 가장 비타협적인 감성이라고 할 수 있다. 우리의 감성들은 우리가 그것에 강력한 영향력을 발휘할 기술적 행동을 취하지 못했던 시절부터 지금까지 계속 진화과정을 거쳐 왔다. 선사 시대였다면 갑작스러운 분노를 느껴서 누군가를 죽이고 싶더라도 쉽게 행동에 옮기지 못했을 것이다. 하지만 지금이라면 얼마든지 가능하다."

9. 철학자 에라스무스 저 *In Praise of Folly* (E. Radice 역, Penguin, 1971년판) 87p.

10. 이러한 대응들이야말로 '감성적 삶', 좀더 정확히는 '직관적 삶'을 규정한다. 이를 진화라는 조건에서 본다면, 생존을 위해 없어서는 안될 의사결정의 실체를 이룬다. 이러한 의사결정을 제대로, 또는 훌륭하게 행했던 동물들은 끝까지 생존하여 자신의 유전자를 후대에 전할 수 있었다.

    초창기에는 인간의 정신적인 삶도 아주 미개하여서 일상적인 자극에 대한 반응이 지금의 도마뱀, 개구리, 새, 생선 또는 공룡의 수준 이상을 넘지 못했다. 따라서 이러한 빈약한 두뇌에서 감성적 특징의 현상들을 찾는 것은 무리일 것이다.

11. 대뇌변연계와 감성의 관계: 이에 대해서는 R. Joseph의 *The Naked Neuron: Evolution and the Languages of the Brain and Body*(New York: Plenum, 1993년)와 P. D. MacLean 저 *The Triune Brain in Evolution* (Plenum, 1990년)을 참조할 것.

12. 붉은털 원숭이 새끼와 그 적응성에 대해: 위스콘신 대학 정신심리학과 교수 Ned Kalin 박사가 1992년 11월 맥아더 재단의 신경과학학회에서 발표한 논문 "Aspects of emotion conserved Across Species"를 참조.

제2장 *Notes*

1. 감정을 느끼지 못하는 사람에 대한 사례는 R. Joseph의 저서 83p.에 묘사되어 있다. 이와는 대조적으로 편도가 없는 사람은 다소의 감정의 흔적이 존재할 수도 있는데, 이러한 차이는 구체적으로 편도의 어떤 부위와 관련된 회로가 없는가에 따라 결정된다. 이에 대한 연구는 P. Ekman과 R. Davidson 공저 *Questions About Emotion*(Oxford 대학 출판부, 1994년)을 참조할 것.

2. 많은 신경과학자들이 그러하듯이 루드 박사는 쥐의 두뇌에서 어떤 손상이 그의 행동을 변화시키는가를 조사하는 과정에서 여러 단계의 작업을 수행하였다. 그중에는 개별적인 신경세포들의 경로를 추적하는 것을 비롯해서 의술적으로 두뇌를 제거한 쥐를 통한 두려움의 조건화 실험 따위가 있었다. 그의 발견은 신경과학적 탐구계에서는 거의 선구적인 것이고, 그런 만큼은 아직 확실성 여부가 증명되지 않고 있다. 특히 우리의 감성생활의 이해를 위해 낯선 자료들을 검토해야 한다는 측면에서 그렇다. 하지만 그의 작업은 현재 감성의 신경학적 토대를 계속 구축해가는 신경과학자들이 제기하는 여러 증거들에 의해서 지지의 폭을 넓혀가고 있다. 이에 대한 실례는 *Integrative Psychiatry* 4호(1986년)에 실린 글 "Sensory Systems and Emotion"과 *Concepts in Neuroscience* 2호(1992년)에 실린 "Emotion and the Limbic System Concept"를 참조하기 바람.

3. 두뇌의 감성 센터로서의 대뇌 변연계에 대한 이론은 40여년 전에 신경학자 폴 매클린이 처음 소개한 것이다. 그 이후 루드와 같은 학자들은 이 이론을 계승, 해마와 같은 곳은 감성에 직접적 관련이 없고 편도와 두뇌의 다른 부위들 특히, 전두엽을 연결시켜 주는 회로들이 보다 중심적인 역할을 하는 것을 밝혀 내었다. 최근에 이르러서는 각각의 감성들은 별도의 두뇌영역이 존재한다는 인식이 점차 확대되고 있다. 그중에서도 가장 최신의 사고로서는 감성두뇌란 분명히 정의할 수 있는 실체가 아니라, 여러 곳에 퍼져 있으면서 조화를 이루는 것이다. 즉, 두뇌의 여러 부위에 분산되어 있는 조절능력을 위한 회로 시스템이라는 이론이 유력하다. 신경과학자들의 추측으로는 감성에 관련하여 두뇌의 완전한 도식화가 이루어지면, 각각의 주요 감성들에 대한 독자적인 해부체계를 만들 수 있을 것이고, 비록 이러한 회로의 대부분이 대뇌 변연계의 주요 접속 지점, 예를 들면 편도나 전두엽같은 곳에 집중되기는 해도, 그 특이한 성질들을 결정하는 신경 경로의 구체적인 도식화도 가능할 것이라고 한다. 이에 관해서는 *Behavioral and Brain Research* 58호(1993년)에 실린 J. LeDoux의 논문 "Emotional Memory Systems in the Brain"을 참조할 것.

4. 공포에 관련된 여러 층의 두뇌 회로: 이에 관한 글은 Jerome Kagan의 저서 *Galen's Prophecy* (New York: Basic Books, 1994년)에 실린 뛰어난 분석에 잘 나타나 있다.

5. J. LeDoux의 조사결과에 대해서는 저자가 1989년 8월 15일자 *The New York Times*에 기고한 바 있다. 본 장에서의 논의는 주로 그와 가진 인터뷰 내용과 그가 쓴 논문에 근거한 것인데, 그중에는 *Behavioural Brain Research* 58호(1993년)의 "Emotional Memory Systems in the Brain"과 *Scientific American* 6월호(1994년)의 "Emotion, Memory and the Brain"과 *Concepts in Neuroscience* 2호(1992년)의 "Emotion and the Limbic System Concept"가 있다.

6. 무의식적 선호도: Science 1980년 2월 1일자에 실린 William Raft Kunst-Wilson과 R. B. Zajonc의 논문 "Affective Discrimination of Stimuli That Cannot Be Recognized"를 참조.

7. 무의식적 의견: 워싱턴 시에서 개최된 American Psychological Society(1994년 6월)에서 발표된 John A. Bargh의 논문 "First Second: The Preconscious in Social Interactions"에서 인용.

8. 감성기억: *Nature* (1994년 10월 20일) Larry Cahill 외 다수, "Beta-Adrenergic Activation and Memory for Emotional Events"를 참조.

9. 정신분석학 이론과 두뇌의 성숙: 유년기의 두뇌 개발의 감성적 중요성에 대한 논의는 Allan Schore의 저서 *Affect Regulation and the Origin of Self*(Hillsdale, NJ: Lawrence Erlbaum Associates, 1994년)를 참조.

10. 알고 모르고에 상관없이 위험은 위험으로 받아들인다: Science(1992년 11월 6일)에 실린 LeDoux의 논문 "How Scary Things Get That Way (887p.)"에서 인용.

11. 신피질 활동으로 이루어지는 감성적 대응의 정교한 조절에 대한 고찰은 Ned Kalin의 저서에서 인용.

12. 발전된 신경해부학 덕택에 우리는 전두엽이 감성 관리자의 역할을 수행한다는 사실을 알게 되었다. 그동안 밝혀진 여러 증거에 따르면 전두엽이야말로 감성적 반응 내에서의 모든 피질 신경회로들이 집결되는 장소인 것이다. 인간의 경우 신피질과 편도를 잇는 강력한 연결 고리는 좌측 전두엽으로 이어진 뒤 전두엽 하부를 차지하고 있는 물체의 식별에서 가장 중요한 기능을 수행하는 측두엽으로 뻗는다. 이 연결 고리들은 단 한 번의 투사만으로도 빠르고도 강력한 통로, 즉 신경계의 고속도로를 구축한다. 전두엽과 편도 사이에 이루어진 이 투사체는 그 다음 '안와 전두 피질'이라고 불리는 부분으로 진행하게 되는데, 이곳은 우리의 감성 반응이 전개되는 중이든, 그것에 대한 수정작업이 진행되는 중이든, 올바른 감성반응의 평가를 위해 가장 중요한 역할을 수행한다.

안와 전두피질은 편도를 통해 신호를 받음과 동시에 자체적인 정밀 작업을 통해 대뇌 변연계에 펼쳐지는 엄청난 투사망을 갖는다. 이러한 망을 통해 안와 전두 피질은 감성적 반응들을 조절 하는데 있어서 결정적인 기능을 한다. 이중에는 각 피질의 여러 부위에 도달함으로써 대뇌 변연계의 여러 신호들을 억제하고 그 신호들의 긴급성을 약화시키는 것도 포함한다. 안와 전두피질과 대뇌 변연계 사이의 연결고리는 너무나 광대한 범위에 걸쳐 있기 때문에, 일부 신경해부학자들은 그것을 감성두뇌의 사고 부위인 '변연계 피질'이라고까지 부른다. 이에 관한 자세한 내용은 위스콘신대학의 정신심리학과 교수 Ned Kalin이 1992년 11월 맥아더재단의 신경과학학회에서 발표한 논문 "Aspects of Emotion Conserved Across Species"와 Allan Schore의 저서 *Affect Regulation and the Origin of Self*(Hillsdale, NJ: Lawrence Erlbaum Associates, 1994년)를 참고.

편도와 전두엽 사이에는 구조학적 교량 뿐이 아닌 생물화학적 교량도 존재한다. 편도와 전두엽의 중앙 복근 부위는 신경 전달 물질인 세로토닌의 화학적 수용기가 집중되는 곳이다. 이 두뇌 화학물질은 다른 어느 것보다도 협조적 작용을 위해 중요하다. 전두엽-편도 회로 내에 고밀도의 세로토닌 분출을 전담하는 수용기를 가지고 있는 원숭이일수록 '사교적 조율력'이 뛰어나고, 집중력이 떨어지는 원숭이들은 적대적이고 반항적인 것으로 드러났다. 좀더 자세한 내용은 Antonio Damosio의 저서 *Descartes' Error* (New York: Grosset/Putnam, 1994년)를 참고하도록 할 것.

13. 동물들을 대상으로 한 연구에 따르면 전두엽에 결함이 발생해서 대뇌 변연계 영역이 감성 신호를 조절하는 것이 불가능해지면 동물들은 변덕스런 행동을 하거나, 충동에 의

해 예상하지 못한 분노를 터뜨리거나, 두려움에 의해 굽실 거리거나 하는 행동을 보이는 것으로 드러났다. 이 사실에 대해서는 이미 1930년대에 러시아의 촉망받던 신경생리학자 A. R. Luria가 전두엽 피질은 자기 통제와 감성적 폭발의 중화제 역할을 한다는 내용으로 밝힌 바 있다. 전두엽에 손상을 입은 환자들이 충동성이 강하고 분노와 두려움의 느닷없는 격발이 심하다는 사실도 그가 밝혀낸 내용이다. 실제로도 충동적이거나 격정에 의해 살인을 저지른 수십 명의 남녀 범죄자들을 대상으로 PET 두뇌화상 조사를 실시한 바에 의하면, 전두엽 내에서 특정 부위의 활동성이 정상인들에 비해 크게 낮은 것으로 드러났다.

14. 전두엽이 손상된 동물에 대한 주요 연구는 코네티컷 대학의 심리학 교수 Victor Dennenberg에 의해 수행되었다.

15. 좌두엽의 손상과 이상 행복증: G. Gianotti "Emotional Behavior and Hemispheric Side of Lesion," Cortex 8호 (1972년).

16. 행복 발작증의 사례는 플로리다 대학의 신경학과 교수 Mary K. Morris가 샌 안토니오에서 1991년 2월 13일부터 16일까지 열린 International Neurophysiological Society Meeting에서 발표한 내용을 인용.

17. 전두엽과 활동기억: Lynn D. Selemon 외 다수 "Prefrontal Cortex" *American Journal of Psychiatry* 152호(1995년)를 참조.

18. 불완전한 전두엽: Philip Harden, Robert Pihl 공동 집필 "Cognitive Function, Cardiovascular Reactivity, and Behavior in Boys at High Risk for Alcoholism," *Journal of Abnormal Psychology* 104호(1995년)를 참조.

19. 전두엽: Antonio Damasio 저 *Descartes' Error: Emotion, Reason and the Human Brain*(New York; Grosset/ Putnam, 1994년)에서 인용.

제3장 *Notes*

1. 제이슨의 이야기는 The New York Times 1992년 6월 23일자에 실린 '감옥에 들어가게 된 수석 졸업생이 주는 경고'에서 인용한 것이다.

2. 어떤 관찰자의 글: Howard Gardner "Cracking Open the IQ Box," *The American Prospect,* 1995년 겨울호.

3. Richard Herrnstein & Charles Murray, *The Bell Curve: Intelligence and Class Structure in American Life* (New York: Free Press, 1994년) 66p. 참고.

4. George Vaillant, *Adaptation to Life* (Boston: Little, Brown. 1977년). 하버드 그룹의 SAT 점수는 800점 만점에서 평균 584점이었다. 현 하버드의과 대학 교수 Vaillant 박사는 이 점수가 우수한 이 대학의 학생들의 성공측정을 위한 예측지수로서는 상대적으로 결점이 많다고 설명했다.

5. J. K. Felsman & G. E. Vaillant, "Resilient Children as Adults: A 40-Year Study," *The Invulnerable Child,* E. J. Anderson & B. J. Cohler (New York: Guilford Press, 1987년).

6. Karen Arnold와 Terry Denny가 함께 최우수 졸업생들을 조사한 내용은 *The Chicago Tribune* 1992년 5월 29일자에 실려 있다.

7. 스펙트럼 프로젝트: 스펙트럼 프로젝트 수행을 위한 Gardner의 주요 동료들은 Mara Krechevsky와 David Feldman이다.

8. 다중이론에 대해서 Howard Gardner와 인터뷰한 내용은 *The New York Times Education Supplement,* 1986년 11월 3일자에 실려 있으며, 「Rethinking the Value of Intelligence Tests」라는 제목으로 수차례 게재되었다.

9. IQ 테스트와 스펙트럼 능력의 비교는 Howard Gardner의 저서 *Multiple Intelligences: The Theory in Practice*(New York: Basic Books, 1993년)에 한 장에 걸쳐 Mara Krechevsky와의 공동 집필로 실려 있다.

10. 이에 대한 간단한 요약은 Howard Gardner의 *Multiple Intelligences* 9p.에 있다.

11. Howard Gardner & Thomas Hatch, "Multiple Intelligences Go to School," *Educational Researcher* 18호 8장 (1989년).

12. 감성지능*EQ*의 모형은 「Emotional Intelligence」란 제목으로 Peter Salovey와 John D. Mayer가 공동집필하여 *Imagination, Cognition, and Personality* 9호 (1990년) 185 -211pp.에 처음 소개되었다.

13. 실제적인 지능과 인간관계의 능력: Robert J. Sternberg 저 *Beyond I.Q.* (New York: Cambridge 대학 출판부, 1985

년).

14. 감성지능EQ의 기본적 정의는 Salovey와 Mayer의 저서 *Emotional Intelligence* 189p.에 있다.

15. IQ 대 EQ: 이 내용은 버클리 캘리포니아 대학의 Jack Block 이 1995년 2월에 발표한 논문에 들어 있다. Block은 EQ라 는 용어 대신에 '자아탄력성'이란 용어를 사용했지만, 그 주요 구성요소들로서는 자기통제, 적응성이 있는 충동통제 력, 자기 효율성의 감각, 사교적 지능 등이 포함되어 있다. 이 요소들 모두가 EQ의 기본 요소들과 동일한 만큼 SAT 점수가 IQ의 대용물로 쓰이듯이 EQ 측정의 대용물로서 자 아 탄력성이 쓰일 수 있을 것이다.

Block 박사는 수백명의 10대와 20대 남녀들을 대상으로 EQ와 관계없이 IQ만 높은 사람들과 그들의 성격 및 행동의 관련성을 조사한 뒤, 이번에는 IQ와 관련없이 EQ만 높은 사람들을 대상으로 똑같은 조사를 시행하였다.

그 결과, EQ와 IQ는 어느 정도의 관련성이 있음에도 불구 하고 서로 독립적인 개념임을 밝혀 내었다.

제4장 *Notes*

1. 본문에서의 '자기인식'이라는 용어는 개인적 경험에 대한 자기성찰적이고 내관(內觀)적인 주의를 기울이는 것을 말하며, 때로는 정신집중으로 불리기도 한다.

2. Jon Kabat-Zinn의 *Wherever You Go, There You Are*(New York: Hyperion, 1994년)를 참고하도록 할 것.

3. 관찰하는 자아: 통찰력을 보이는 자기인식에 대한 신경과학자들의 연구는 Mark Epstein 저 *Thoughts Without a Thinker*(New York: Basic Books, 1995년)에 실려 있다. Epstein은 이 능력이 제대로 개발된다면 스스로의 자의식을 낮출 수 있고 "삶의 모든 국면을 포용하는 탄력적이고 용감한 '향상된 자아'를 키울 수 있을 것"이라고 했다.

4. William Styron 저 *Darkness Visible: A Memoir of Madness* (New York: Random House, 1990년) 64p. 참고.

5. John D. Mayer와 Alexander Stevens의 출간되지 않은 원고 "An Emerging Understanding of the Reflective (Meta) Experience of Mood" (1993년).

6. Mayer와 Stevens의 "An Emerging Understanding". 감성적 자기인식의 유형에 관련된 용어들 몇 가지는 그들의 분류에서 저자 나름대로 채용한 것이다.

7. 감성의 격렬성: 이 작업의 상당수는 Diener의 제자였으며, 지금은 미시간 대학으로 옮긴 Randy Larsen이 수행한 것이

다.

8. 감성적으로 황폐한 의사 게리의 이야기는 Hillel I. Swiller의 논문 "Alexithymia: Treatment Utilizing Combined Individual and Group Psychotherapy," *International Journal for Group Psychotherapy* 38호 1장(1988년)에 실려 있다.

9. 감성 해득능력 부족증은 M. B. Freedman과 B. S. Sweet의 *International Journal for Group Psychotherapy* 4호 (1954년) 335–368pp.에 "Some Specific Features of Group Psy-chotherapy"라는 제목으로 발표한 글에서 빌려온 것이다.

10. 언어감각 불능증 환자의 임상적 특징은 Graeme J. Taylor가 워싱턴 시에서 열린 American Psychiatric Association (1986년 5월)에서 "Alexithymia: History of the Concept"라는 제목으로 발표했던 논문에서 인용한 것이다.

11. 언어감각 불능증 환자의 묘사는 Peter Sifneos가 *Psychotherapy-and-Psychosomatics* 56호 (1991년) 116–122pp.에 "Affect, Emotional Conflict, and Deficit: An Overview"라는 제목으로 발표했던 내용을 인용했다.

12. 자기가 왜 우는지 알지 못하는 여자의 이야기는 *Psychotherapy-and-Psychosomatics* 46호 (1986년) 96–104pp.에 실린 H. Warnes의 글 "Alexithymia, Clinical and Therapeutic Aspects"에서 인용한 것이다.

13. 이성적 사고에 있어서의 감성의 역할: Damasio 저

Descartes' Error.

14. 무의식적 두려움: 뱀에 관한 연구는 Kagan 저 *Galen's Prophecy*에 실려 있다.

제5장 *Notes*

1. 긍정적, 부정적 감정이 행복에 기여하는 비율의 상세한 내용은 Ed Diener와 Randy J. Larsen 공동 집필 "The Experience of Emotional Well-Being," *Handbook of Emotions,* M. Lewis & J. Haviland 편저(Guilford Press, 1993년)를 보도록 하라.

2. 저자는 1992년 겨울, 사람들이 어떤 식으로 자신의 기분을 떨치는가에 대해 Diane Tice와 인터뷰한 경험이 있다. 그녀는 자신의 남편 Roy Baumeister와 함께 분노에 관한 발견 사항들을 *Handbook of Mental Control* 5권(Englewood Cliffs, NJ: Prentice-Hall, 1993년)에 게재했다.

3. 외상수금원: Arlie Hochschild, *The Managed Heart*(New York: Free Press, 1980년)에 실려 있다.

4. 분노에 저항하고 자기통제력을 찾는 사례는 주로 Wegner, Pennebaker의 *Handbook of Mental Control*에 실린 Diane Tice, Roy F. Baumeister 공동집필 "Controlling Anger: Self-Induced Emotion Change"에서 인용한 것이다. 그 외에 Carol Tavris 저 *Anger: The Misunderstood Emotion* (New York: Touchstone, 1989년)도 일부 인용했다.

5. 분노에 관한 연구는 Wegner, Pennebaker 공저 *Handbook of Mental Control*에 실린 Dolf Zillmann의 논문 "Mental Control of Angry Aggression"에서 인용한 것이다.

6. 마음의 위안을 위한 산책: Tavris 저 *Anger: The Misunderstood Emotion,* 135p.

7. 적대감의 통제를 위한 Redford Williams전략은 그 자신과 그의 부인 Virginia Williams 공저 *Anger Kills*(New York: Times Books, 1993년)에 실려 있다.

8. 분노의 분출은 그것을 제거하지 못한다: S. K. Mallick, B. R. McCandless의 논문 "A Study of Catharsis Aggression," *Journal of Personality and Social Psychology* 4호(1966년)를 볼 것. 본 연구의 요약은 Tavris 저 *Anger: The Misunderstood Emotion*에 실려 있다.

9. 분노의 격렬한 표출이 효과적인 경우: Tavris 저 *Anger: The Misunderstood Emotion*를 참조할 것.

10. 근심의 작용: Wegner, Pennebaker 공저 *Handbook of Mental Control*에 실린 Lizabeth Roemer, Thomas Borkovec의 논문 "Worry: Unwanted Cognitive Activity That Controls Unwanted Somatic Experience"에서 인용.

11. 세균에 대한 공포: David Barlow 저 *Clinical Handbook of Psychological Disorders*(New York: Guilford Press, 1993년)에 실린 David Riggs와 Edna Foa의 논문 "Obsessive-Compulsive Disorder"에서 인용.

12. 불안해하는 환자의 이야기는 Roemer와 Bookovec의 논문 "Worry" 221p.에 실려 있다.

13. 불안 장애증에 대한 치료: David H. Barlow 편저 *Clinical Handbook of Psychological Disorders* (New York: Guilford Press, 1993년)를 참조할 것.

14. Styron의 우울증: William Styron 저 *Darkness Visible: A Memoir of Madness* (New York: Random House, 1990년).

15. 우울증 환자들의 근심에 대한 연구는 Wegner, Pennebaker 공저 *Handbook of Mental Control* 307p.에 실린 Susan Nolen-Hoeksma의 "Sex Differences in Control of Depression" 참조.

16. 우울증의 치료: K. S. Dobson "A Meta-analysis of the Efficacy of Cognitive Therapy for Depression," *Journal of Consulting and Clinical Psychology* 57호 (1989년).

17. 우울증에 걸린 사람들의 사고 패턴에 대한 연구는 Wegner, Pennebaker의 *Handbook of Mental Control* 에 실린 Richard Wen-zlaff의 논문 "The Mental Control of Depression" 참조.

18. *Journal of Clinical and Social Psychology* 8호(1989년)에 실린 Shelley Taylor 외 다수의 논문 "Maintaining Positive Illusions in the Face of Negative Information" 참조.

19. '억제자' 대학생 이야기는 J. L. Singer 편저 *Repression and Dissociation*(Chicago: University of Chicago Press,

1990년)에 실린 Daniel A. Weinberger의 논문 "The Construct Validity of the Repressive Coping Style"을 참조할 것. Weinberger는 Gary F. Schwartz, Richard Davidson 등과 함께 억제자의 개념을 발전시킨 사람으로서, 본 주제에 관한 한 선구자로 알려져 있다.

제6장 *Notes*

1. 시험의 공포: Daniel Goleman 저 *Vital Lies, Simple Truths: The Psychology of Self-Deception* (New York: Simon and Schuster, 1985년).

2. 활동기억: Alan Baddeley 저 *Working Memory* (Oxford: Clarendon Press, 1986년).

3. 전두엽 피질과 활동기억: Patricia Goldman-Rakic의 논문 "Cellular and Circuit Basis of Working Memory in Prefrontal Cortex of Nonhuman Primates," *Progress in Brain Research* 85호(1990년)와 Daniel Weinberger의 논문 "A Connectionist Approach to the Prefrontal Cortex," *Journal of Neuropsychiatry* 5호 (1993년) 참고.

4. 동기부여와 뛰어난 성과: Anders Ericsson, "Expert Performance: Its Structure and Acquisition," *American Psychologist* (1994년 8월).

5. 아시아인의 IQ의 우수성: Herrnstein, Murray 공저 *The Bell Curve*.

6. 아시안계 미국인의 IQ와 직업: James Flynn 저 *Asian-American Achievement Beyond IQ* (New Jersey: Lawrence Erlbaum, 1991년).

7. 4살 아동의 순간 쾌락에 대한 지연능력은 Yuichi Shoda,

Walter Mischel, Philip K. Peake 등이 공동 집필한 "Predicting Adolescent Cognitive and Self-regulatory Competencies From Preschool Delay of Gratification," *Developmental Psychology* 26호 6장 (1990년) 978–86pp.를 참고하라.

8. 충동적 아동과 자기통제적 아동의 SAT 점수: 스미스 대학의 심리학 교수 Phil Peake가 실시한 SAT 데이터 분석에서 인용.

9. SAT 예측지수로서의 IQ와 지연능력: Walter Mischel의 지연 능력에 대한 연구와 SAT 데이터를 비교 분석했던 스미스 대학의 Phil Peake와의 개인적 대화에서 인용.

10. 충동성과 비행: 다음에 실린 Jack Block의 논문을 참고하라: "On the Relation Between IQ, Impulsivity, and Delinquency," *Journal of Abnormal Psychology* 104호 (1995년).

11. 걱정스러운 어머니: David H. Barlow 편저 *Clinical Handbook of Psychological Disorders*(New York: Guilford Press, 1993년)에 실린 Timothy A. Brown 외 다수의 논문 "Generalized Anxiety Disorder"를 참고.

12. 항공 통제사와 불안: *FAA Office of Aviation Medicine Reports*(1989년 5월)에 실린 W. E. Collins 외 다수의 논문 "Relationships of Anxiety Scores to Academy and Field Training Performance of Air Traffic Control Specialists"

참고.

13. 불안과 학업성적: Bettina Seipp의 논문 "Anxiety and Academic Performance: A Meta-analysis," *Anxiety Research* 4호 1장 (1991년) 참고.

14. 상습적인 불안감: Richard Metzger 외 다수의 논문 "Worry Changes Decision-making: The Effects of Negative Thoughts on Cognitive Processing," *Journal of Clinical Psychology* (1990년 1월호) 참고.

15. Ralph Haber와 Richard Alpert의 논문 "Test Anxiety," *Journal of Abnormal and Social Psychology* 13호 (1958년) 참고.

16. 걱정하는 학생: Theodore Chapin의 논문 "The Relationship of Trait Anxiety and Academic Performance to Achievement Anxiety," *Journal of College Studuent Development* (1989년 5월호) 참고.

17. 부정적 사고와 시험성적: John Hunsley의 논문 "Internal Dialogue During Academic Examinations," *Cognitive Therapy and Research* (1987년 12월호) 참고.

18. 사탕을 선물로 주는 내과전문의: Alice Isen 외 다수의 논문 "The Influence of Positive Affect on Clinical Problem Solving," *Medical Decision Making* (1991년 7-9월호) 참고.

19. 희망과 나쁜 성적: C. R. Snyder의 논문 "The Will and the Ways: Development and Validation of an Individual-Differences Measure of Hope," *Journal of Personality and Social Psychology* 60호 4장 (1991년) 579p. 참고.

20. 저자와 C. R. Snyder의 인터뷰는 *The New York Times*(1991년 12월 24일자)에 실려 있다.

21. 낙관적인 수영선수: Martin Seligman의 저서 *Learned Optimism* (New York: Knopf, 1991년).

22. 실질적 낙관주의와 막연한 낙관주의: Carol Whalen 외 다수의 논문 "Optimism in Children's Judgments of Health and Environmental Risks," *Health Psychology* 13호 (1994년).

23. 낙관주의에 대한 Martin Seligman과의 인터뷰는 *The New York Times* (1987년 2월 3일자) 참조.

24. 자기효율성에 대한 Albert Bandura와의 인터뷰는 *The New York Times* (1988년 5년 8일자) 참조.

25. Mihaly Csikszentmihalyi의 논문 "Play and Intrinsic Rewards," *Journal of Humanistic Psychology* 15호 3장 (1975년) 참조.

26. Mihaly Csikszentmihalyi의 저서 *Flow: The Psychology of Optimal Experience* (New York: Harper and Row, 1990년).

제6장   271

27. "폭포수처럼": *Newsweek* (1994년 2월 28일자).

28. Csikszentmihalyi 박사와의 인터뷰는 *The New York Times*(1986년 3월 4일자)에 실려 있다.

29. 흐름을 타고 있는 두뇌: Jean Hamilton 외 다수의 논문 "Intrinsic Enjoyment and Boredom Coping Scales: Validation With Personality, Evoked Potential and Attention Measures," *Personality and Individual Differences* 5호 2장 (1984년) 참고.

30. 피질의 활동과 피로: Ernest Hartmann 저 *The Functions of Sleep*(New Haven: Yale University Press, 1973년)에서 인용.

31. Csikszentmihalyi 박사와의 인터뷰는 *The New York Times*(1992년 3월 22일자)에 실려 있다.

32. 흐름과 수학과 학생들의 연구: Mihaly Csikszentmihalyi & Isabella Csikszentmihalyi 공저 *Optimal Experience: Psychological Studies of Flow in Consciousness*(Cambridge: Cambridge University Press, 1988년)에 실린 Jeanne Nakamura의 논문 "Optimal Experience and the Uses of Talent"를 참고.

제7장 *Notes*

1. 자기인식과 감정이입: 참고자료로는 뉴 햄프셔 대학의 출판되지 않은 논문 John Mayer와 Melissa Kirkpatrick 공동집필 "Hot Information-Processing Becomes More Accurate With Open Emotional Experience"(1994년 10월)와 Randy Larsen 외 다수가 쓴 "Cognitive Operations Associated With Individual Differences in Affect Intensity," *Journal of Personality and Social Psycholgy* 53호(1987년)를 보도록 하라.

2. P. McReynolds 편저 *Advances in Psychological Assessment*(San Francisco: Jossey-Bass, 1977년)에 실린 Robert Rosenthal 외 다수의 논문 "The PONS Test: Measuring Sensitivity to Nonverbal Cues"를 참고할 것.

3. Stephen Nowicki와 Marshall Duke 공동집필 "A Measure of Nonverbal Social Processing Ablility in Children Between the Ages of 6 and 10". 이 논문은 미국 정신심리학회(1989년)에 제출되었던 것이다.

4. 조사자 역할을 맡은 어머니들의 훈련은 국립 정신보건원 발달심리학연구소에 근무하는 Marian Radke-Yarrow와 Carolyn Zahn-Waxler가 담당했다.

5. 감정이입의 발달상의 근원과 신경학에 대해서는 *The New York Times*(1989년 3월 28일자)에 실려 있다.

6. 아이들에게 감정이입을 심어주는 문제: Ervin Staub 외 다수 공동집필의 *Development and Maintenance of Prosocial Behavior*(New York: Plenum, 1984년)에 실린 Marian Radke-Yarrow와 Carolyn Zahn-Waxler의 논문 "Roots, Motives and Patterns in Children's Prosocial Behavior"를 참고할 것.

7. Daniel Stern 저 *The Interpersonal World of the Infant* (New York: Basic Books, 1987년) 30p.

8. D. Stern, 동서(同書).

9. 우울증에 걸린 유아들은 Jeffrey Pickens과 Tiffany Field의 논문 "Facial Expressivity in Infants of Depressed Mothers," *Developmental Psychology* 29호 6장(1993년)에서 볼 수 있다

10. 폭력적 성추행자의 유년기에 대한 연구는 필라델피아의 심리학자 Robert Prentky가 수행했다.

11. 경계형 인격장애자들의 감정이입 문제: "Giftedness and Psychological Abuse in Borderline Personality Disorder: Their Relevance to Genesis and Treatment," *Journal of Personality Disorders* 6호 (1992년) 참고.

12. Leslie Brothers의 논문 "A Biological Perspective on Empathy," *American Journal of Psychiatry* 146호 1장 (1989년)에서.

13. Brothers, "A Biological Perspective" 16p.
14. 감정이입의 생리학: Robert Levenson과 Anna Ruef의 논문 "Empathy: A Physiological Substrate," *Journal of Personality and Social Psychology* 63호 2장 (1992년).
15. W. Kurtines & J. Gerwitz 편저 *Moral Behavior and Development: Advances in Theory, Research and Applications*(New York: John Wiley and Sons, 1984년)에 실린 Martin L. Hoffman의 논문 "Empathy, Social Cognition, and Moral Action" 참고.
16. 감정이입과 도덕과의 연계성은 Hoffman의 "Empathy, Social Cognition, and Moral Action"을 볼 것.
17. 성범죄에서 최고조에 도달하는 감성주기에 관해서는 *The New York Times*(1992년 4월 14일자)에 이미 게재한 바 있거니와, 그 출처는 버몬트 교도소의 William Pithers 박사의 도움을 받았다.
18. 정신병자의 특징에 대해서는 저자가 *The New York Times*(1987년 7월 7일자)에 상세히 묘사한 바 있다. 이 글은 브리티쉬 콜럼비어 대학의 심리학 교수이자 정신병치료의 권위자인 Robert Hare 박사의 글을 상당수 인용했다.
19. Leon Bing 저 *Do or Die* (New York: Harper Collins, 1991년).
20. 아내 상습 구타자: Neil S. Jacobson 외 다수의 논문

"Affect, Verbal Content, and Psychophysiology in the Arguments of Couples With a Violent Husband," *Journal of Clinical and Consulting Psychology*(1994년 7월)를 참고하라.

21. 정신병자에게는 두려움이 없다 - 이 결과는 충격 요법을 받는 정신병 범죄자에게서 잘 드러난다 - : 그 결과에 관한 가장 최근의 소견서는 Christopher Patrick 외 다수의 논문 "Emotion in the Criminal Psychopath: Fear Image Processing," *Journal of Abnormal Psychology* 103호(1994년)를 참조할 것.

제8장 *Notes*

1. 제이와 렌 간의 감성교환은 Judy Garber와 Kenneth A. Dodge가 공저한 책 *The Development of Emotion Regulation and Dysregulation*(Cambridge University Press, 1991년)에 실린 Judy Dunn과 Jane Brown의 논문 "Relationships, Talk About Feelings, and the Development of Affect Regulation in Early Childhood"를 인용한 것이다. 저자는 이 글에 약간의 극적 요소들을 첨가했다.

2. 표출의 법칙은 Paul Ekman과 Wallace Friesen 공저 *Unmasking the Face*(Englewood Cliffs, NJ: Prentice Hall, 1975년)를 참고하도록.

3. 전쟁터의 스님들: 이 이야기는 David Busch가 "Culture Cul-de-Sac"이란 제목으로 *Arizona State University Research*(봄/여름 호, 1994년)에 실었던 글을 인용한 것이다.

4. 기분의 전이에 대한 연구는 *Personality and Social Psychology Bulletin* 1991년 4월호에 Ellen Sullins가 게재한 내용을 인용한 것이다.

5. 기분의 전이와 동조성에 대한 연구는 오리건 주립 대학의 심리학 교수 Frank Bernieri가 수행했다. 저자는 그의 연구 내용 일부를 *The New York Times*에 게재했는데, 그의 연구의 상당수는 Robert Feldman, Bernard Rime 공저 *Fundamentals of Nonverbal Behavior*(Cambridge: Cam-

bridge 대학 출판부, 1991년)에 실린 Bernieri와 Robert Rosenthal의 논문 "Interpersonal Coordination, Behavior Matching, and Interpersonal Synchrony"에서 볼 수 있다.

6. Bernieri와 Rosenthal의 유인이론은 *Fundamentals of Nonverbal Behavior*에 실려있다.

7. Thomas Hatch가 미국 심리학협회의 연례회의에 제출한 논문 "Social Intelligence in Young Children(1990년)"에서 인용.

8. 사회적 카멜레온: L. S. Wrightsman과 K. Deaux 공저의 *Social Psychology in the '80s*(Monterey, CA: Brooks/Cole, 1981년)에 실린 Mark Snyder의 논문 "Impression Management: The Self in Social Interaction"에서 인용.

9. E. Lakin Phillips 저 *The Social Skills Basis of Psychopathology* (New York: Grune and Stratton, 1978년) 140p. 참조.

10. 비언어적 학습장애증: Stephen Nowicki와 Marshall Duke의 책 *Helping the Child Who Doesn't Fit In*(Atlanta: Peachtree Publishers, 1992년)을 보라. 그 외의 참고서적은 Byron Rourke의 *Nonverbal Learning Disabilities* (New York: Guilford Press, 1989년)가 있다.

11. Nowicki와 Duke, *Helping the Child Who Doesn't Fit In*.

12. 놀이 집단에 처음 들어갈 때 볼 수 있는 이런 예화들에 관한 연구는 Steven Asher와 John Coie가 공저한 *Peer Rejection in Childhood*(New York: Cambridge 대학 출판부, 1990년)에 실린 Martha Putallaz와 Aviva Wasserman의 논문 "Children's Entry Behavior"를 참고할 것.

13. Putallaz, Wasserman, "Children's Entry Behavior".

14. Hatch, "Social Intelligence in Young Children".

15. Terry Dobson의 일본인 술 주정뱅이와 노인에 대한 이야기는 Dobson의 재산권 집행자의 허락을 받고 인용한 것이다. 이 내용은 Ram Dass와 Paul Gorman 공저 *How Can I Help?* (New York: Alfred A. Knopf, 1985년) 167-71pp.에도 등장한다.

제9장 *Notes*

1. 이혼율 산정방법은 여러 가지가 있고, 어떤 통계적 방식을 사용하느냐에 따라서 결과도 달라질 수 있다. 어떤 방법에 의하면 이혼율은 50%까지 치솟았다가 현재 다소 떨어졌다고 한다. 만약 이혼율을 특정 년도의 총 이혼 숫자로만 계산한다면 최고조에 이르렀던 것은 80년대이다. 그러나 저자가 본서에서 적용한 이혼율 계산방법은 이런 단순한 수치가 아닌 특정 년도에 결혼한 쌍이 궁극적으로는 이혼하게 될 가능성에 대한 수치라는 점에 주목하자. 이 통계법에 따르면 과거 1세기 동안 이혼율은 급격한 증가세를 유지해 왔다. 보다 자세한 내용은 John Gottman의 저서 *What Predicts Divorce: The Relationship Between Marital Processs and Marital Outcomes*(Hillsdale, NJ: Lawrence Erlbaum Associates, Inc., 1993년)를 참고할 것.

2. 남자 아이와 여자 아이의 다른 세계: H. Reese의 편저 *Advances in Child Development and Behavior*(New York: Academic Press, 1987년)에 실린 Eleanor Maccoby와 C. N. Jacklin의 논문 "Gender Segregation in Childhood"를 참고.

3. 동성친구들: J. Gottman과 J. Parker 공동편저 *Conversation of Friends*(New York: Cambridge 대학 출판부, 1986년)에 실린 John Gottman의 논문 "Same and Cross Sex Friendship in Young Children"을 참고.

4. 감성의 사회화과정에서 남녀 간에 보이는 차이를 다룬 이 부분의 요약은 Michael Lewis와 Jeannette Haviland 공동편저 *Handbook of Emotions*(New York: Guilford Press, 1993년)에 실린 Leslie R. Brody와 Judith A. Hall의 "Gender and Emotion"이란 제목의 탁월한 논문을 근거로 한 것이다.

5. Brody & Hall, "Gender and Emotion," 456p.

6. 소녀들의 공격성: Robert B. Cairns과 Beverley D. Cairns 공저 *Lifelines and Risks* (New York: Cambridge 대학 출판부, 1994년).

7. Brody & Hall, "Gender and Emotion," 454p.

8. 감성에 있어서 남녀 간의 차이에 대한 발견은 Brody와 Hall의 논문 "Gender and Emotion"에서 인용했다.

9. 여성들에게 있어서 원만한 커뮤니케이션의 중요성은 Mark H. Davis, H. Alan Oathout의 논문 "Maintenance of Satisfaction in Romantic Relationships: Empathy and Relational Competence," *Journal of Personality and Social Psychology* 53호 2장 (1987년) 397-410pp.에 실린 것을 참고.

10. 남편과 아내의 불만사항에 대한 연구: Robert J. Sternberg, Michael Barnes 공저의 *The Psychology of Love*(New Haven: Yale 대학 출판부, 1988년)에 실린 Robert J. Sternberg의 논문 "Triangulating Love" 참고.

11. 슬픈 표정 읽어내기: 펜실베니아 의과대학의 Ruben C. Gur 박사의 연구에서 인용.

12. 프레드와 잉그리드의 대화는 Gottman 저서 *What Predicts Divorce* 84p. 참고.

13. 워싱턴 대학의 John Gottman과 그의 동료에 의해 수행된 결혼생활 연구는 Gottman 저 *Why Marriages Succeed or Fail*(New York: Simon and Schuster, 1994년)과 동인(同人)의 *What Predicts Divorce*에 보다 자세히 기술되어 있다.

14. 무관심: Gottman, *What Predicts Divorce*.

15. 유독한 사고: Aaron Beck 저 *Love Is Never Enough* (New York: Harper and Row, 1988년) 145-46pp. 참고.

16. 문제 부부들의 사고: Gottman 저 *What Predicts Divorce*.

17. 폭력남편의 왜곡된 사고방식은 Amy Holtzworth-Munroe와 Glenn Hutchinson의 논문 "Attributing Negative Intent to Wife Behavior: The Attributions of Maritally Violent Versus Nonviolent Men," *Journal of Abnormal Psychology* 102호 2장 (1993년) 206-11pp.를 참고. 또한 성적 공격형 남자들의 의심에 관해서는 Neil Malamuth와 Lisa Brown의 논문 "Sexually Aggressive Men's Perceptions of Women's Communications," *Journal of Personality and Social Psychology* 67호(1994

년)를 참고.

18. 폭력을 행사하는 남편: 폭력을 행사하는 남편에는 세 가지 유형이 있다: 그 첫째는 여간해서는 쓰지 않는 경우, 둘째는 화가 나서 충동적으로 사용하는 경우, 세째는 냉정하면서 계획적으로 사용하는 경우이다. 보다 자세한 내용에 관해서는 Neil Jacobson 외 다수의 저서 *Clinical Hand-book of Marital Therapy*(New York: Guilford Press, 1994년)을 참고할 것.

19. 감정의 범람: Gottman 저 *What Predicts Divorce*.

20. 남편은 말다툼을 싫어한다: Robert Levenson 외 다수의 논문 "The Influence of Age and Gender on Affect, Physiology, and Their Interrelations: A Study of Long-term Marriages," *Journal of Personality and Social Psychology* 67호 (1994년) 참고.

21. 남편들의 감정범람: Gottman 저 *What Predicts Divorce*.

22. 남자는 무관심해지고, 여자는 비난한다: Gottman 저 *What Predicts Divorce*.

23. "TV 보는 남편에게 총기를 발사한 혐의로 기소된 아내 사건," *The New York Times* (1993년 11월 3일자).

24. 생산적인 부부싸움: Gottman 저 *What Predicts Divorce*.

25. 부부싸움의 회복능력의 결함: Gottman 저 *What Predicts Divorce*.

26. '좋은 다툼'으로 연계되는 4단계는 Gottman 저 *Why Marriages Succeed or Fail*에서 인용했다.

27. 맥박의 관측: Gottman, 동서(同書).

28. 자동적 사고의 간파: Beck 저 *Love Is Never Enough*.

29. 경영법: Harville Hendrix 저 *Getting the Love You Want* (New York: Henry Holt, 1988년).

제10장 *Notes*

1. 겁먹은 조종사의 추락: Carl Lavin 기자의 기사 "When Moods Affect Safety; Communications in a Cockpit Mean a Lot a Few Miles Up," *The New York Times* (1994년 6월 26일자).

2. 250명의 간부를 대상으로 한 조사: Michael Maccoby의 글 "The Corporate Climber Has to Find His Heart," *Fortunes* (1976년 12월호).

3. Zuboff 박사와의 대화는 1994년 6월에 있었다. 정보 기술의 영향에 대해서는 그녀의 책 *In the Age of the Smart Machine*(New York: Basic Books, 1991년)을 참조할 것.

4. 비난하는 부사장의 이야기는 UCLA 경영 대학원의 심리학 교수 Hendrie Weisinger 박사가 직접 들려준 것이다. 그의 관련서적은 *The Critical Edge: How to Criticize Up and Down the Organization and Make It Pay Off*(Boston: Little, Brown, 1989년)가 있다.

5. 경영 관리자들이 화를 터뜨리는 횟수에 대한 조사는 *The New York Times* (1990년 9월 11일)에 실린 렌슬리어 종합 기술 대학의 심리학 교수 Robert Baron 박사와의 인터뷰 내용에서 인용했다.

6. 분쟁의 원인으로서의 비난: Robert Baron 박사의 논문 "Countering the Effects of Destructive Criticism: The

Relative Efficacy of Four Interventions," *Journal of Applied Psychology* 75호 3장 (1990년).

7. 구체적 비판, 애매한 비난: Harry Levinson 박사의 논문 "Feedback to Subordinates," *Addendum to the Levinson Letter* (Levinson Institute: Waltham, MA, 1992년).

8. 근로집단의 인종의 변화: 맨해턴에 있는 Towers Perrin 경영 컨설턴트사가 전국의 645개 기업을 대상으로 조사한 내용으로서, 자세한 내용은 *The New York Times*(1990년 8월 26일자)에 게재되어 있다.

9. 증오의 뿌리: Vamik Volkan 저 *The Need to Have Enemies and Allies* (Northvale, NJ: Jason Aronson, 1988년).

10. Thomas Pettigrew: Pettigrew 교수와의 인터뷰는 *The New York Times*(1987년 5월 12일자)에 실려 있다.

11. 고정관념과 미묘한 편견: Samuel Gaertner와 John Davidio 공저 *Prejudice, Discrimination, and Racism* (New York: Academic Press, 1987년).

12. 미묘한 편견: Gaertner, Davidio, 동서(同書).

13. Relman: *The New York Times Sunday Magazine*(1994년 11월 11일자)에 실린 Howard Kohn의 글 "Service With a Sneer"에서 인용.

14. IBM: "Responding to a Diverse Work Force," *The New York Times* (1990년 8월 26일자).

15. 뚜렷한 자기주장의 위력: Fletcher Blanchard의 논문 "Reducing the Expression of Racial Prejudice," *Psychological Science* (2권, 1991년).

16. 고정관념의 파괴: Gaertner & Davidio, *Prejudice, Discrimination, and Racism.*

17. 팀 작업: Peter Drucker, "The Age of Social Transformation," *The Atlantic Monthly* (1994년 11월호).

18. 집단지능의 개념은 Wendy Williams와 Robert Sternberg의 논문 "Group Intelligence: Why Some Groups Are Better Than Others," *Intelligence*(1988년)에 처음 등장한다.

19. 벨 연구소의 스타들에 대한 연구는 Robert Kelley와 Janet Caplan의 논문 "How Bell Labs Creates Star Performers," *Harvard Business Review* (1993년 7-8월호)에서 인용.

20. 비공식적 네트웍의 유용함은 David Krackhardt와 Jeffrey R. Hanson의 논문 "Informal Networks: The Company Behind The Chart," *Harvard Business Review*(1993년 7-8월호) 104p.에서 다루고 있다.

제11장 *Notes*

1. 신체두뇌의 면역체계: 인도 다람살라 시에서 열린 제3의 정신과 삶(The Third Mind and Life) 회의에서 Francisco Varela가 발표한 내용.

2. 두뇌와 면역체계를 오가는 화학적 매개체: Robert Ader 외 다수 공저의 *Psychoneuroimmunology* 2판본(San Diego: Academic Press, 1990년)을 볼 것.

3. 신경과 면역세포 간의 접촉: *Journal of Immunology* 135호 (1985년)에 실린 David Felten 외 다수의 논문 "Noradren-ergic Sympathetic Innervation of Lymphoid Tissue," 참조.

4. 호르몬과 면역기능: B. S. Rabin의 논문 "Bidirectional Interaction Between the Central Nervous System and the Immune System," *Critical Reviews in Immunology* 9호 (1989년) 279-312pp. 참조.

5. 두뇌와 면역체계의 연계성: Stevens B. Maier 외 다수의 논문 "Psychoneuroimmunology," *American Psychologist* (1994년 12월호) 참조.

6. 유해한 감성: Howard Friedman과 Boothby-Kewley가 *American Psychologist* 42호(1987년)에 발표한 "The Disease-Prone Personality: A Meta-Analytic View"에서 참고한 것임. 이 연구에 사용된 방법은 소규모 연구들로부터 거둔 결과들을 다시 통계적 방법으로 거대한 하나의

단일 연구에 집적시키는 Meta-Analysis 방식이 이용되었다. 이는 결과적으로 많은 사람들을 대상으로 한 연구이기 때문에, 어느 특정 연구만으로는 쉽게 나타나지 않을 결과들도 쉽게 도출해 낼 수 있다.

7. 회의론자들은 높은 발병률에 감성적 태도들이 관련되어 있다는 주장은 신경관련 질병환자들 – 쉽게 불안해 하고, 우울해지며, 분노하는 감성적 좌절자들 – 에게나 적용할 수 있을 뿐, 환자들 스스로 자신의 건강에 대해 푸념하고 불평하면서 자신의 심각성을 더욱 과장하는 성향으로 인해 악화되는 질병의 발병률은 의학적으로 밝혀진 증거에 따른 발병률에 비하면 극히 미미한 것이라고 주장한다. 하지만 Friedman 같은 사람은 보다 객관적인 준거로서, 환자의 불평에 의해서만이 아니라 의사들의 평가에 의해서도 감성과 질병이 연관되었다는 사실이 각종 질병의 징후들과 의학적 실험결과를 통해 계속 제시되고 있다고 주장한다. 분명한 것은 증가되는 스트레스가 의료적 조건의 악화를 불러올 뿐만 아니라 그것의 결과로도 나타날 수 있다는 점이다. 따라서 보다 설득력 있는 자료들은 향후 질병의 발생에 앞서서 감성상태를 측정한다든지 하는 등의 시각으로 수행하는 연구를 통해 드러날 것이다.

8. *The American Journal of Cardiology* 70호(1992년)에 실린 Gail Ironson 외 다수의 논문 "Effects of Anger on Left Ventricular Ejection Fraction in Coronary Artery Disease"

에서 발췌. 때로는 '분출량비율'로도 불리우는 박동의 효율성이란 좌심실을 출발한 피가 동맥으로 들어가기까지의 심장의 능력을 측정하기 위한 기준이다. 이때 측정되는 것은 한 번의 펌프질에 좌심실을 떠나는 피의 백분율이 얼마나 되는가 하는 것이다. 심장병에서 박동의 효율성이 낮다는 것은 심장근육이 약하다는 것과 동일한 의미이다.

9. 적대감과 심장병으로 인한 죽음을 대상으로 이루어진 수많은 연구에서 일부는 두 가지의 연계성을 밝히는 데에 실패했다. 하지만 그 실패는 적대감의 측정 방법이 잘못되었다든지 하는 방법론 차이와 그 효과의 상대적인 미묘함에 기인하는 경우가 대부분이었다. 예를 들어, 적대감으로 인한 사망의 상당수는 중년에 발생하는데, 동 연구가 이 기간의 급작스러운 사망 원인에 대한 추적 조사를 빠뜨렸다면, 그 결과에서도 예상되는 효과를 기대할 수 없는 것이다.

10. 적대감과 심장병: Redford Williams의 저서 *The Trusting Heart* (New York: Times Books /Random House, 1989년).

11. Peter Kaufman: 그와 저자가 나눈 인터뷰는 *The New York Times* (1992년 9월 1일자)에 있다.

12. 스탠포드 대학의 분노와 2차적 심장마비에 대한 연구는 Carl Thoreson이 스웨덴 움살라 시에서 열린 국제행동의학회의(1990년 7월)에서 발표한 논문에서 인용한 것이다.

13. *Circulation* 82호 (1990년 10월) 제 4권 부록 3에 실린

Lynda H. Powell의 논문 "Emotional Arousal as a Predictor of Long-Term Mortality and Morbidity in Post M. I. Men"에서 인용.

14. *Circulation* 89호 (1994년) 제 2권에 실린 Murray A. Mittleman의 논문 "Triggering of Myocardial Infarction Onset by Episodes of Anger" 참조.

15. 분노를 억누르면 혈압이 올라간다: Richard Davidson, Paul Ekman 공저의 *Fundamental Questions About Emotions*(New York: Oxford 대학 출판부, 1995년)에 실린 Robert Levenson의 논문 "Can We Control Our Emotions, and How Does Such Control Change an Emotional Episode?"를 참고할 것.

16. 화를 내는 사람들의 유형: Redford Williams의 연구에 대해서는 저자가 *The New York Times Good Health Magazine*(1989년 4월 16일자)에 게재한 바 있다.

17. 2차 심장마비의 44% 감소효과: Thoreson, 동서(同書).

18. Williams 박사의 분노통제 프로그램: 그의 책 *The Trusting Heart*.

19. 불안에 떠는 여자: David H. Barlow 외 다수 공저 *Clinical Handbook of Psychological Disorders*
(New York: Guilford Press, 1993년)에 실린 Timothy Brown의 논문 "Generalized Anxiety Disorder"에서 인용.

제11장   291

20. 스트레스와 변형 스트레스: Bruce McEwen과 Eliot Stellar의 논문 "Stress and the Individual: Mechanisms Leading to Disease," *Archives of Internal Medicine* 153호(1993년 9월 27일자)를 참조할 것. 여기서 그들이 묘사한 연구내용은 주로 *Blood* 76호(1990년)에 나오는 M. Robertson와 J. Ritz의 논문 "Biology and Clinical Relevance of Human Natural Killer Cells"에서 인용한 것.

21. 왜 스트레스를 겪는 사람들이 쉽게 병에 걸리는가 하는 문제에 대해서는 생물학적 경로 외에도 여러 다중적 이유가 있을 수 있다. 그중 한 가지 이유는 그들의 스트레스를 달래려고 하는 방법 — 대개는 음주, 흡연, 과도한 지방질 음식 섭취 — 에서 살펴볼 수 있다. 또 다른 이유로서는 끊임없는 걱정과 불안 속에 수면을 제대로 취하지 못하거나 치료 섭생 — 예를 들면, 약의 규칙적인 복용 — 에 따르지 못함으로써 기존의 질병을 자꾸 연장시키는 것을 들 수 있다. 이 모든 것이 결합되었을 때 스트레스와 질병과의 연관성은 강화된다.

22. 스트레스는 면역체계를 약화시킨다. 예를 들어, 시험 스트레스를 겪고 있는 의과대학생들을 대상으로 한 실험에서 이들은 헤르페스 바이러스에 대한 면역력이 떨어졌을 뿐만 아니라 전염세포들을 죽이는 백혈구 능력들도 감소했던 것으로 나타났다. 심지어 면역반응의 중추적 역할을 담당하는 백혈구인 임파구의 면역능력을 억제하는 것에 관련된

화학물질의 수준이 증가했다. 이에 관한 자료는 *Brain, Behavior, and Immunity* 1호(1987년)에 실린 Ronald Glaser와 Janice Kiecolt-Glaser의 논문 "Stress-Associated Depression in Cellular Immunity"를 참고하도록. 단, 스트레스에 따른 면역체계의 저항력 감소를 보여주는 연구들 대부분이 어느 수준이 의학적 위험을 이끌 만큼 위험한 것인가에 대해서는 아직 분명히 밝히지 못하고 있다.

23. 스트레스와 감기: Sheldon Cohen, "Psychological Stress and Susceptibility to the Common Cold," *New England Journal of Medicine* 325호 (1991년).

24. 일상적 혼란과 감염성: *Journal of Human Stress* 13호 (1987년)에 실린 Arthur Stone 외 다수의 논문 "Secretory IgA as a Measure of Immunocompetence"에서 인용. 또 다른 연구로서는 246명의 남편, 아내, 자녀들을 대상으로 감기가 유행하는 기간 동안 일상적인 가정생활에서 그들이 겪는 스트레스를 추적한 것이 있다. 이때 가정에서의 위기감이 높은 사람들일수록 발열과 감기 바이러스에 대한 항체수준의 측정결과 가장 높은 감기 발병률을 기록하고 있었다. 또 다른 자료로서는 *Journal of Family Practice* 28호 (1989년 5월)에 실린 R. D. Clover 외 다수의 논문 "Family Functioning and Stress as Predictors of Infl-uenza B Infection"을 참조하도록.

25. 헤르페스 바이러스와 발진과 스트레스: Ronald Glaser와

Janice Kiecolt-Glaser가 시행한 일련의 실험을 통해 밝혀진 내용임. 그중 일부는 *American Psychologist* 43호에 "Psychological Influences on Immunity"(1988년)으로 소개되었음. 스트레스와 헤르페스 간에 강력한 관련성이 있다는 사실은 10명의 환자들을 대상으로 그들의 헤르페스 발작 회수를 조사한 결과 밝혀졌다. 실험기간 수주 동안 잦은 걱정과 분쟁과 스트레스에 휘말린 환자들일수록 헤르페스의 발작이 잦았고, 평정을 회복한 기간에는 그만큼 헤르페스 증세가 드물었다고 한다. 보다 자세한 내용은 H. E. Schmidt가 *Journal of Family Practice* 20호(1985년)에 발표한 "Stress as a Precipitating Factor in Subjects With Recurrent Herpes Labialis"를 살펴보도록.

26. 여성과 심장병에 불안이 끼치는 영향: 스웨덴 웁살라 시의 국제행동의학협의회(International Congress of Behavioral Medicine) (1990년 7월)에서 발표한 Carl Thoreson의 연설내용에서 인용. 불안은 남자들의 심장병에 걸릴 확률을 높이는 데에 기여한다. 알라바마 의과대학이 실시한 실험에서는 45세부터 77세 사이의 남녀 1,123명을 대상으로 그들의 감성적 상태를 여러 측면에서 조사한 바 있다. 이 실험에서 불안이나 걱정에 쉽게 휘말리는 사람들일수록 보통 사람들보다 20년 이내에 고혈압에 걸릴 가능성이 훨씬 높은 것으로 나타났다. 자세한 내용은 Abraham Markowitz가 *Journal of the American Medical Association* (1993년 11월 14일자)에 기고한 내용을 살펴볼 것.

27. 스트레스와 직장암: Joseph C. Courtney 외 다수의 논문 "Stressful Life Events and the Risk of Colorectal Cancer," *Epidemiology* (1993년 9월).

28. 스트레스 증세에 저항하기 위한 긴장완화: Daniel Goleman, Joel Gurin 공저의 *Mind Body Medicine*(New York: Consumer Reports Books/St. Martin's Press, 1993년)을 참고하도록.

29. 우울증과 질병: Seymour Reichlin의 "Neuroendocrine-Immune Interactions," *New England Journal of Medicine* (1993년 10월 21일자)을 보면 자세한 내용이 있다.

30. 골수이식: James Strain의 논문 "Cost Offset From a Psychiatric Consultation-Liaison Intervention With Elderly Hip Fracture Patients," *American Journal of Psychiatry* 148호(1991년)에서 인용.

31. Howard Burton 외 다수의 논문 "The Relationship of Depression to Survival in Chronic Renal Failure," *Psychosomatic Medicine* (1986년 3월) 참고.

32. 심장병으로 인한 절망과 죽음: Robert Anda 외 다수의 논문 "Depressed Affect, Hopelessness, and the Risk of Ischemic Heart Disease in a Cohort of U.S. Adults," *Epidemiology* (1993년 7월호) 참고.

33. 우울증과 심장마비: Nancy Frasure-Smith 외 다수의 논

문 "Depression Following Myocardial Infarction," *Journal of the American Medical Association* (1993년 10월 20일자) 참고.

34. 합병증을 가져오는 우울증: 워싱턴 대학의 정신병 전문학자 Michael von Korff는 일상적인 삶에서도 엄청난 어려움에 시달려야 하는 환자들을 상대로 실험을 통해 얻어진 사실들을 이렇게 밝혔다. "만일 당신이 환자의 우울증을 치료해 줄 수 있다면 단순히 의학적 상황변화를 뛰어넘는 개선 효과를 볼 수 있을 것이다. 우울함을 느낀다는 것은 원래의 증세를 한층 더 나쁜 것처럼 느끼게 만드는 법이다. 만성적 신체질병을 갖고 있다는 것은 적응력 면에서의 도전이 필요한 대상이다. 그러나 당신이 우울증에 빠져 있다면, 질병을 처리할 수 있는 방법의 학습에도 뒤쳐질 수밖에 없을 것이다. 신체적 손실을 겪을 때도 마찬가지이다. 동기 부여와 함께 충분한 에너지와 자긍심-이런 것은 우울증과 양립하지 못한다-을 갖고 있다면, 아무리 심각한 손상을 입더라도 언제든지 놀랄 만한 적응력을 보일 수 있다."

35. 낙관주의와 동맥수술: Chris Peterson 외 다수 공저 *Learned Helplessness: A Theory for the Age of Personal Control* (New York: Oxford 대학 출판부, 1993년).

36. 척추의 부상과 희망: Timothy Elliott 외 다수의 논문 "Negotiating Reality After Physical Loss: Hope, Depression, and Disability", *Journal of Personality and*

Social Psychology 61호 4장 (1991년) 참조.

37. 사회적 고립감의 의학적 위험: James House 외 다수의 논문 "Social Relationships and Health," *Science*(1988년 7월 29일자)를 볼 것. 그외에 유사한 내용은 Carol Smith의 논문 "Meta-Analysis of the Associations Between Social Support and Health Outcomes," *Journal of Behavioral Medicine*(1994년)에서도 볼 수 있다.

38. 고립감과 죽음의 위험: 여러 연구를 통해 생물학적 메카니즘의 작용에 대한 증거들이 제시되고 있다. House가 "Social Relationships and Health"라는 논문에서 소개한 발견 내용에는 다른 사람들이 존재한다는 사실만으로도 중증환자들의 불안감이 어느 정도 감소되고 생리학적 고통도 다소 줄어들 수 있다는 주장이 제시되어 있다. 타인의 존재가 가져다주는 위안적 심리효과는 심장박동이나 혈압의 저하에서 뿐만 아니라 동맥혈관을 막는 지방산의 감소에서도 잘 드러난다. 사회적 접촉의 치유 효과를 밝히기 위해 주창된 또 다른 이론으로는 활동 중인 두뇌 메카니즘에 대한 것이 있다. 이 이론은 동물을 대상으로 한 실험에 따르면 뇌에서 가장 효과가 두드러진 부분은 대뇌 변연계 중 편도와 가장 많은 연결고리를 갖고 있는 후측 시상 하부라고 한다. 이 관점에 의하면 타인의 존재가 주는 위안은 변연계의 활동을 낮추고 아세틸코린, 코르티졸, 카테콜라마인 등과 같이 호흡증가, 빠른 심장박동, 기타 스트레스의 여러

생리적 증후들을 강화시키는 호르몬들이 과도하게 분출되는 것을 억제시킨다고 한다.

39. Strain, "Cost Offset".

40. 심장병 생존자와 감성적 지원: Lisa Berkman 외 다수의 논문 "Emotional Support and Survival After Myocardial Infarction, A Prospective Population Based Study of the Elderly," *Annals of Internal Medicine* (1992년 12월 15일자) 참고.

41. 스웨덴에서의 연구: Annika Rosengren 외 다수의 논문 "Stressful Life Events, Social Support, and Mortality in Men Born in 1933," *British Medical Journal*(1993년 10월 19일자)에서 인용.

42. 부부 싸움과 면역 체계: Janice Kiecolt-Glaser 외 다수의 논문 "Marital Quality, Marital Disruption, and Immune Function," *Psychosomatic Medicine* 49호 (1987년).

43. 저자와 John Cacioppo의 인터뷰는 *The New York Times*(1992년 12월 15일자)에 실려 있다.

44. 골치 아픈 생각을 털어놓기: James Pennebaker가 워싱턴 시에서 열린 전미 심리학협회 회의(1992년)에 제출한 논문 "Putting Stress Into Words: Health, Linguistic and Therapeutic Implications"에서 인용.

45. 심리 요법과 의학적 효과: Lester Luborsky 외 다수 "Is

Psychotherapy Good for Your Health?" 워싱턴 시에서 열린 전미 심리학 협회(1993년)에 제출한 논문에서.

46. 암 환자 돕기 모임: David Spiegel 외 다수, "Effect of Psychosocial Treatment on Survival of Patients with Metastatic Breast Cancer," *Lancet* 8668호 (1989년).

47. 환자들의 질문: 여기에 인용된 글은 *The New York Times*(1991년 11월 13일자)에 실린 에모리 대학의 정신병리학자 Steven Cohen-Cole 박사와의 인터뷰 내용에서 가져왔다.

48. 충분한 정보: 예를 들어 샌프란시스코의 퍼시픽 프레스비테이런 병원에서 시행되는 플레인트리 프로그램은 의학적 연구를 수행함은 물론, 요청하는 사람들에게는 언제든지 의학적 정보에 대한 연구결과를 제공한다.

49. 효율적인 질문: 질문 프로그램은 뉴욕 의과대학의 Mack Lipkin, Jr. 박사가 개발한 것이다.

50. 수술에 대한 감성적 준비: 이에 대해 저자는 *The New York Times*(1987년 12월 10일자)에 기고한 바 있다.

51. 병원에서의 가족의 보살핌: 앞의 플레인트리 프로그램이 하나의 모델이 될 수 있다. 이 프로그램을 시행하는 로널드 맥도널드 하우스 병원은 아이들이 환자인 경우에 부모들을 가까이에서 지내도록 한다.

52. 명상과 의료: Jon Kabat-Zinn의 *Full Catastrophe Living*

(New York: Delacorte, 1991년) 참고.

53. 심장병 치료 프로그램: Dean Ornish의 *Dr. Dean Ornish's Program for Reversing Heart Disease* (New York: Ballantine, 1991년) 참고.

54. 관계 지향적 의료: *Health Professions Education and Relationship-Centered Care* (1994년 8월) 참고. 이 보고서는 샌프란시스코 캘리포니아 대학의 건강전문센터에 있는 Pew Health Professions Commission and Fetzer Institute에서 수행 중인 Advancing Psychosocial Health Education 계획 중 Pew-Fetzer 태스크 포스 팀의 작업의 일환으로 만들어진 것이다.

55. 조기 퇴원: Strain, "Cost Offset".

56. 심장병 환자들의 우울증을 치료하지 않는 비윤리성: Redford Williams와 Margaret Chesney의 논문 "Psychosocial Factors and Prognosis in Established Coronary Heart Disease," *Journal of the American Medical Association* (1993년 10월 20일자) 참고.

57. 의사에게 보낸 공개 편지: Stanley Kramer의 "A Prescription for Healing," *Newsweek* (1993년 6월 7일자) 참고.

제12장 *Notes*

1. 레슬리와 비디오 게임: M. H. Bornstein 저 *Handbook of Parenting* 4권(Hillsdale, NJ: Lawrence Erlbaum, 1994년)에 실린 Beverly Wilson과 John Gottman의 논문 "Marital Conflict and Parenting: The Role of Negativity in Families"에서 인용함.

2. 가정에서의 감성에 대한 연구는 본서 제9장에 나오는 John Gottman의 결혼생활에 대한 연구의 연장선상에 있다. 필요하다면 Carole Hooven, Lynn Katz, John Gottman의 논문 "The Family as a Meta-emotion Culture," *Cognition and Emotion*(1994년 봄호)을 볼 것.

3. 감성적으로 능숙한 부모를 둔 아이들의 혜택: Hooven, Katz, Gottman, "The Family as a Meta-emotion Culture."

4. 낙관적인 유아들: *Heart Start: The Emotional Foundations of School Readiness*(Arlington, VA: National Center for Clinical Infant Programs, 1992년)의 서문에 나오는 T. Berry Brazelton의 글에서.

5. 학교에서의 성공에 대한 감성적 지표: *Heart Start*.

6. 학교수업 준비성의 요소들: *Heart Start*, 7p.

7. 유아들과 어머니들: *Heart Start*, 9p.

8. 무관심이 가져오는 타격: I. Betherton과 E. Waters 편저

Monogrpahs of the Society of Research in Child Development 50호, 통권 209호에 나오는 M. Erickson 외 다수의 논문 "The Relationship Between Quality of Attachment and Behavior Problems in Preschool in a High-Risk Sample"에서 인용.

9. 평생 지속되는 첫 4년간의 학습내용: *Heart Start*, 13p.

10. 공격적 성향을 가진 아동의 사후행동: *The Journal of Personality and Social Psychology* (1987년 1월호)에 실린 "Intellectual Function and Aggression" (L. R. Huesman, Leonard Eron, Patty Warnicke-Yarmel 공저) 참조. 이와 유사한 발견들은 *Child Development* 1988년 9월호에 실린 Alexander Thomas와 Stella Chess의 글에서도 발견되고 있는데, 이들은 1956년에 7~12세였던 아이들 75명을 장기간에 걸쳐 정기적으로 조사하는 연구를 수행하였다. 그 결과는 *Child Development* 59호에 Alexander Thomas 외 다수의 논문으로 "Longitudinal Study of Negative Emotional States and Adjustments From Early Childhood Through Adolescence"(1988년)라는 제목으로 소개되었다. 부모나 교사들에 의해 공격적인 초등학생들로 보고되었던 아동들은 10년이 흐른 뒤 청소년 말기부터 심각한 감성적 혼란을 겪고 있었다. 이들은(남자의 경우가 여자보다 2배 이상 많음) 늘 싸움에 휘말렸고, 다른 아이들을 얕잡아보거나 적대

적으로 대하는가 하면, 심지어 부모님과 선생님에게도 그 릇된 태도를 보였다. 이들의 적대성은 수년이 지나도 변하지 않았다. 청소년기에 이들은 늘 급우나 가족과 불화가 끊이지 않았고 학교에서도 역시 말썽을 일으키고 다녔다. 그리고 성인이 된 이후 이들을 다시 조사했을 때에는 범법자가 되어 있거나 불안증세나 우울증에 시달리고 있었다.

11. 학대받는 아동의 감정이입 능력 부족증: 이들을 대상으로 한 일일 관찰기록은 *Developmental Psychology* 21호 3장 (1985년)에 Mary Main과 Carol George가 쓴 논문 "Responses of Abused and Disadvantaged Toddlers to Distress in Agemates: A Study in the Day-Care Setting" 으로 실려 있다. 똑같은 발견 사실은 취학전 아이들을 대상으로 한 Bonnie Klimes-Dougan과 Janet Kistner의 논문 "Physically Abused Preschoolers' Responses to Peers' Distress"가 동지(同誌) 26호(1990년)에 실려 있다.

12. 학대받는 아이들의 곤경: Robert Emery의 논문 "Family Violence," *American Psychologist* (1989년 2월호).

13. 세대를 거쳐 전수되는 학대: 학대받던 아이들이 자라서 학대하는 부모가 되는가의 여부는 아직은 과학적인 논쟁거리이다. 참고적으로 Cathy Spatz Widom의 논문 "Child Abuse, Neglect and Adult Behavior," *American Journal of Orthopsychia-try*(1989년 7월호)를 볼 것.

제13장 *Notes*

1. 저자는 클리블랜드 초등학교에서의 살육이 가져오는 PTSD 증후에 대해 *The New York Times* '교육' 난(1990년 1월 7일자)에 기고했다.

2. 범죄 희생자들의 PTSD 사례는 브루클린 시에 있는 희생자 상담소(Victims' Counseling Service)에 근무하는 Shelly Niederbach 박사에 의해 제공되었다.

3. 베트남전의 기억은 N. Butters, L. R Squire 공저 *The Neuropsychology of Memory*(New York: Guilford Press, 1992년)에 실린 M. Davis의 글 "Analysis of Aversive Memories Using the Fear-Potentiated Startle Paradigm"을 참고.

4. LeDoux는 *Journal of Cognitive Neuroscience* (1989년) 1권 238-43pp.에 "Indelibility of Subcortical Emotional Memories"라는 논문을 실어서 이 기억들의 특수한 지속적 성질을 과학적 사례들로 제시했다.

5. Charney 박사와의 인터뷰는 *The New York Times*(1990년 6월 12일자)에 실려 있다.

6. 연구실의 실험동물들에 대한 이 이야기는 John Krystal 박사가 저자에게 전해 준 이야기에서 인용되었고, 그 후로도 여러 연구실에서 반복 실험되기도 했다. 그중 주요 연구로는 듀크 대학의 Jay Weiss 박사가 수행한 것이 있다.

7. PTSD로 인한 두뇌와 그 내부의 편도에 일어나는 변화의 가장 좋은 설명은 Dennis Charney 외 다수의 논문 "Psychobiologic Mechanisms of Posttrmumatic Stress Disorder," *Archives of General Psychiatry* 50호 (1993년 4월) 294-305p. 참조.

8. '심리적 충격 후 스트레스 장애'(PTSD) 증후로 인해 두뇌의 신경연결망에서 벌어지는 변화에 대한 증거들은 일련의 PTSD를 앓고 있는 베트남 참전 용사들에게 요힘빈(남미 인디언들이 사냥감들을 꼼짝 못하게 하기 위해 화살촉에 묻혀 사용하는 최음제: 역주)을 주사한 실험에서도 드러났다. 소량의 요힘빈은 카테콜라마인의 분출을 제지하는 특수 수용기(신경 세포들이 신경 전달 물질을 받아들이는 곳)의 활동을 억제한다. 요힘빈이 투여되면 결과적으로 높은 카테콜라마인 분출이 발생한다. 약물을 투여한 결과, 이들의 불안감을 억제하던 신경계의 고삐가 풀리면서 실험대상 15명의 PTSD 환자들 중 9명은 공포증세를 겪고, 6명은 생생한 과거기억들로 인해 고통을 받은 것으로 나타났다. 한 용사는 자욱한 포연 속에 헬리콥터가 추락하는 광경을 목격했다고 하고, 다른 용사는 친구가 타고 있는 지프차가 눈 앞에서 지뢰에 폭발하는 광경을 목격했다고 한다. 이 환영들은 그전에도 20년 넘도록 악몽이나 느닷없는 회상의 형식으로 이들을 괴롭혀 왔던 것들이다. 요힘빈 실험은 코네티컷 주 웨스트 헤이븐 시에 위치한 참전 용사 병원의 국립 PTSD센터 향(向)정신 의학연구소 소장인 John Krystal의 주도 하에 실시된 것이다.

9. PTSD를 겪는 사람들의 알파 2 수용기가 감소하는 현상: Charney 박사의 "Psychobiologic Mechanisms" 참고.

10. 두뇌가 CRF 분비를 낮추려고 할 때는 그것의 분출을 담당하는 수용기들의 수효를 감소시키는 방법을 쓴다. PTSD 환자들에게서 이런 현상이 일어난다는 확실한 징후들은 CRF를 주사한 8명의 환자들을 대상으로 한 연구에서도 나타난다. 정상적이라면 CRF 주사는 몸 구석구석을 흐르면서 카테콜라마인을 조절하는 호르몬 ACTH의 분출을 돕는다. 하지만 PTSD 환자들의 경우에는 ACTH 분출 수치에 뚜렷한 변화가 나타나지 않았다. 이는 두뇌에 의한 CRF 수용기의 증가가 일어나기에는 그들의 스트레스 호르몬 수치가 이미 너무 과다하게 진행되어 있다는 징후이다. 저자는 이 연구 사실을 듀크 대학의 정신병리학 교수 Charles Nemeroff를 통해 알게 되었다.

11. Nemeroff 박사와의 인터뷰는 *The New York Times*(1990년 6월 12일자)에 실려 있다.

12. 이와 유사한 현상은 PTSD 환자들에게서도 발견된다: 예를 들어 이 증세로 판명된 참전 용사들에게 영화 '플래툰'을 특별히 15분짜리로 편집한 필름을 보여주는 실험을 실시하였다. 이때 한 그룹에게는 엔돌핀을 억제하는 물질인 날록손을 주사한 결과 영화를 본 뒤에도 이 용사들은 고통에 대한 민감성에서 아무런 변화를 보이지 않았다. 그러나 엔돌핀 길항제를 투여받지 않은 사람들의 경우에는 엔돌핀이

급격히 증가하여 고통의 민감성이 30% 가량 감소했다. 똑같은 실험을 특별히 PTSD 증세를 겪지 않는 참전 용사들에게 실시했을 때는 뚜렷한 효과가 보이지 않았는데, 이로서 PTSD 희생자들에게서 엔돌핀을 조정하는 신경 경로가 특별히 예민해지거나 과도한 활동성을 보이게 된다는 사실이 증명된 셈이다. 이는 처음 겪은 충격을 상기시키는 무엇인가에 다시 노출되기만 해도 분명히 드러나는 현상인 것이다. 이 과정에서 편도는 제일 먼저 우리가 본 것의 감성적 중요성을 평가한다. 이상의 연구는 하버드 대학의 정신과 교수 Roger Pitman 박사가 수행했다. PTSD의 다른 증세들도 그렇지만, 두뇌의 변화는 꼭 스트레스가 있어야만 학습되는 것은 아니고 과거의 끔찍했던 충격을 상기시키는 무엇인가만 있어도 금방 촉발된다. 예를 들어 Pitman 교수가 시행한 실험에서 우리 안의 쥐들에게 전기충격이 가해졌을 때, 이 쥐들은 베트남 참전 용사들에게 플래툰 영화를 보여주었을 때와 똑같은 엔돌핀 분출에 의한 고통 경감 효과가 있었다. 수주가 지난 뒤 쥐들을 처음 충격을 받았던 장소에―하지만 아무런 전기 흐름은 주어지지 않은 우리에 넣었을 때 이들은 처음 충격을 받았을 때와 비슷하게 고통에 대한 무감각함을 보여주었다. 보다 상세한 내용은 *Archives of General Medicine* (1990년 6월)에 실린 Roger Pitman의 논문 "Naloxone−Reversible Analgesic Response to Combat−Related Stimuli in Posttraumatic Stress Disorder"와 *Journal of Traumatic Stress* 5호 4장

(1992년)에 실린 Hillel Glover의 논문 "Emotional Numbing: A Possible Endorphin-Mediated Phenomenon Associated with Post-Traumatic Stress Disorders and Other Allied Psychopathologic States"를 참고하도록 하라.

13. 본 장에 제시된 두뇌의 증거들은 Dennis Charney의 탁월한 논문 "Psychobiologic Mechanisms"를 참고할 것.

14. Charney, "Psychobiologic Mechanisms," 300p.

15. 공포를 잊기 위한 학습에서 전두엽이 하는 역할: Richard Davidson은 자신의 실험에서 일련의 실험 대상자들에게 시끄럽고도 불쾌한 잡음과 함께 단조로운 곡조를 들려준 뒤 그들이 흘리는 땀의 양(불안감의 기준)을 측정하였다. 처음에는 시끄러운 소리가 이들의 땀의 양을 증가시켰다. 그러나 어느 정도 시간이 지난 뒤에는 단조로운 곡조만으로도 동일한 효과가 일어났는데, 이로써 이들은 그 곡조에 대한 혐오를 학습하게 된 셈이다. 그러나 시끄러운 잡음을 제외한 곡조만을 계속 들려주게 되면 이들의 혐오감이 차츰 사라져 갔다. 즉, 곡조만으로는 땀의 증가를 일으키지 않았다. 이때 지원자들의 좌측 전두엽이 보다 활발하면 할수록 학습된 공포를 망각하는 속도도 빨랐다.

전두엽이 고통의 망각에 중요한 역할을 차지한다는 사실을 보여주는 또 다른 실험은 쥐들을 대상으로 실시되었다. 여기서 우리 안의 쥐들은 일정한 곡조를 들으면서 전기 충격을 함께 받게 되어 이 곡조를 두려워하는 것을 학습하게 된다. 그 다음 대뇌 절제술을 통해 쥐의 편도와 전두엽을 연결하는 신경 고리들을 제거하였다. 그 뒤 며칠 간 이 쥐들은 별다른 충격없이 곡조만을 들었다. 일정 기간이 지난 뒤, 곡조를 통한 두려움을 학습했던 쥐들은 점차 그들의 공포를 잊어 갔다. 하지만 전두엽 연결 고리가 끊긴 쥐들은 공포를 잊기 위한 시간이 거의 두배 이상 소비되었다. 이로써 공포의 처리, 또는 좀더 광범위하게는 감성적 교훈의 습득에 전두엽이 중요한 역할을 차지한다는 사실이 확인되었다. 이 실험은 Joseph LeDoux의 제자이자 뉴욕 대학의 신경과학 연구소에 근무하는 Maria Morgan이 수행한 연구에서 진행되었다.

16. PTSD로부터의 회복: 이 연구내용에 대해서는 맨해턴 시에 있는 시나이 산(Mt. Sinai) 의과대학의 PTSD 연구 프로그램 담당자이자 신경화학자인 Rachel Yehuda 박사로부터 직접 들었다. 그 내용은 *The New York Times*(1992년 10월 6일자)에 게재했다.

17. 아동들의 충격: Lenore Terr, *Too Scared to Cry* (New York: Harper Collins, 1990년) 참고.

18. 충격에서 회복으로 진행하는 경로: Judith Lewis Herman 저 *Trauma and Recovery* (New York: Basic Books, 1992년) 참고.

19. 투약에 의한 충격의 치료: Mardi Horowitz 저 *Stress*

Response Syndromes (Northvale, NJ: Jason Aronson, 1986년).

20. 성인에게 이루어지는 재학습은 다소 철학적인 성격을 갖는다. 우선적으로 다루어져야 할 것은 희생자들의 영원한 의문인 '왜 하필이면 내가?'이다. 충격의 희생자가 된다는 사실만으로도 우리가 갖는 이 세상이 안전한 곳이라는 믿음과 우리에게 벌어지는 일은 정당하다-다시 말해서 올바르게 살기만 하면 우리의 운명을 통제할 수 있을 것이라는 생각-는 믿음은 깨질 수 있다. 이러한 수수께끼에 대한 올바른 대답이 물론 꼭 철학적이거나 종교적이여야 한다는 것은 아니다. 요는 세계와 그곳에 사는 모든 사람들이 다시 한번 신뢰를 받을 수 있도록 신앙과 신념체계가 재구축될 필요가 있다는 점이다.

21. '첫 공포는 가라앉을 뿐이지 결코 사라지지 않는다'라는 사실은 쥐에게 종소리와 함께 전기충격을 가하는 실험을 통해서 잘 드러난다. 전기충격을 경험한 쥐들은 한동안 아무런 충격을 받지 않더라도 종소리만 들리면 공포반응을 보인다. 그러나 1년 정도 경과하면서(쥐들의 평균 수명이 3년인 데에 비하면 상당히 오랜 기간) 종소리에 대한 두려움을 거의 잊어 간다. 그러나 만약 종소리에 새로운 전기충격이 병행되면 이들의 공포도 강력하게 되살아난다. 재발된 공포는 순식간에 되살아난다. 그리고 수개월이 지난 뒤에도 잘 없어지지 않는다. 물론 인간도 이와 유사하다. 오래

전에 충격적 공포를 겪었던 사람들은 수년간의 잠복기를 거친 뒤에도 언제든지 강력하게 발발할 수 있는 충격의 여러 가지 흔적들을 간직하게 된다.

22. Lester의 요법은 그와 Paul Crits-Christoph가 쓴 책 *Understanding Transference: The CCRT Method*(New York: Basic Books, 1990년)에 나와 있다.

제14장 *Notes*

1. 필요하다면 Jerome Kagan 외 다수의 논문 "Initial Reactions to Unfamiliarity," *Current Directions in Psychological Science*(1992년 12월호)를 볼 것. 기질의 생리학에 대한 보다 자세한 묘사는 그의 책 *Galen's Prophecy*에 나와 있다.

2. 전형적인 소심증 아이와 대범한 아이인 톰과 랠프 이야기는 Kagan의 *Galeln's Prophecy*, 155-57pp.에서 인용했다.

3. 부끄러워하는 아이들의 평생의 문제점들: Iris Bell의 논문 "Increased Prevalence of Stress-related Symptoms in Middle-aged Women Who Report Childhood Shyness," *Annals of Behavior Medicine* 16호 (1994년) 참조.

4. 고도의 심장박동: Iris R. Bell외 다수의 논문 "Failure of Heart Rate Habituation During Cognitive and Olfactory Laboratory Stressors in Young Adults With Childhood Shyness," *Annals of Behavior Medicine* 16호 (1994년) 참조.

5. 10대의 공포성 장애: Chris Hayward 외 다수의 논문 "Pubertal Stage and Panic Attack History in Sixth- and Seventh-grade Girls," *American Journal of Psychiatry* 149호 (1992년 9월) 1239-43pp.를 보거나, Jerold Rosenbaum 외 다수의 논문 "Behavioral Inhibition in Childhood: A Risk Factor for Anxiety Disorders," *Harvard Review*

of Psychiatry(1993년 5월)를 볼 것.

6. 성품과 두뇌반구의 차이점에 대한 연구는 위스콘신 대학의 Richard Davidson 교수와 밴더빌트 대학의 심리학자 Andrew Tomarken 교수가 함께 수행했다. 자세한 내용은 그들의 논문 "Frontal Brain Activation in Repressors and Nonrepressors," *Journal of Abnormal Psychology* 103호 (1994년)를 볼 것.

7. 소심한 아이들을 어머니가 어떻게 도울 수 있는가에 대해서는 Doreen Arcus의 관찰을 근거로 했다. 보다 자세한 내용은 Kagan 저 *Galen's Prophecy*를 볼 것.

8. Kagan, *Galen's Prophecy,* 194-95pp.

9. 덜 소심한 아이로 자란다는 것: Jens Asendorpf의 논문 "The Malleability of Behavioral Inhibition: A Study of Individual Developmental Functions," *Developmental Psychology* 30호 6장 (1994년).

10. Hubel과 Wiesel: David H. Hubel, Thorsten Wiesel, S. Levay의 논문 "Plasticity of Ocular Columns in Monkey Striate Cortex," *Philosophical Transactions of the Royal Society of London* 278호 (1977년).

11. 경험과 쥐의 두뇌: Marian Diamond 외 여러 사람의 작업내용은 Richard Thompson의 *The Brain*(San Francisco: W. H. Freeman, 1985년)에서 볼 수 있다.

12. 강박장애증 치료에서의 두뇌변화: L. R. Baxter 외 다수의 논문 "Caudate Glucose Metabolism Rate Changes With Both Drug and Behavior Therapy for Obsessive-Compulsive Disorder," *Archives of General Psychiatry* 49호 (1992년) 참조.

13. 전두엽에서의 향상되는 활동성: 동지(同誌) 44호(1987년)에 실린 L. R. Baxter 외 다수의 논문 "Local Cerebral Glucose Metabolic Rates in Obsessive-Compulsive Disorder" 참조.

14. 전두엽의 성장: Bryan Kolb의 논문 "Brain Development, Plasticity, and Behavior," *American Psychologist* 44호 (1989년) 참조.

15. 아동의 경험과 전두엽의 가지치기: Richard Davidson의 논문 "Asymmetric Brain Function, Affective Style and Psychopathology: The Role of Early Experience and Plasticity," *Development and Psychopathology* 6권 (1994년) 741-58pp. 참조.

16. 생리적 조율과 두뇌의 성장: Schore, *Affect Regulation*.

17. N. A. Lassen 외 다수 편저 *Brain Work and Mental Activity: Quantitative Studies with Radioactive Tracers* (Copenhagen: Munksgaard, 1991년)에 실린 M. E. Phelps 외 다수의 논문 "PET: A Biochemical Image of the Brain at Work"를 참조할 것.

제15장 *Notes*

1. EQ능력 부족증: 그 과정에 대해서는 *The New York Times*(1992년 3월 3일자)에 기고한 바 있다.

2. 10대 범죄비율에 대한 통계 자료는 법무부가 출간한 *Crime in the U. S. 1991* 의 종합 범죄보고서(Uniform Crime Reports)에서 인용했다.

3. 10대의 폭력범죄: 1990년대에 청소년들이 폭력 범죄로 체포된 비율은 10만명당 430명으로서, 이는 1980년대에 비해 27% 증가한 것이다. 10대의 강간범은 1965년에 10만명당 10.9명이었던 것이 1990년에는 21.9명으로 늘어났다. 같은 기간에 살인죄로 기소된 청소년은 2.8명에서 12.1명으로 무려 4배나 증가했다. 1990년 기준으로 살인 사건의 4분의 3은 총기에 의해 저질러졌는데, 이는 10년 동안에 79%가 증가한 것이다. 가중 폭력 범죄로 처벌받은 청소년들도 64%가 늘어났다. 기타 관련된 사항들은 *American Psychologist*(1993년 2월)에 실린 Ruby Takanashi의 글 "The Opportunities of Adole-scence"를 참고하도록 하라.

4. 1950년에 15~24세의 청소년들의 자살은 인구 10만명당 4.5명 수준이었다. 그러나 1989년에는 13.3명으로 3배 늘었다. 1968년에서 1985년까지의 10~14세층의 자살도 이와 비슷한 증가율을 기록했다. 자살, 피살, 임신 등에 관한 보다 자세한 수치들은 미 보건부와 Children's Safety Network에서

펴낸 기관지 *Health* (1991년판)와 *A Data Book of Child and Adolescent Injury* (워싱턴시: 국립 모자 보건 센터 *National Center for Education in Maternal and Child Health* 출판부, 1991년) 등을 참고하라.

5. 1960년 이후로 30년간 10~14세의 임질 발병률은 4배가 증가했고 15~19세에서는 3배가 증가했다. 1990년 기준으로 AIDS균을 가진 부모들의 20%는 20대인데, 그 대다수는 이미 10대일 때부터 감염되어 있었다고 한다. 이른 연령에서 성관계를 가지려는 욕구는 지금도 계속 강화되는 추세이다. 1990년대에 실시된 조사에 따르면 젊은 여성의 3분의 1은 자신의 첫 성관계가 배우자의 강요에 의해 이루어졌다고 고백하고 있다. 이보다 한 세대 이전의 여성들은 오직 13%만이 그렇다고 대답했다. 보다 자세한 자료는 *A Data Book of Child and Adolescent Injury*에 실린 Ruby Takanashi의 글 "The Opportunities of Adolescence"를 참고 할 것.

6. 백인들의 헤로인과 코카인 복용은 1970년에 인구 10만명당 18명이었던 것이 1990년에는 68명으로서 3배 가량 증가했다. 하지만 같은 기간에 흑인들의 마약복용은 10만 명당 53명에서 766명이라는 엄청난 - 단 20년만에 13배 - 증가를 기록했다. 이 마약복용 비율은 1991년 미 법무부의 *Crime in the U. S.* 보고서에서 인용한 것이다.

7. 미국, 뉴질랜드, 캐나다, 푸에르토리코의 어린이들을 조사한 바에 따르면, 5명 중에 1명 꼴로 삶에 장애를 가져올 만한

감성적 곤경을 겪고 있는 것으로 드러났다. 그중 불안감은 11세 이하의 아이들에게 가장 보편적인 문제로서, 문제를 겪는 아이들 중 10%는 공포증에 가까운 불안감때문에 정상적인 삶을 영위하지 못하고 있으며, 다른 5%는 상습적 불안과 빈번한 불안에 시달리고 있다. 그외 4%는 부모로부터 격리되는 것에 대해 심각한 불안감에 시달리고 있다. 과음은 10대에서 20세까지 이르는 동안 남자의 20%가 경험하고 있다. 아동의 감성 장애에 대한 자료는 저자가 *The New York Times*(1989년 1월 10일자)에 기고한 글을 참조할 것.

8. 아동 감성문제에 관한 국내 연구와 타 국가와의 비교: 필요할 때는 Thomas Achenbach, Catherine Howell의 논문 "Are America's Children's Problems Getting Worse? A 13-Year Comparison," *Journal of the American Academy of Child and Adolescent Psychiatry*(1989년 11월)를 볼 것.

9. 국가간의 비교는 Michael Lamb, Kathleen Sternberg 공저의 *Child Care in Context; Cross-Cultural Perspectives*(Englewood, NJ: Lawrence Erlbaum, 1992년)에 게재된 Urie Bronfenbrenner의 글에서 인용한 것이다.

10. Urie Bronfenbrenner는 이 내용을 코넬 대학의 심포지엄 (1993년 9월 24일)에서 발표했다.

11. 공격적이고 비행적인 아동들에 대한 장기적 연구: Alexander Thomas 외 다수의 논문 "Longitudinal Study of Negative Emotional States and Adjustments from

Early Childhood Through Adolescence," *Child Development* 59호 (1988년 9월) 참고.

12. 악동실험: John Lochman의 논문 "Social-Cognitive Processes of Severely Violent, Moderately Aggressive, and Nonaggressive Boys," *Journal of Clinical and Consulting Psychology* (1994년) 참고.

13. 공격적 아동의 조사: J. Garber, K. Dodge 공저 *The Development of Emotion Regulation and Dysregulation* (New York: Cambridge 대학 출판부, 1991년)에 실린 Kenneth A. Dodge의 글 "Emotion and Social Information Processing"을 참고할 것.

14. 짧은 시간에 배척받는 악동들: J. D. Coie, J. B. Kupersmidt의 논문 "A Behavioral Analysis of Emerging Social Status in Boys' Groups," *Child Development* 54호 (1983년).

15. 무절제한 아동들 2분의 1: *Dan Offord*의 논문 "Outcome, Prognosis, and Risk in a Longitudinal Follow-up Study," *Journal of the American Academy of Child and Adolescent Psychiatry* 31호 (1992년) 참고.

16. 공격적 아동과 범죄: Richard Tremblay, "Predicting Early Onset of Male Antisocial Behavior from Preschool Behavior," *Archives of General Psychiatry* (1994년 9월) 참고.

17. 말할 필요도 없이 취학전 아동들이 가정에서 겪는 일들은 향후 공격적 성향을 결정하는 데에 중요한 부분을 차지한다. 한 연구에 따르면 1살 때 어머니에게서 자주 거부 당하거나, 출생관계가 복잡한 아이일수록 18살을 전후한 폭력 범죄의 연루 가능성이 다른 아이들보다 4배나 크다고 한다. 이에 대한 글은 *Archives of General Psychiatry* (1994년 12월)에 실린 Adriane Raines 외 여러 사람의 논문 "Birth Complications Combined with Early Maternal Rejection at Age One Predispose to Violent Crime at Age 18 Years"를 참조하도록 하라.

18. 언어능력의 IQ지수가 청소년 비행의 중요 예측 지표임을 (한 조사에 의하면 비행 청소년과 보통 청소년 사이의 지능지수는 평균 8점 정도 차이가 났다고 한다) 부인하자는 것은 아니지만, IQ 점수와 비행성 여부에 대해 보다 직접적이고도 강력한 예측 지표로 활용될 수 있는 것은 역시 충동통제 능력 지수 쪽이다. 낮은 점수라는 것만 생각했을 때, 충동통제 지수가 낮은 아이들이 IQ가 낮은 아이들에 비해서 주의가 더욱 산만하기 때문에 언어와 추리력 기술의 학습능력이 떨어진다. 10~12세 아이들을 상대로 IQ와 충동성의 상관관계를 장기간 조사한 Pittsburgh Youth 연구에 따르면 충동성 지수는 비행가능성 예측에서 IQ보다 3배 이상 강력했다고 한다. 보다 자세한 것은 *Journal of Abnormal Psychology* 104호(1995년)에 실린 Jack Block의 논문 "On the Relation Between IQ, Impulsivity, and Delinquency"

를 참고하도록 하라.

19. '불량한 소녀'들의 임신: 미주리 주 캔사스시에서 열린 아동개발연구를 위한 모임(Society for Research on Child Development) (1989년 4월)에 제출된 Marion Underwood와 Melinda Albert의 논문 "Fourth-Grade Peer Status as a Predictor of Adolescent Pregnancy"에서 인용.

20. 비행에 이르는 과정: Gerald R. Patterson의 논문 "Orderly Change in a Stable World: The Antisocial Trait as Chimera," *Journal of Clinical and Consulting Psychology* 62호 (1993년).

21. 공격성의 정신상태: Ronald Slaby, Nancy Guerra의 논문 "Cognitive Mediators of Aggression in Adolescent Offenders," *Development Psychology* 24호 (1988년).

22. 다나 사례: Laura Mufson 편저 *Interpersonal Psychotherapy for Depressed Adolescents* (New York: Guilford Press, 1993년).

23. 세계적인 우울증의 증가: 범국가적 협동단체(Cross-National Collaborative Group)의 보고서 "The Changing Rate of Major Depression: Cross-National Comparisons," *Journal of the American Medical Association* (1992년 12월 2일).

24. 10배가 넘는 우울증의 가능성: Peter Lewinsohn 외 다수의

논문 "Age-Cohort Changes in the Lifetime Occurrence of Depression and Other Mental Disorders," *Journal of Abnormal Psychology* 102호 (1993년).

25. 우울증의 전염성: 뉴욕 정신의학연구소의 Patricia Cohen 외 다수, Peter Lewinsohn 외 다수, "Adolescent Psycho-pathology: I. Prevalence and Incidence of Depression in High School Students," *Journal of Abnormal Psychology* 102호(1993년)를 참고할 것. 또는 Mufson외 다수 공저의 *Interpersonal Psychotherapy*를 볼 것. 또는 E. Costello "Developments in Child Psychiatric Epidemiology," *Journal of the Academy of Child and Adolescent Psychiatry* 28호(1989년)를 볼 것.

26. 청소년기의 우울증의 패턴: I. M. Goodyer 편저 *Mood Disorders in Childhood and Adolescence* (New York: Cambridge 대학 출판부, 1994년)에 실린 Maria Kovacs, Leo Bastiaens의 논문 "The Psychotherapeutic Management of Major Depressive and Dysthymic Disorders in Childhood and Adolescence: Issues and Prospects"를 참고할 것.

27. 아동의 우울증: Kovacs, 동서(同書).

28. *The New York Times*(1994년 1월 11일자)에 Maria Kovacs와 인터뷰한 글이 실려 있다.

29. 우울증에 빠진 아이들의 사회적 감성적 지진: Maria

Kovacs, David Goldston의 논문 "Cognitive and Social Development of Depressed Children and Adolescents," *Journal of the American Academy of Child and Adolescent Psychiatry* (1991년 5월) 참고.

30. 고립무원감과 우울증: John Weiss 외 다수, "Control-related Beliefs and Self-reported Depressive Symptoms in Late Childhood," *Journal of Abnormal Psychology* 102호 (1993년) 참고.

31. 아이들의 비관주의와 우울증: 밴더빌트 대학의 Judy Garber 교수. 참고적으로 Ruth Hilsman과 Judy Garber의 논문 "A Test of the Cognitive Diathesis Model of Depression in Children: Academic Stressors, Attributional Style, Perceived Competence and Control," *Journal of Personality and Social Psychology* 67호(1994년)를 보거나, Judith Garber의 논문 "Cognitions, Depressive Symptoms and Development in Adolescents," *Journal of Abnormal Psychology* 102호(1993년)를 볼 것.

32. Garber, "Cognitions".

33. Garber, "Cognitions".

34. Susan Nolen-Hoeksema 외 다수의 논문 "Predictors and Consequences of Childhood Depressive Symptoms: A Five-Year Longitudinal Study," *Journal of Abnormal Psycholgy* 101호 (1992년).

35. 절반으로 감소한 우울증: 오리건 대학 건강과학 센터의 Gregory Clarke, "Prevention of Depression in At-Risk High School Adolescents," 전미 아동 및 청소년 정신건강 회의(American Academy of Child and Adolescent Psychiatry, 1993년 10월)에서.

36. Garber, "Cognitions."

37. Hilda Bruch의 논문 "Hunger and Instinct," *Journal of Nervous and Mental Disease* 149호(1969년)에서. 그녀의 저서 *The Golden Cage: the Enigma of Anorexia Nervosa*(Cambrige, MA: Harvard 대학 출판부)는 1978년에야 빛을 보았다.

38. 섭식장애증의 연구: Gloria R. Leon 외 다수의 논문 "Personality and Behavioral Vulnerabilities Associated with Risk Status for Eating Disorders in Adolescent Girls," *Journal of Abnormal Psychology* 102호 (1993년).

39. 자기가 뚱뚱하다고 느낀 6살짜리 아이는 오타와 대학의 소아학과 교수 William Feldman의 환자였다.

40. Sifneos에 의해 "Affect, Emotional Conflict, and Deficit"라는 논문으로 처음 다루어짐.

41. 벤의 퇴짜에 대한 이야기는 샌프란시스코에서 열린 (1989년 3월) 전미 교육연구협회 연례회의에 제출되었던 Steven Asher, Sonda Gabriel의 논문 "The Social World of Peer-

Rejected Children"에서 인용한 것이다.

42. 사회적으로 배척되는 아이들의 탈락률: Asher & Gabriel, "The Social World of Peer-Rejected Children."

43. 인기가 없는 아이들의 빈약한 감성능력에 대한 발견사항들은 Steven Asher, John Coie 공저의 *Peer Rejection in Childhood*(New York: Cambridge 대학 출판부, 1990년)에 실린 Kenneth Dodge, Esther Feldman의 논문 "Social Cognition and Sociometric Status"에 나온다.

44. Emory Cowen 외 다수 "Longterm Follow-up of Early Detected Vulnerable Children," *Journal of Clinical and Consulting Psychology* 41호 (1973년).

45. 좋은 친구들과 배척되는 친구들: 보스턴(1990년)에서 열린 전미 교육연구협회 연례회의에 제출되었던 Jeffrey Parker, Steven Asher의 논문 "Friendship Adjustment, Group Acceptance and Social Dissatisfaction in Childhood"에서.

46. 사교적으로 배척되는 아이들에 대한 지도: Steven Asher, Gladys Williams의 논문 "Helping Children Without Friends in Home and School Contexts," *Children's Social Development: Information for Parents and Teachers* (Urbana and Champaign: 일리노이 대학 출판부, 1987년).

47. 유사한 결과: Stephen Nowicki의 논문 "A Remediation Procedure for Nonverbal Processing Deficits," 듀크 대학

의 논문집에서(1989년).

48. 5분의 2는 과음을 한다: 매사추세츠 대학에서 실시된 흥분 프로젝트에 의한 조사. 그 결과는 *The Daily Hampshire Gazette*(1993년 11월 13일자)에 보고되어 있다.

49. 곤드레가 될 때까지 마시기: 여기 나오는 수치들은 하버드 공공 건강 대학원의 대학생 음주연구소 소장인 Harvey Wechsler가 제공한 것이다. (1994년 8월).

50. 보다 많은 여자들이 음주하고 성폭력의 희생자가 되어간다: 콜럼비아 대학 마약중독 약물남용연구소의 보고 (1993년 5월).

51. 사망의 주요 원인: 미 심리학회의 연례회의에 제출되었던 Alan Marlatt의 보고서에서 인용. (1994년 8월).

52. 알콜중독과 마약복용에 대한 자료들은 전미 약물 및 음주 연구소의 병리학 연구부문 책임자인 Meyer Glantz가 제공한 것이다.

53. 스트레스와 약물남용: Jeanne Tschann의 논문 "Initiation of Substance Abuse in Early Adolescence," *Health Psychology* 4호 (1994년) 참고.

54. Ralph Tarter와의 인터뷰는 *The New York Times*(1990년 4월 26일자)에 실려 있다.

55. 상습음주자 자녀들의 긴장수치: Howard Moss 외 다수의 논문 "Plasma GABA-like Activity in Response to

Ethanol Challenge in Men at High Risk for Alcoholism," *Biological Psychiatry* 27호 (1990년 3월).

56. 상습음주자 자녀들의 전두엽결함: Philip Harden, Robert Pihl의 논문 "Cognitive Function, Cardiovascular Reac-tivity, and Behavior in Boys at High Risk for Alcoholism," *Journal of Abnormal Psychology* 104호 (1995년) 참고.

57. Kathleen Merikangas 외 다수의 논문 "Familial Transmission of Depression and Alcoholism," *Archives of General Psychiatry* (1985년 4월).

58. 반복적이고 충동적인 음주: Moss 외 다수.

59. 코카인과 우울증: Arnold Washton, Mark Gold 편저 *Cocaine: A Clinical's Handbook* (New York: Guilford Press, 1987년)에 실린 Edward Khantzian의 논문 "Psychiatric and Psychodynamic Factors in Cocaine Addiction"을 참고할 것

60. 헤로인과 분노: 하버드 의과 대학원의 Edward Khantzian 교수가 자신이 담당했던 200명의 헤로인 중독자들과 나누었던 대화를 근거로 제공한 내용.

61. 전쟁은 필요없다: 이 문장을 저자에게 제시한 사람은 예일대 아동연구센터의 사회, 감성학습강화를 위한 협동기구에 근무하는 Tim Shriver 박사다.

62. 가난의 감성적 영향: "Economic Deprivation and Early

Chilhood Development"와 "Poverty Experiences of Young Children and thd Quality of Their Home Environments"에서 Greg Duncan과 Patricia Garrett은 그들의 연구결과를 각각 *Child Development*(1994년 4월)에 게재하였다.

63. 유연한 아이들의 특징: Norman Garmezy 저서 *The Invulnerable Child*(New York: Guilford Press, 1987년)에서 인용. 저자는 역경을 뚫고 성공으로 향하는 아이들의 이야기를 *The New York Times*(1987년 10월 13일자)에 실은 바 있다.

64. 정신장애의 유행: Ronald C. Kessler 외 다수의 논문 "Lifetime and 12-month Prevalence of DSM-Ⅲ-R Psychiatric Disorders in the U.S.," *Archives of General Psychiatry* (1994년 1월).

65. 본문에 등장하는 남자 아이와 여자 아이들의 성적 편견의 여러 현상들은 주로 국립 정신건강연구소내 폭력 및 외상 증후 전담국(Violence and Traumatic Stress Branch) 요원인 Malcolm Brown이 제공해 준 것이다. 그 구체적 실증자료들은 주로 국립 아동학대 및 기아예방위원회에서 가져온 것이다. 전미 어린이를 상대로 한 조사에 따르면 한 해에 여자아이의 3.2%와 남자아이의 0.6%가 각종 아동학대에 시달린다고 한다. 좀더 자세한 내용은 *Pediatrics* (1984년 10월)에 실린 David Finkelhor와 Jennifer Dziuba-

Leatherman의 논문 "Children as Victims of Violence: A National Survey"를 참조하도록 하라.
66. 전미의 아동들을 대상으로 한 성학대예방 프로그램의 효과에 대한 조사는 뉴 햄프셔 대학의 사회학자 David Finkelhor가 수행했다.
67. 한 명의 아동 학대자가 얼마나 많은 희생자들을 괴롭혔는지에 대한 자료는 국립 정신건강연구소의 폭력 및 외상증후 전담국에 근무하는 Malcolm Gordon 박사를 통해 얻었다.
68. J. David Hawkins 외 다수 공저 *Communities That Care*(San Francisco: Jossey-Bass, 1992년)에 등장하는 W. T. Grant 재단의 학교중심 사교성증진 프로그램 중 "Drug and Alcohol Prevention Curricula"에서 인용.
69. W. T. Grant 재단 "Drug and Alcohol Prevention Curricula," 136p.

제16장 *Notes*

1. Karen Stone McCown과의 인터뷰는 *The New York Times*(1993년 11월 7일자)에 실려 있다.

2. Karen F. Stone과 Harold Q. Dillehunt의 저서 *Self Science: The Subject Is Me* (Santa Monica: Goodyear Publishing 출판사, 1978년) 참고.

3. Committee for Children, "Guide to Feeling," 2단계 4-5, 84p. (1992년).

4. 아동개발 프로젝트: Daniel Solomon 외 다수의 논문 "Enhancing Children's Prosocial Behavior in the Classroom," *American Educational Research Journal*(1988년 겨울호)에서.

5. 두뇌개발 준비과정의 혜택: 미시간 주 입실랜티 시에 위치한 High/Scope 교육연구재단의 보고서(1993년 4월).

6. 감성의 발달 주기표: R. A. Thompson, *Socioemotional Development/Nebraska Symposium on Motivation* 36호 (1990년)에 실린 Carolyn Saarni의 논문 "Emotional Competence: How Emotions and Relationships Become Integrated"에서 인용.

7. 초등학교와 중학교로의 진학: David Hamburg 저 *Today's Children Creating a Future for a Generation in Crisis*

(New York: Times Books, 1992년).

8. Hamburg, *Today's Children*, 171-72pp.

9. Hamburg, *Today's Children*, 182p.

10. Linda Lantieri와의 인터뷰는 *The New York Times*(1992년 3월 3일자)에 실려 있다.

11. 기초적 예방으로서의 감성능력개발 프로그램: Hawkins 외 다수, *Communities That Care*.

12. 배려적 공동체로서의 학교: Hawkins, *Communities That Care*.

13. 미혼모가 될 뻔한 소녀의 이야기: M. J. Elias 저, *Social Decision-making in the Middle School*(Gaithersburg, MD: Aspen 출판사, 1992년)에 실린 Roger P. Weisberg의 논문 "Promoting Positive Social Development and Health Practice in Young Urban Adolescents".

14. 인격 구축과 도덕적 행동: Amitai Etzioni 저서 *The Spirit of Community* (New York: Crown 출판사, 1993년).

15. 도덕적 교훈: Steven C. Rockefeller 저서 *John Dewey: Religious Faith and Democratic Humanism*(New York: Columbia 대학 출판부, 1991년)에서 인용.

16. 타인에게 올바르게 행동하기: Thomas Lickona 저 *Educating for Character* (New York: Bantam, 1991년).

17. 민주주의의 묘미: Francis Moore Lappe와 Paul Martin DuBois 공저 *The Quickening of America* (San Francisco: Jossey-Bass, 1994년).

18. 인격양성: Amitai Etzioni 외 다수 공저 *Character Building for a Democratic, Civil Society*(Washington DC: The Communitarian Network, 1994년)에서 인용.

19. 살인률의 3% 증가: "전국의 살인률은 3% 증가, 하지만 전체적인 폭력범죄는 감소추세," *The New York Times*(1994년 5월 2일자).

20. 소년범죄의 증가: "Serious Crimes by Juveniles Soar," (Associated Press, 1994년 7월 25일).

부록 B *Notes*

1. 저자는 Seymour Epstein 박사의 '실험적 무의식' 모형에 대해서 *The New York Times*에 여러 차례 소개한 바 있거니와, 그 요약은 그와의 대화 또는 서신 및 그의 논문 "Integration of the Cognitive and Psychodynamic Unconscious," *American Psychologist* 44호(1994년)이나, Archie Brodsky와 함께 쓴 책 *You're Smarter Than You Think* (New York: Simon & Schuster, 1993년) 등을 근거로 한 것이다. 그가 제시한 '실험적 정신'이라는 모형은 저자의 '감성적 정신' 이론에 상당한 영향을 끼쳤고, 본문 내용의 상당수는 그의 이론을 저자 나름대로 재구성한 것에 다름 아니다.
2. Paul Ekman, "An Argument for the Basic Emotions," *Cognition and Emotion* 6호 (1992년) 175p. 참고. 감성을 구분하는 특징들에 대한 목록은 다소 길지만, 본서에서 다루어지는 내용들은 이 정도이다.
3. Ekman, 동서(同書) 187p.
4. Ekman, 동서(同書) 189p.
5. Epstein, 1993년, 55p.
6. J. Toobey와 L. Cosmides 공저 "The Past Explains the Present: Emotional Adaptations and the Structure of Ancestral Environments," *Ethology and Sociobiology* 11호 418–19pp.

7. 각각의 감성이 고유한 생리적 패턴을 갖는다는 사실은 그냥 자명한 것으로 받아들여도 좋겠지만, 감성을 정신생리학적으로 연구하는 사람들로서는 그럴 수도 없는 것이다. 감성적 자극이 기본적으로 모든 감성들에 있어서 동일한 형태로 나타나느냐, 아니면 각각의 독특한 패턴들로 나타나느냐 하는 문제에 대해서는 아직도 많은 기술적 논의가 진행중이다. 저자는 이러한 논쟁에 말려드는 것을 피하기 위해서 각 기본적 감성에 대한 생리적 상태에서 특이한 현상을 보이는 사람들의 사례만을 제시하려고 노력했다.

감사의 말

 저자가 '감성능력'이란 표현을 처음으로 들은 것은 건강증진 연구소의 설립자이자 회장이었던 그로월드 박사에게서였다. 저자의 관심을 자극하여, 「감성지능 Emotional Intelligence」이라는 결실을 맺게 탐구를 형상화시켰던 것이, 사실은 그로월드 박사와 우연한 대화를 통해서였다.
 미시간 주 캘리마주 시의 페쩌학회가 저자에게 보내준 지원이 있었기 때문에, 저자는 감성지능 EQ의 정확한 의미를 탐구할 만한 분에 넘치는 여유를 가질 수 있었다. 아울러 본 학회의 레만 박사가 처음 결정적인 격려를 해주었던 것과, 프로그램 책임자인 슬러이터 박사가 지속적으로 협력해주었던 것에 감사를 드린다. 저자가 탐구를 시작한 초기부터 EQ에 대해 글을 써보도록 권했던 분은 바로 레만 박사였다.
 누구보다도 감사히 여겨야 할 사람들은 자신들이 발견한 내용들을 기꺼이 저자에게 나누어 준 수백명의 연구가들로서, 그들의 노력은 본서에서 몇 번이고 검토되고 종합되었다. 감성지능 EQ 이론의 창시자인 예일 대학의 피터 샐로비 교수는 개념의 정립에 많은 도움을 주었다. 그리고 감성지능의 초창기적 운동에 앞장 섰던 수많은 교육자들과 의사들은 생애 초기적인 예방에 관련된 자신의 연구 내용들을 기꺼이 저자에게 제공해주었기에 더할 나위 없는 도움이 되었다. 아동들에게 고도의 사회적 감성 능력을 심어주고, 보다 인간주의적 환경으로서의 학교를 재창조하기 위해서 그들이 기울이는 실천적 노력들은 모든 사람들의 경외심을 불러 일으키기에 충분하다고 하지 않을 수 없다.

그런 분들로서는 워싱턴 대학의 그린버그 교수와 호킨스 교수, 캘리포니어 주 오클랜드 시 학습개발연구소의 셉스와 루이스 박사, 예일 대학 아동연구센터의 쉬라이버 교수, 시카고 시 일리노이 대학의 와이스버그 교수, 루터스 대학의 엘리어스 교수, 콜로라도 주 불더 시의 고다르 교수 및 학습연구소의 케슬러 박사, 캘리포니어 주 힐스버로 시에 위치한 뉴에바학습센터의 마틴 박사와 맥카운 교장 선생님, 뉴욕 시의 국립 창의적 갈등해결센터의 소장 랜티어리 박사 등이 있다.

아울러 본 저서의 원고를 검토하고 비평을 아끼지 않았던 분들에게도 감사를 드리고 싶다. 그런 분들로서는 하버드 교육대학원의 가드너 박사, 감성지능 이론의 창시자인 예일 대학 심리학과 샐로비 교수(역자가 두 분께 들은 바와 아울러 저자가 유일하게 두 번씩 감사를 표하고 있는 점에서도 알 수 있듯이, 두 분은 학문적인 교류는 물론 인간적인 측면에서도 매우 가깝게 지내며 EQ의 발전에 노력하고 있다: 역주), 샌프란시스코 캘리포니아 대학의 인간관계연구소 소장인 에크만 교수, 캘리포니아 볼리나스 시의 공공복지연구소 소장 러너 박사, 맥아더 재단의 전(前) 건강프로그램담당 소장이었던 프레이저 박사, 콜로라도 불더 시의 공공 기업연구소 거존 소장, 예일 의과 대학 아동연구센터의 쉬웹스톤 박사, 스탠포드 의과 대학 정신병리학과의 쉬피겔 교수, 워싱턴 대학

패스트 트랙 프로그램 담당자 그린버그 교수, 하버드 경영대학원 주보프 교수, 뉴욕 대학 신경과학센터의 르두 교수, 위스콘신 대학 정신생태학연구소의 데이빗슨 교수, 캘리포니아 포인트레이 시의 정신과 미디어연구소 소장 카우프만 박사 등을 들 수 있다. 그외에도 브래크먼 양, 월프 양과 특히 훼이 씨는 본고의 교정에 수고를 아끼지 않았다.

그외 여러 유용한 학문적 조언들은 사우스 캘리포니아 대학의 그리스 철학과 교수 뒤브와 박사, 콜럼비아 대학의 종교윤리학과 교수 캡사인 박사, 미들베리 대학 교수이자 저명한 존 듀이 전기 작가인 록펠러 씨 등이 제공해주었다. 그리고 놀랜 양은 본고에 활용된 여러 가지 감성적인 예화들을 수집해주었다. 호위 씨와 스피챌러 씨는 감성지능 개발 커리큘럼의 효과를 다룬 부록의 준비 작업을 도와주었고, 샘과 수잔 양은 여러 중요한 준비 과정을 도와 주었다.

저자가 근무하는 『뉴욕 타임즈』지의 편집국장은 지난 10여 년간 이 신문의 지면을 장식했고, 본서의 상당 부분에 인용되었던 감성지능에 관한 기사에 대해 적극적인 지지를 표명해주었다.

밴텀출판사의 편집장인 버뱅크 씨는 본서의 편집에 관련해서 그분만의 열의와 예민함을 아끼지 않았기에 저자의 결단력과 사고가 빛을 발할 수 있었다.

끝으로 이 프로젝트를 지금까지 추진시킬 수 있었던 온정과 사랑, 지혜를 아낌없이 베푼 아내 타라에게도 마음으로부터의 고마움을 표한다.

♡ 옮긴이의 말

"완전한 성공을 찾아서"

　산 속에서 맞는 첫 눈 치고는 너무도 흐드러지게 내리고 있는 이른 아침이었다. 순백의 매력에 끌려 눈을 맞으며 걷다 보니, 며칠 전에 참석했던 초등학교 시절의 동창회 생각이 떠올랐다.
　30여년 만의 만남이다 보니 서로 알아 보기 힘들 만큼 변한 모습들에서 많은 세월의 흐름을 절감하게 되었다. 행사가 제대로 진행이 안 될 정도로 친구들의 이야기는 끊임없이 이어져 나갔다. 그 때 가장 많이 나온 말들이 지금도 계속 귓가에 맴돌고 있다.
　"얘, 저 애는 꼭 성공할 줄 알았어."
　"쟤가 그렇게 잘 되었다면서?"
　공부를 잘 하던 친구가 별로 성공하지 못했고, 수업시간이면 늘 처져 있으면서도 오늘날 대단한 성공을 거둔 친구에 대한 찬탄이었다. 물론 여기에서의 성공의 기준이란 사회적 지위라는 단순하기 짝이 없는 것이다. 어쨌든 친구들의 한결 같은 결론은 대체로 학생시절의 성적과 사회적 성공과는 특별히 밀접한 관계가 없다는 점이었다.
　스승 김양호 박사님의 말씀이 떠오른다.
　"성공에는 주관적 성공과 객관적 성공이 있다.
　주관적 성공이란 남들이 어찌 보든 간에 자기만족을 하면서 성취감을 느끼는 것이다. 3년 간 기수련(氣修鍊)을 하여 앉은 채로 20~30cm 뛰어 오른다거나, 가랑잎을 쳐다만 보고도 움직이게하여 만족을 느끼는 것은 본인의 주관적 성공이다.

그러나 객관적 성공이란 본인이 이룩한 것에 대해 타인들의 부러움, 존경, 인정 등을 받을 때 가능해지는 것이다. 남들이 보기에는 대단한 삶을 살고 있음에도 불구하고, 본인은 마음의 감옥에 갇혀 불만에 빠져 있다면 이는 주관적 성공은 되지 못하는 것이다.

결국 완전한 성공이란 주관적 성공 플러스 객관적 성공인 것이다."

20여년을 화두(話頭)처럼 붙들고 살아온 이 명제가 더욱 새삼스러워지는 것은 무슨 까닭일까?

흙집으로 돌아와 툇마루에 앉으니 전화 벨이 울려댄다.

"감사합니다!"

"선생님! 저 청주의 동숙이 엄마예요. 첫 눈이 펑펑내리지요! 선생님의 EQ 세계가 온누리에 퍼질 조짐이에요. 눈에게 물어 보세요……."

I. 패러다임을 바꿔야…

인류의 역사와 함께 더불어 살아나가는 조직사회가 비롯되었고, 오늘의 사회를 이끌어 가는 원동력 역시 조직이요, 인류가 존재하는 한 조직의 역사는 무한한 것이다. 가정, 학교, 기업, 공공기관, 국가사회, 지구촌….

무릇 조직은 본질적으로 생산기능을 수행하는 협동 시스템으로써, 현재의 조직이 장기적으로 성장·발전하기 위해서는 끊임없는 부가가치의 창출을 위한「난 조직」(Strong Organization), 구성원들이 삶의 보람을 느끼면서 인간적 성숙을 할 수 있는「든 조직」(Good Organization), 사회적 존재 의의를 구현하는 존경받는「된 조직」(Respected Organizaiton)으로 기능하여야 한다.

따라서 조직은 더 이상 지난날의 오욕과 영광, 즉 과거에 집착하거나 자만에 빠져서는 안된다. 과거란 하나의 귀중한 경험일 뿐, 다가올 미래를 확고하게 보장해 주지는 못한다.

무한경쟁 시대의 격변하는 환경에서, 어제에 사로잡혀 안주하는 것은 보다 나은 현재와 미래를 지향하는 바람직한 의식이라고 할 수 없다. 조직사회가 지속적으로 성장하고 발전하려면, 그 구성원들이 시대적 변화에 능동적으로 대처해 나가는「주도적 생각의 틀」(Proactive Paradigm)을 확립하여야 한다.

조직사회의 변화는 그 존재의지와 충족조건 사이의 함수관계에 의존하는 것이다. 이러한 당위론적 전제하에서 20세기 인간학 연구의 최종 결론으로 등장한 철학과 방법론이 감성지능 EQ인 것이다.

II. IQ에서 EQ로…

우리의 지난 시절은 부모와 스승 그리고 선배들의 체험에 의한 교훈과 가치관이 그대로 통용되던 시대였다.

그 시대에는 삶의 모습을 근본적으로 바꿀 만한 변화가 거의 없었고, 있더라도 그 변화가 한 개인의 생애보다 훨씬 길게 그리고 천천히 일어났기 때문이다.

그 시대의 사람들은 거의 변화하지 않는 고정적인 조건에 적응하는 것만으로도 충분했던 것이다. 즉 물질적인 빵을 확보하기 위한 생산능력의 개발이 절실히 요구되던 「More의 시대」였으며, 획일적 양(量)의 추구가 절대적 명제였다고 하겠다. 그러다가 그 양이 충족되자 「Better의 시대」로 전환하면서 균일적 질(質)이 중요시되는 사회가 되었다.

여기에서는 관리능력의 개발이 무엇보다도 우선시되었다. 초진분보(秒進分步)의 현대에는 사건의 중대한 변화에 필요한 시간이 한 사람의 생애보다 훨씬 짧아지고 있으며, 점점 가속도가 붙어 나가고 있다. 따라서 현대인들은 누구를 막론하고 항상 열린 가슴으로 스스로를 끊임없이 갈고 닦으며, 새로운 조건에 대응해 나가지 않으면 안된다.

나아가 현대사회는 생활양식이 터무니없이 확대되고 다양해지면서 광역화·스피드화·복합화·중층화 등의 특징을 드러내며 전 세계 지구촌과의 무한경쟁을 보편화시키고 있다. 그 속에서 살아가는 우리들은 어지럽게 변해가는 시대의 변화에 적응할 수 있는 능력의 개발을 필요로 한다.

격변하는 이 사회 속에서 보다 '제대로' 살기 위해서는 지금이야말로 기본적인 능력을 키우는 것의 중요성을 빨리 깨달아야 할 때이다. 풍요로움을 추구하면서 고즈넉하게 살아가기를

340 옮긴이의 말

갈망하는 「EQ의 시대」가 도래한 것이다.

　20세기를 스탠포드-비네의 IQ의 시대라고 한다면, 이제 다가오는 희망의 21세기는 골먼-샐로비의 EQ의 시대라고 할 수가 있다.

　골먼 박사가 10여년 간에 걸쳐서 총 401건의 연구와 논문, 저서, 인터뷰 등을 통해 집필한 본서 『감성지능EQ』는 출간 즉시, 미국의 시사 주간지 『Time』이 커버 스토리 특집으로 다루면서, 전 세계 매스컴과 학계의 극찬을 받았으며, 이제 IQ 보다 더욱 중요한 EQ라는 획기적 용어를 지구촌 곳곳에 유행시키면서 패러다임의 전환을 가져오고 있다.

　본서는 서울대 문용린 교수님도 지적하듯이 심리학이나 교육학, 경영학 의학 등에 관해, 전문적인 소양이 없는 폭넓은 계층의 독자들도 재미있으면서도 쉽게 읽을 수 있도록 쓰여졌지만, 그 내용은 상당한 전문성을 띠고 있기에 세계적인 베스트 셀러가 되고 있는 것이다.

　이제 한국 사회에도 일반 대중들이 보는 서적일지라도 부록 및 노트(후주)를 달아 주어야 할 시점이라고 판단되어 여기에도 심혈을 기울였다.

　또한 독자들의 이해를 심화시키고자 원서에는 없던 옮긴이의 역주도 충실히 달도록 노력하였다.

　벌써 독일과 일본에서는 EQ 관련 후속 작품이 나왔고, 한국에서는 기존에 나왔던 책을 전혀 내용의 수정도 없이, EQ라는 용어를 집어넣은 제목으로 바꾼 자녀교육의 서적도 나왔다.

　본서는 이미 18개국에서 번역 출판되었지만, 똑같은 시기에

착수했던 한국사회에는 이제야 세상에 그 모습을 드러내게 되었다. 그동안 잠재 독자들로부터의 끊임없는 재촉과 관심에도 불구하고 만 1년 1개월 간에 걸쳐서, 충실히 소화하면서 옮기는 작업을 할 수 있었던 것은 본인의 강연 및 다른 집필 일정에도 일부 기인하고 있다.

그러나 무엇보다도 '제대로' 해달라는 골먼 박사의 격려와 도서출판 비전코리아의 경영철학이 있었기 때문이다.

III. 깨달음 그리고…

한국의 전통사회에서는 머리만 뛰어난 채 인간적 멋이 없는 사람을 가리켜 재승박덕(才勝薄德)하다고 하여 경멸하였으며, 차가운 머리와 뜨거운 가슴을 고루 갖춘 재덕겸비(才德兼備)의 인물을 성숙한 인격자이자 진정한 성공인으로 일컬어 왔다. 즉, IQ와 EQ가 적절하게 균형 잡힌 인물에게 최고의 가치를 부여했던 것이다.

그러나 오늘 우리 사회는 머리만 크고 가슴은 작은 기형적인 '헛똑똑이'를 양산한 후유증을 너무도 심각하게 앓고 있다. 오늘 우리의 사회 곳곳에는 삭막한 긴장감이 감돌면서 푸근한 정이라고는 찾아볼 수 없는 너무도 어처구니 없는 일들이 꼬리에 꼬리를 물고 있다.

초등학교 6학년 학생 10명 가운데 5명은 술을 마신 경험이 있고, 1명은 담배를 피워본 경험이 있는 것으로 나타났다.

중 고등학생까지 포함할 때 여학생의 술, 담배에 대한 경험의 증가율이 높게 나타나고 있다.

체격은 커지지만 체력은 갈수록 떨어지고, EQ의 능력은 더더욱 말이 아닌 우리의 자녀들을 이대로 방치만 할 것인가?

선생님들은 사랑의 매까지 없애고 학생들에게 존대말을 쓰면서 단순한 지식만을 전달해야 할 것인가?

육군 현역 입대자의 2~6%가 히로뽕을 비롯한 각종 향(向)정신성 의약품의 복용 경험이 있는 것으로 드러났다.

음식 쓰레기가 연간 8조원일 뿐만 아니라, 연간 술집에서 쏟아버리는 위스키의 값만 해도 약 1천2백억원이된다.

지난 해 여성 및 청소년 범죄자의 수는 모두 32만2천9백여명으로 전체 범죄자의 22%를 차지했으며, 이는 91년에 비해 4년만에 51.5%나 증가한 것이다.

감량경영의 여파는 실직 증후군(Layoff Syndrome)에 이어 생존자 증후군(Survivor's Syndrome)까지 일으키고 있다.

가정에서는 가장의 권위가 곤두박질친지 오래이며, 조직에서는 매니지먼트 리더십의 붕괴가 일어나고 있다.

E-메일의 보편화는 중간 관리층의 소외와 정보의 하극상(下剋上) 현상을 일으키고 있다.

신세대와 쉰세대의 의식의 격차는 더욱 벌어지고, 낀세대의 비애는 날로 커져만 가고 있다.

승차 거부, 진료 거부, 입장 거부 등… 온갖 '거부 증후군'이 사회를 휩쓸면서 마이너스형의 인간들이 무허가 '화풀이 센터'를 양산하고 있다.

만인의 주목을 받던 공인이 어느 날 아침 갑자기 추락하여 푸른 수의로 갈아입는 현상도 너무 자주 목격된다.

도대체 누구를 믿고, 무엇을 따라야 할 것인지, 갈피가 잡히지 않는 것이다. 대관절 어찌 하라는 말인가!

눈 앞에 다가오고 있는 21세기는 단순히 20세기라는 한 세기의 마감이자 또 다른 새로운 세기의 시작이라기 보다는 새로운 천년 밀레니엄(Millennium)이라는 장엄한 역사의 전환기인 것이다.

이제부터는 가슴이 넓고 따뜻한 사람들이 세상을 이끌어나갈 차례이다.

21세기의 원대한 꿈과 희망을 갖고 있는 사람들이라면, 누구를 막론하고 EQ의 중요성에 주목하고, EQ의 능력 개발에 노력하여야 한다.

깨달은 사람만이 멋진 인생을 꾸릴 수 있다. 특히 이제부터의 세계에서는 다양한 사람들이 서로 협력해서 특정한 목적을 달성하려고 하기 때문에, 여러 가지 문제를 안고 살아가게 된다. 따라서 모든 사람들에게 심도있는 통찰력이 폭넓게 요구되는 것이다.

같은 세상을 살면서도 어떤 사람은 지나간 과거에 얽매여 살고, 어떤 사람은 눈 앞에 닥친 현실에 빠진 채 허우적거리며 살고, 또 어떤 사람은 미래의 빗장을 열기 위해 땀흘리며 열정적으로 살아간다.

사물의 표피만을 보아서는 안된다. 우리는 지금 바쁘다고, 급하다고, 시간이 없다고, 힘이 든다고, 어렵다고, 남들도 그런다고, 너 때문이라고 '탓'을 해대며 얕은 생각, 밭은 행동으로 그럴 듯하게 사는 '척' 하면서 본질을 놓치고 있는 것은 아닐까?

　요즘 세상에는 매스컴과 컴퓨터 덕분에 피상적인 소견이 충만해 있는데, 이러한 세상이 될수록 거기에 함부로 휩쓸리지 않도록 주의하고, 속 깊은 생각을 몸에 익히도록 노력하지 않으면 안된다. 속 깊은 생각이란 사물의 본질을 파악하는 것, 이면을 짚어내는 것이다. 왜 그 많은 돈과 시간과 노력을 써가면서 벌이는 수많은 변화의 시도들이 공염불로 끝나는가? 자신과 세상에 대한 진지한 성찰의 노력없이는 의식혁명이라든가 경영혁신이라는 것은 불가능해진다.

　단속성의 시대라고 일컬어질 만큼 사회나 산업의 구조와 가치관이 바뀌고, 경제와 기술도 더욱 빠르게 발전하면서 변화가 격심해지고 있는 것이 우리의 현실이다. 그 변화의 끝에 어떤 실체가 있는지, 또 위험 속의 기회에 직면하면서 도전하여 성공하더라도 지속적으로 비교 우위를 누릴 수 있는지, 그 누구도 자신있게 단언할 수가 없는 것이다.

　여기에 대한 모든 답을 제시한다기 보다는(실제로 제시할 수도 없는 것이고), 시간의 흐름에 따라서 발생되는 변화와 그에 따라 파생되는 불확실성에의 대처, 즉 변화의 예측 가능성과 통제 가능성을 함께 높이는 적극적 창조전략의 구사에 본서가 크게 기여하리라고 확신한다.

　이 책은 비단 혁신을 추구하는 기업 조직 뿐만 아니라, 국가 경쟁력 강화와 세계 초일류의 조직창조를 목표로 하는 정부나

지방 자치단체 등의 국가기관, 군대, 의료계, 종교계 등에도 폭넓게 활용될 수 있는 것이다. 아울러 가정교육, 학교교육, 기업교육, 사회교육 등 교육개혁의 지침서로도 활용될 수 있다고 확신한다.

읽어가는 동안에 차가운 머리를 가지고, 활자의 노예가 되지 않기를 바란다. 무엇보다도 중요한 것은 뜨거운 가슴 속의 깨달음이라고 생각한다.

Ⅳ. 범사에 감사드리며…

이 큰 작업을 이루어내기까지 도와주신 분들이 어디 한 둘이겠는가만, 특히 본인의「인생 벤치마킹」모델이 되면서 이끌어 주신 분들께 이 자리를 빌어 감사드린다.

본서의 저자이자 EQ의 집대성자로서 계속 가르침을 주시는 대니얼 골먼 박사와 감성지능 EQ 이론의 창시자인 예일대학교의 피터 샐로비 교수, 삶의 큰 틀을 잡아 주시는 한국언어문화원장 김양호 박사님, 지혜의 깨달음을 주시는「QuEnS of Home운동」의 창시자인 밝은가정협의회장 조동춘 박사님, 인간자원개발의 반석이 되어 주시는 리더십매니지먼트 회장 장만기 박사님, 간디의 성공철학을 베풀어주시는 한국심리교육협회 이상헌 회장님, 21세기의 구고주의 철학을 전수해 주시는 민족중흥문제연구소 회장 천세욱 박사님, 미라클 파동의 대가인 한국운기협회장 이강원 박사님, 나눔과 베품의 실천을 가르쳐 주시는 성우이며 방송작가인 고은정 선생님, 진리의 본질을 깨우쳐 주시는 한국생체학연구회장 홍태수 교수님, 삼실과(三實果)의 지혜를 형상화해주시는 서울 석촌초등학교 양충식 교장 선생님, 깨어있는 학문의 세계를 열어주시는 연세대 김수일 교수님, 생불(生佛)의 모습을 보여주시는 동국대 이승영 교수님, EQ의 학문적 연구를 일깨워 주시는 서울대 문용린 교수님, 경영혁신의 철학과 방법론을 주시는 서울대 박성현 교수님, 21세기 사회의 모델을 제시해 주시는 한국조직문화연구소 최승훈 소장님, 늘 큰형님과도 같은 따뜻함을 주시는 한국조직발전연구소 이재우 이사장님, 아이템풀 회장으로서 이 땅의 영재교육을 선도하시는 한국감성지능연구회[EQ센터] 류호담 이사장님, 본인의 오늘이 있기까지 한결같이 뜨거운 불씨를 지펴주시는 두 분 선배인 한국표준협회 오세규 부장님과 한국능률협회 김태문 이사님, 호연지기의 깨달음을 주시는 들녘의 장익순 선생님 내외분, 분 초를 쪼개 쓰며 원고정리를 도와주신 여사원 교육 전문가인 서일전문대 김영희 교수님과 서울고등학교 윤동구 선생님, 감성지능의 한국판권 계약에 교량역할을 해주신 에릭 양 사장님과 문희정씨 그리고 궂은 일 마다 않고 시종일관 뒷바라지를 해주는 무등심(無等心)······.

 그러나 무엇보다도 지금까지 살아 온 날들 보 다는 앞으로 살아갈 날들을 더욱 소중히 여기는, 이 책을 만나게 될 100만 독자들 모두에게 두 손 모으고 허리 굽혀 큰 감사를 드린다.

 앞으로 감성지능EQ에 관한 연구 교육 컨설팅 출판 등의 사업을 본격적으로 추진하면서, 21세기의 한국 사회를 선도할 한국감성지능연구회[EQ센터]와 도서출판 비전코리아의 김진호 사장님과 스탭들에게도 감사드린다.

  독자 여러분에게 본인의 감성지능EQ 모토 소개로 새로운 출발을 축하드리고자 한다.

"감사하면 성공한다. 지식보다 능력이다!"

1996년 첫 눈이 듬뿍 내리던 날 아침에
대금산 흙집에서

황 태 호

감성지능EQ (하)

중판인쇄일 / 1997년 2월 5일
중판발행일 / 1997년 2월 10일

지은이 / **대니얼 골먼**
옮긴이 / **황 태 호**
펴낸이 / **김 진 호**
펴낸곳 / **비전코리아**
주　　소 / 서울 서초구 서초동 1357-70
전　　화 / **3474-2230**
팩　　스 / **3471-6553**
등 록 일 / 1993년 4월 24일 (제1-1510)
정　　가 / **6,500원**(하권)
ISBN 89-87224-02-3

ISBN 89-87224-00-7(세트)

● 잘못된 책은 바꾸어 드립니다.

이책을 만드신 분들
차운창·윤송애·곽병호·황규옥·전숙영